JN098532

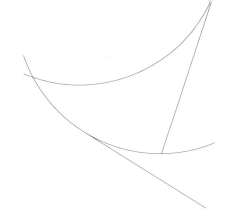

# 会社法の基礎

Corporation Law

川村正幸
芳賀　良 著
吉行幾真

中央経済社

# 序　文

　本書は，2021年3月1日から施行された令和元年（2019年）改正会社法に対応した会社法のテキストである。

　私達の生活は，企業の活動と密接につながっている。企業活動を通した経済の発展なくしては，我が国社会の発展はない。そこで，私達は日常生活においてさまざまな形で企業の代表である会社制度とかかわりを持っている。これから社会に出て活動しようとする学生の皆さんにとって，そして，社会人の皆さんにとって，会社という組織の制度的仕組みと会社法の理念の理解は不可欠なものと言ってよい。しかし，会社法は条文数の大変多い法律であり，条文の内容も直ちに理解できるものではない。初めて学ぶ者にとって，会社法の全体を見渡して，会社法がどのような法律なのかを理解するのは簡単なことではない。そこで，多くの学生，社会人の方々に，会社法とはどのような法律なのかを理解してもらうことを目的に本書を企画した。本書は，会社法の中核を形成しており，会社法の理解にとって重要な論点を中心に，読者に分かりやすく，理解が容易になるように論述することにより，会社法の基礎を身につけてもらうことを目的としている。

　本書は，会社形態の企業の中心である株式会社を主たる対象として論述している。そして，上記のような目的を達成するため，各章の冒頭に「本章のポイント」を置き，その章における主要な問題点はどのようか，ぜひ理解してほしい事柄は何かを明示してから論述することとしている。また，実際の企業活動の中で具体的に生じうる当事者間の利害対立を取り上げ，会社法がそれをどのように解決しようとしているかを論じることにも配慮している。さらに，本文中に適宜「＊」を付し，関連するコラムを置いて，補足的な説明，重要判例の紹介，最新の問題状況等を論じることにより，読者の理解をより容易にし，また深めることを図っている。執筆者一同は，これらにより本書が読者の会社法理解にとって有益な手助けとなることを願っている。

　会社法は旧商法から独立して，2006年5月に施行された法律である。その後，2014年6月の会社法改正，2020年4月の民法（債権関係）改正の施行に伴う改正が行われ，さらに2019年12月に新たな会社法改正（令和元年改正会社法）が成立した。この改正会社法は，株主総会資料の電子提供，株主提案権制度の整備，取締役報酬等の決定方針，会社と取締役との間の補償契約，上場会社等の社外取締役の設置義務，社債管理補助者制度，会社の組織再編のための株式交付制度など

に関するものである。本改正法は2019年12月11日に公布され，一部を除いて2021年3月1日から施行された。ただし，株主総会資料の電子提供制度の創設に基づく規定整備および会社の支店の所在地における登記の廃止に関する規定については2年ほど遅れて施行されるものとされ，公布日から3年6か月を越えない範囲内で政令の定める日から施行される。

　経済のグローバル化が進む中で，会社法は，各国の経済発展にとって重要な基盤的ツールとして大きな意義を有するようになっている。近年，我が国の企業は急速な経済のグローバル化に対応して，強い競争力を有するグローバル企業へと転換していくために，組織面および経営・運営面における変革を迫られてきた。そして，我が国会社法は，このような企業の変革を促す中核的な法的インフラとして機能するために改正されてきた。しかし，現在，経済・金融の急激なグローバル化の進展はさまざまな社会的ひずみを生み出している。これに最近のグローバル経済環境の大きな変動も加わり，今後，会社法の新たな展開が生じてくる可能性もあるだろう。

　終わりに，本書の刊行に当たり，大きなご助力を頂いた中央経済社編集部の露本敦氏に心より感謝の意を表したい。

2022年2月

執筆者を代表して　川村　正幸

# 目　　次

─── **第2編** ───
# 株式会社法

# ■略語一覧

〔法令名〕

| | |
|---|---|
| 会 | 会社法 |
| 施規 | 会社法施行規則 |
| 計規 | 会社計算規則 |
| 商 | 商法 |
| 旧商 | 平成17年改正前（会社法制定前）商法 |

*

| | |
|---|---|
| 金商 | 金融商品取引法 |
| 社債等振替 | 社債，株式等の振替に関する法律 |
| 商登 | 商業登記法 |
| 独禁 | 私的独占の禁止及び公正取引の確保に関する法律 |
| 民 | 民法 |
| 民訴 | 民事訴訟法 |
| 民訴費 | 民事訴訟費用等に関する規則 |
| 民保 | 民事保全法 |

* *

〔判例集〕

| | |
|---|---|
| 民集 | 最高裁判所民事判例集 |
| 集民 | 最高裁判所判例集民事 |
| 金判 | 金融・商事判例 |
| 金法 | 金融法務事情 |
| 商事 | 旬刊商事法務 |
| 資料版商事 | 資料版商事法務 |
| 判時 | 判例時報 |
| 判タ | 判例タイムズ |

# 第1編

## 会社法総論

# 第1章

# 会社とは何か

**〈本章のポイント〉**

　本章においては，会社という組織，会社組織の中心である株式会社とはどのようなものかに関して，法的および経済的視点から明らかにする。株式会社においては，会社の所有者といってよい株主と会社・経営陣との利害の対立，および支配株主と少数株主との間をはじめ，さまざまな目的で株式を保有する株主間における利害の対立の解決だけでなく，会社の取引先，債権者等の会社に関わりを持つ幅広い利害関係者（ステークホルダー）の利益の保護も会社法上の重要な論点である。さらに，会社法の基礎を理論的かつ実務的側面から理解するためには，コーポレート・ガバナンスに関する議論が重要である。

## 1　企業・会社・株式会社

### （1）企業と会社組織

　経済学的にみると，企業とは，営利を目的として，継続的に生産・販売・サービスなどの経済活動を営む組織体ということができる。個人企業を別としたとき，営利事業を営むことを目的とする共同企業のうち最も代表的な形態が会社である。そして，会社は1人または複数の出資者により構成され，これらの者が自らまたは第三者に委託して運営を行い，営利活動に従事する組織体である。

　会社形態には，株式会社，合名会社，合資会社および合同会社があるが（会2条1号），資本主義社会において会社形態の企業の代表は株式会社であり，我が国の会社の大部分を占めている。株式会社が本書の論述の中心である。

　会社は営利を目的とする法人であり社団である。会社に出資をする構成員を社員という。会社が雇用する従業員（一般に社員と呼ばれる）とは区別される。社団という用語は，複数人が結合する団体を意味しているが，株式会社においては社員（株主）が1人である一人会社が認められており，小規模な株式会社には経営者だけが株主である一人会社が多い。しかし，株式会社の本来的な形態として社団性を持ったものが想定されることから，会社は社団であるといってよいだろう。

## （2）会社の法人格

　会社には法人格が認められる（会3条）。法人格の存在により，会社という団体の対外的活動の結果から生じる権利義務は当該団体自体に帰属し，自然人と同様に会社自身がその名において権利を有し義務を負う主体として認められる。これにより権利義務の帰属が明確になる。そして，会社に対して効果が生ずる対外的な活動は会社代表者が行い，その効果（権利義務）は会社に帰属する。さらに，会社が法人格を有することにより会社の財産関係とその構成員（社員）の財産関係とは切り離されて，別個独立な関係となる。会社の形態によって強度に差はあるが，会社の権利義務と社員の権利義務とは分離されている。

## （3）会社の種類

　会社法上の会社には，株式会社と持分会社とがある。持分会社には合名会社，合資会社，合同会社が含まれる。我が国の会社の大部分は株式会社形態である*。

　＊我が国の会社規模：我が国の会社のうち95％以上は株式会社であり，250万社以上にのぼる（ただし，この中には旧来の有限会社が含まれる）。持分会社は13万社程度である。会社全体では，資本金1億円以下の小規模会社が99％を占め，資本金10億円超の大規模な会社は約5,300社であり，そのほとんどは株式会社である。

## （4）会社の社員

　株式会社の社員は株主と呼ばれ，その保有する持分を株式という。株式会社と合同会社を除いた持分会社との大きな違いは会社債権者に対して社員の負担する責任にある。株式会社の株主の責任は，その有する株式の引受価額を限度とする。株主の責任は，株式の引受価額を会社に払込みまたは給付するだけに限られ，会社の債権者に対してそれ以上の責任を負わない（会104条）。これを株主の有限責任という。

　これに対して，持分会社は小規模の会社に適したものであり，社員間の人的な結びつきを前提としており，株式会社が有する基本的性格とは異なる。合名会社の社員は，全員が会社の債権者に対して直接的に無限の人的責任を負う無限責任社員である（会576条2項）。合名会社の社員は，会社債権者に対して連帯して会社の債務を弁済する責任を負う（会580条1項）。合資会社には無限責任社員と有限責任社員とがいる（会576条3項）。無限責任社員の責任は合名会社の場合と同様であるが，有限責任社員の責任は，出資の価額（会576条1項6号）を限度とする（会580条2項）。

　合同会社は持分会社であるが，社員の全員が有限責任社員であり（会576条4項），株式会社の株主と同様に，会社の債権者に対して有限責任しか負わない（会580条2項）。持分会社については，さらに**本編第2章1**で詳述する。

## （5）株式会社における株式譲渡の自由

　株式会社において株主は資本の出資者である。株式会社制度の基本的考え方では，株式会社は大規模な共同事業を営むのに適した企業形態とされ，そのためには広く多くの者から資本出資を募ることができる必要があるとされている。その前提として，事業に参加する株主のリスクを軽減し広く出資を募ることを容易にする必要性のため，株主の責任は，その有する株式の引受価額を限度とする（会104条）とされている。

　さらに，広く多くの者から資本出資を募るためには，株主はその出資持分を自由に譲渡して投下資本を回収できるようにする必要がある。株主の出資持分の細分化された割合的単位を株式というが，この株式は自由に譲渡され，流通させることができるのが原則とされる。ただし，会社法は株式の譲渡性を認めるが（会127条），他方で，人的結合関係の強い小規模会社を中心に，広く株式の譲渡制限を認めている（会107条1項1号・108条1項4号）。

## （6）公開会社と非公開会社

　会社法は，「公開会社」という用語と「公開会社でない会社」という用語とを区別している。会社法2条5号は「公開会社」を定義して，「その発行する全部又は一部の株式の内容として譲渡による当該株式の取得について株式会社の承認を要する旨の定款の定めを設けていない株式会社をいう。」とする。これによれば，「公開会社でない株式会社」というのは，「全部の株式について譲渡制限を定める会社」を指し（これを非公開会社ということもある），一部の株式についてのみ譲渡制限を定める会社は，たとえその割合がどんなに大きくとも，公開会社である。なお，「公開会社」であることは，株式が市場に上場されているかどうかという事柄とは関わりがない。

## 2　株式会社

### （1）株式会社と株主の利益

　会社法の基本的問題として，株式会社は誰のものか，株式会社の所有者は誰かという議論がある。それは，会社において利害対立のある場合に誰の利益を重視するべきかという問題と結びつく。

　会社法においては，株主の利益の他に，経営者（取締役）の利益，取引先，銀行等の債権者，社債権者，従業員，さらに消費者，事業所在地のコミュニティ等会社に対して利害関係を有するさまざまな関係者（これらの者をステークホルダーという）の利益が問題になる。会社法の下では，株主総会が最高の意思決定機関とされ，当該会社の過半数の株式（支配株式）を有する者が会社を支配できる。

この意味で株式会社は株主のものであるということが前提とされているといえる。そこで，株式会社は，株主利益の最大化を図り，利潤の拡大により企業価値を高める経営をすべきということになる\*。

> \*株主利益の重視：かつては，株主利益を重視する米国企業と異なり，日本企業はメインバンク，株式の持合い，終身雇用といったシステムの下，従業員を企業の中核と位置づけ，企業経営において株主の利益よりも企業・従業員の利益を重視しているとまでいわれていた。しかし，日本の企業社会は1990年代初頭のバブル崩壊以降，経済のグローバル化に対応して大きく変貌し，その中で英米企業型の株主利益を重視する経営という視点が広く浸透していった。他方，会社法は，我が国企業の国際競争力を高めるため，グローバル・スタンダードとの整合化を図ってきた。けれども，近時の欧米を中心としたグローバリズム，グローバル企業の活動，短期的利益を過度に追求するヘッジファンドなどに対する反発や，Covid-19のパンデミックにより世界が大きな影響を受ける中で，SDGsや脱炭素社会といった課題への取組みに関する議論の高まりを反映して，株主利益の重視のあり方に関して新たな議論が生じる可能性があろう（さらに後述（3）参照）。

しかし，上述のように会社が株主のものであるとしても，これですべての問題が片付くわけではない。株式会社の経営を担う者（経営者・経営陣）は，株主の利益だけでなく，それ以外のステークホルダーの利益をも考慮して企業価値を高める経営を行う必要があり，それが結局は株主全体の利益に合致すると考えられる。

株式会社の実際の株主像をみてみよう。株主の投資目的はさまざまであるが，あえて区分してみると，株主には，①長期に支配株式を保有して実質的に会社を保有している者やこのような者で会社経営にも携わっている者，②貸付先の企業の株式を保有している銀行等の金融機関，取引先の株式をお互いに保有する企業（企業グループ内の株式の持合いが実例），③中長期的な投資利益を目的に長期間株式を保有する年金基金・保険会社等の機関投資家，④一時的に1年～3年の短期間の株式投資による売買益の獲得を目的とする投資ファンド，さらに⑤もっと短期間の株式投資により売買益獲得を目的とする個人投資家もいる。

①～③の株主が中長期の期間における企業利益・企業価値の向上を念頭に置いた会社経営を考えるのに対して，④のファンドにあっては，その相当数の保有株式をてこにして，会社に対して短期間の企業価値の向上と株価の上昇を実現する会社経営を要求する場合がしばしばある。ファンドや機関投資家は，自分に資金を預託している投資者の利益を図るべき受託者責任を負っているからである。ここにおいては，株主の利益と会社自体の利益，経営陣，従業員等の利益との対立が生じてくる。このような投資者の短期的利益の追求は，一面において，企業の利益の最大化につながり，株主利益の最大化をもたらし得るが，しかし，反面，それは従業員，取引先等のステークホルダーの利益を損なう結果となり，結局は

会社の利益を損なうことになり得る。この点に関しては（3）で再度取り上げる。

　株主利益に関しては，会社の経営者（経営陣）に経営の失敗，不正が生じたときに，株主の利益は会社の経営者の利益との対立を生じる。株主には経営者等に対して会社の被った損害の塡補を求める代表訴訟を提起することが認められている。さらに，株主利益はしばしば株主間で対立する。一部株主が経営者と連携して会社から新株発行を受けて多数派株主となって，反対派株主を少数派にしたり，会社が第三者に新株を大量に発行して既存の株主を少数派株主にして，最終的には締め出すことも行われる。さらに，より直接的に，他の会社またはファンドが公開買付けにより市場外で株式を大量取得して，支配株主が交代する事態も生じ得る。

## （2）株式会社の機関構成

### ①　コーポレート・ガバナンス

　株式会社は，基本的には多くの投資家から資金を集めて，これら投資家から経営を委託された経営者が経営を行うのに適した組織形態である。そして，出資者（所有者）である株主が会社を経営するのではなく，経営は経営者に委ねられるのが株式会社の本来のあり方とされ，企業の所有と経営とは分離しているのが原則である。ここで経営者とされているのは，会社の重要な意思決定を行い，組織全体を指揮統括し，会社業務を執行して，会社経営に責任を負う者（業務執行者）を指している。具体的には，株式会社で経営の中核を担う，代表取締役，業務執行取締役や，さらにこれに加えて専務取締役，常務取締役で構成する経営会議の構成員，指名委員会等設置会社の代表執行役を中心とした執行役などが相当する。

　株式会社の大規模化が進むと，株式の保有は社会に広く分散していき，その結果，支配株式を保有しない経営者が，実質的に株主総会を支配し，会社を支配するという状態が生じてくる。これが経営者支配（management control）の状態である。経営者支配の下では，株主には，経営を委ねている経営者の独走や経営者自身の利益の追求が行われることのないようにチェックし，モニタリングする必要がある。これを可能にする仕組みの構築を会社の機関構成によって実現しようという議論がコーポレート・ガバナンス論の出発点である。しかし，近時のコーポレート・ガバナンス論は，経営上の適切な意思決定が円滑かつ効果的に行われる仕組みに関する議論にも拡大されている。コーポレート・ガバナンス論の内容は多方面にわたり得る。

### ②　会社法の経営機構

　日本の上場会社である株式会社の形態は，ガバナンス・システムのあり方から，監査役会設置会社，指名委員会等設置会社，および監査等委員会設置会社の三つ

に分けられる。

　我が国では，明治期以来長く，監査役・監査役会を設置するという株式会社形態のみが採用されてきた。今日も上場会社の大半を占める監査役会設置会社は，経営者の監査・監督を監査役会と取締役会とが担う仕組みである。しかし，株主と取締役会の利害対立については，企業のグローバル化の進行の中で，監査役・監査役会制度による監査・監督の実効性に対する疑問が強く指摘され，社外監査役制度が導入されるに至った。社外監査役には弁護士，公認会計士，税理士などが選任されることが多い。社外監査役制度の導入には，企業活動のグローバル化の進む中で，企業側として自社に対する資本投資の拡大のために，英米を中心とした投資家に理解しやすいグローバル型のガバナンス機構の形態に近づける必要があったことが理由としてあげられる。

　次いで，アメリカ型の仕組みである指名委員会等設置会社制度の導入が行われた。指名委員会等設置会社においては，業務執行は執行役が行い，その業務執行の監督を取締役会が担って（これをモニタリング・モデルという），その中で社外取締役が中心的な役割を果たす。英米型のガバナンス・モデルでは，社外取締役が大きな役割を担う。

　この導入に次いで，すべての株式会社形態において社外取締役の導入を求める声が強くなってきて，平成26年会社法改正により，社外取締役を中心に構成する監査等委員会を設置する会社形態として，監査等委員会設置会社制度の導入が行われた。これは，監査役会設置会社にとっては社外監査役とともに社外取締役を選任することは負担感があること，指名委員会等設置会社は，監査委員会に加えて，指名委員会および報酬委員会を置く必要があることに抵抗感が強く，広く利用されるに至っていないことに配慮したものであった。この監査等委員会設置会社では，監査等委員会を構成する監査等委員は，取締役会の一員であるが，株主総会においてそれ以外の取締役と区別して選任される（会329条2項）。社外取締役には，他企業の経営者，弁護士，大学教員等の学識経験者が選任されることが多い。

## （3）コーポレートガバナンス・コード

　コーポレートガバナンス・コードは，金融庁と東京証券取引所によりとりまとめられたものであり（令和3年〔2021年〕6月11日付けで最新の改訂），東京証券取引所の有価証券上場規程に反映されている。本コードは，株主の権利，ステークホルダーとの協働，適切な情報開示，取締役会等の責務，株主との対話に関する五つの基本原則とそれぞれに係る原則および補充原則からなる。しかし，本コードは，厳格な法規範ではなく，ソフトロー（法的拘束力はない行動規範）としての

性格を有し，「コンプライ・オア・エクスプレイン」（遵守せよ，さもなければ説明せよ）のルールを採用する。東京証券取引所の有価証券上場規程では，プライム市場およびスタンダード市場の上場会社に対して，コーポレートガバナンス・コードの基本原則，原則および補充原則について，それぞれの原則を実施するか，または実施しない場合には，コーポレート・ガバナンスに関する報告書にその理由の説明を記載することを要求している。東京証券取引所は，令和4年（2022年）4月からプライム市場・スタンダード市場・グロース市場に区分再編され，グロース市場の上場会社は，本コードの基本原則の実施が求められる。

　本コードでは，コーポレート・ガバナンスは，「会社が，株主をはじめ顧客・従業員・地域社会等の立場を踏まえた上で，透明・公正かつ迅速・果断な意思決定を行うための仕組みを意味する」と定義されている。また，本コードは，資本提供者は重要な要であり，株主はコーポレート・ガバナンスの規律における主要な基点であるとする。本コードでは，日本企業がROE（自己資本利益率，株主資本利益率）などの指標の向上など，企業価値の向上を求めていくことが期待されているが，それはファンド等の要求するような短期的な視点からの企業価値の向上ではなく，企業の持続的成長と中長期的な視点からの企業価値の向上であるべきと考えている。本コードに合わせて，機関投資家を対象とする「日本版スチュワードシップ・コード」が金融庁により作成された。これは，機関投資家が自己の顧客の中長期的な投資リターンを拡大するため，企業との対話により，当該企業の企業価値の向上や持続的成長につなげていくことを求めている。この二つのコードは，我が国企業の発展を促進する車の両輪として位置づけられている（さらに両コードの附属文書として，「投資家と企業との対話ガイドライン」が制定されている）。

　他方，本コードは，コーポレート・ガバナンス改革の重要な目的は，上場会社による透明・公正かつ迅速・果断な意思決定を促すことにあるとする。そして，上場会社の意思決定のうちには，外部環境の変化その他の事情により，結果として会社に損害を生じさせる場合があり得るが，その場合，経営陣・取締役が損害賠償責任を負うか否かの判断に際しては，その意思決定の時点における意思決定過程の合理性が重要な考慮要素になるところ，本コードはこの合理性を担保することに寄与するとされている（基本原則4　考え方）。そして，このような上場会社の意思決定をバックアップする重要なファクターの一つとして，十分な資質を備えた独立社外取締役の重要性を指摘している。ここでいう独立性の基準は，一般株主と利益相反が生じるおそれのない社外取締役であることである。会社法は，令和元年（2019年）改正会社法により，監査役会設置会社（公開会社かつ大会社に

限る）であって，上場会社等の金融商品取引法により有価証券報告書の提出を義務づけられている会社は，社外取締役を1名以上置かなければならないとした（会327条の2）。

さらに，最新のコード改訂版は，上場会社がESG（環境〔Environment〕，社会〔Social〕，ガバナンス〔Governance〕），SDGs（Sustainable Development Goals〔持続可能な開発目標〕）などのサステナビリティー（企業の持続可能性）の課題に適切に対応すべきこと（原則2-3），上場会社は，自社のサステナビリティーについての取組みを適切に開示すべきこと（補充原則3-1③），さらに，優良企業が集まるプライム市場の上場会社は十分な資質を備えた独立社外取締役を少なくとも3分の1（その他の市場の上場会社においては2名）以上選任すべきこと（原則4-8）などを要求している。

このような視角からのコーポレート・ガバナンスに係るルールの整備とともに，内部統制システム整備の義務づけ（会348条4項・362条5項）に加えて，令和元年改正会社法による役員等のインセンティブを高める金銭以外の役員報酬制度の整備，役員等に対する責任追及が行われる際に機能する会社と役員等との間の補償契約制度の整備などは，企業のグローバルな活動が拡大する中で，的確かつ迅速な経営判断を要求される役員等にとって，果断な経営上の決定を行う後押しとして機能すると考えられている*。

*コーポレート・ガバナンス論の展開の方向性：コーポレート・ガバナンス論は，国により，時代により多様な視点を持ち得る。グローバル経済の拡大とそれに伴って生じてきた経済格差，環境破壊，社会・文化の分断・対立などの諸問題は，世界中にサプライチェーンを展開して大規模に活動するグローバル企業や，グローバリズムという理念自体に対する強い懸念を生じてきている。その中から，企業活動の持続可能性にとって重要な要素に目を向けたESG投資（機関投資家による環境，社会，ガバナンスを重要な観点とした投資方針）が生まれ，また，企業の過度な短期的利益の追求とそれを促進するヘッジファンドの活動に対する批判が生じている。株主利益よりも従業員の利益を重視するとまでいわれた我が国企業の日本型企業経営も，グローバル化の視点からの批判を受けて，ROE等の経営指標の向上と株主への投資リターンの拡大などの点で転換が図られてきたが，今後，企業の中長期的利益の追求と企業活動の持続性，ステークホルダーの利益に関して改めて議論される可能性があろう。

上述のように，近年，機関投資家の間で，ESG投資，さらには，もっと多様な要素を観点とするSDGsが問題にされることが増えている。以前からコーポレート・ガバナンスの改革は企業利益の拡大につながるのか，という点で疑問が提示されてきたが，これらの要素を重視した投資家の投資活動とそれに呼応する企業行動が，一般的に企業利益の拡大につながるとは必ずしもいえないのではないかと考えられる。しかし，社会的評価の視点からみると，企業にとってこれらの要素を無視した活動は，明らかにリスク要因となり得る。他方，企業活動のあり方によっては大きな収益機会につながる可能性もあることは明らかである。そこで，より積極的に，企業のグローバルな活動が拡大する中で，多様な社会・文化，そして人々の多様な要請を考慮した企業活動は，中長期的な企業価値の向上をもたらす可能性があるといってよいだろう。

## （4）非上場の小規模会社と上場会社

### ①　非上場の小規模会社

　公開会社と非公開会社の区分については前述したが，公開会社であるか，非公開会社であるかにかかわらず，株式が資本市場に上場されていない会社の中で，株主が1人またはごく少数である小規模な会社や，株主が限られた人間関係にある者にとどまる閉鎖性の強い会社においては，経営者と人的関係を持たない多数の一般株主の存在する大規模な会社や株式が市場に上場されている会社（上場会社）とは，その運営の実際が異なってくる。この閉鎖的な会社が非公開会社に該当する場合には，組織・運営に関して適用される会社法の規定も異なってくる。

　会社法は，極めて小規模で簡素な組織の株式会社から，大規模公開会社である株式会社まで，すべての株式会社を対象としており，この中には，二つの会社観が存在している。その一は，大規模公開会社を前提とした会社法観であり，その二は，少数の出資者の集まりで構成された集団が会社組織化する中小零細企業を前提とした会社法観である。大会社の100％子会社や合弁会社の場合もこれに含まれる。この場合には原則的に企業の所有者が自ら経営に当たる関係になる。このような会社の運営は，会社の対外関係における制約を別にすれば，構成員の自由な選択に委ねてよい。会社の組織・運営および株主の権利関係について，当事者間における定款自治に幅広く委ねることも認められている。

### ②　上場会社

　その発行する株式が市場（資本市場）に上場されている会社を上場会社という（会298条2項但書参照）。市場とは，金融商品市場（金商2条14項）を指し，金融商品市場とは，東京証券取引所などの金融商品取引所（同条16項・80条1項）の開設する取引所金融商品市場（金商2条17項）を指す。

　東京証券取引所等の金融商品取引所は，上場基準および上場廃止基準を定めており，株主数，流通株式，上場時価総額，事業継続年数，純資産の額，利益の額，株式の様式，株式の譲渡制限等に関する基準を定めている。譲渡制限株式の上場は禁止されている。したがって，上場会社は，少なくとも発行株式の一部の株式の内容として譲渡制限の定めを設けていない公開会社ということになる。上場会社は，金融商品取引法上の開示規制に従う必要がある。金融商品取引法上の開示規制は，投資者に対して投資判断をするのに必要な企業の財務・非財務情報を提供しようとするものである。

　上場会社の企業価値は，経済学的に理論的かつ分析的に算出されるものであるが，資本市場における取引においてそれが適切に評価されれば株式価格に反映される。当該上場会社の株式時価総額（株価に発行済株式総数を掛けたもの）はその

会社の企業価値を反映することになる[*]。

　＊企業価値の意味：企業価値とは，まずもって，その企業が将来にわたって生み出す利益の
　　総体として定義できるであろう。企業が将来にわたって生み出すであろう利益をベースに，
　　経済学理論に従い理論的かつ分析的に導き出された価値は本源的価値または内在的価値と
　　呼ばれることもある。これが十分に発達し効率的な資本市場で適切に評価されて当該企業
　　の株価に反映されるのであれば，株式時価総額が内在的価値（企業価値）ということがで
　　きる（さらに，後述**第2編第2章5（3）**参照）。

　この企業価値はその会社の信用度として評価されることになり，企業間の取引
にあたり取引相手方の企業にとって重要な判断要素となる。そればかりでなく，
上場会社が資金調達のため銀行等の金融機関から融資を受けるときの企業の信用
力にとって，さらに，上場会社が市場を通してあるいは市場外で，新株を時価で
発行して資金調達を行う場合の価格決定にとって，または社債を発行して資金調
達を行う場合の格付けにとって重要な意義を有することになる。さらに，他の会
社やファンドが当該上場会社に対して公開買付けを行うときの買付価格の決定に
とっても重要な意味を持つ。

### （5）株主利益と債権者保護

　株式会社制度が，社会の多数の人々から資本の拠出を受けることを容易にする
仕組みとして創設され，株主は有限責任を負うにとどまることの裏返しとして，
会社債権者の保護が会社法の重要な理念の一つとして掲げられてきた。

　会社法成立前の商法は，伝統的な債権者保護の理念に基づき資本金規制を置い
ていた。最低資本金規制は，その活動が社会と関わりを持つ会社という制度を利
用する経済主体が，その成立時点では一定の資本基準を満たしていることを公的
に保証する必要があること，資本を維持して企業の存続を図ることが，株主・投
資家にとって資本拠出の前提をなすこと，さらには，毎年の決算期において計算
上，会社に資本金額相当額を留保させ，配当により企業の外に過当な資金を流出
させないことが，債権者保護につながり得るということを根拠としていた。しか
し，会社法においては，新規企業の起業を容易化するという目的から，会社法制
定前の旧商法上で認められていた最低資本金規制は廃止され，資本金はいくらで
もよいとされている。株式会社の現実の事業規模と見合わない過少資本もそれ自
体は容認される。このような点から，従来の債権者保護の仕組みに揺らぎがある
とも指摘されている。

　会社法は，株式会社は剰余金の範囲内で配当できるとし（会453条），剰余金の
額の算出では，資産の額から資本と準備金の合計額を控除するものとしている
（会446条）。また，株式会社の純資産額が300万円を下回るときには配当できない
ものとする（会458条）。これらは資本維持の意味を持ち，債権者保護のために機

能するものといえる。

　会社法は，上記のように剰余金の払戻規制を置くとともに，すべての株式会社に対して貸借対照表の開示を義務づけ（会440条1項），適時に，正確な会計帳簿を作成すべき義務を課している（会432条1項）。会社法は，これにより債権者自らが会社の財務内容を評価することを可能にして，債権者保護を実質的に確保しようとし，さらに，利益配当に加え，自己株式取得，資本の減少等に伴う払戻しに関する払戻規制や合併等の場合における債権者保護手続等を定めている。

# 第2章

## 会社法総則

〈本章のポイント〉

　本章においては，本書の中心である株式会社に関する法規制を理解する上で前提となる諸事項について簡単に説明する。会社法には第1編第1章通則に続いて，その第2章〜第4章に，会社法の総則規定として，商法総則の規定と同様の規定が置かれており，これについても簡単に解説をする。

## 1　持分会社

　本編第1章1（3）で述べたように，会社には，株式会社の他に，合名会社，合資会社，合同会社の持分会社がある（会2条1号）。持分会社は，少人数の信頼関係にある社員間の人的な結合を想定しており，具体例として同族会社も多い。社員相互間には組合的な契約関係が存在して，会社の対内関係においては，組合的な取扱いが認められ，会社の内部的規律は広く定款自治に委ねられている。

　持分会社は，種類ごとにそれぞれ社員の会社債権者に対する責任に違いがある。合名会社においては，すべての社員は会社の負う債務について債権者に対して直接的に無限の人的責任を負う無限責任社員である（会576条2項）。合資会社の社員には無限責任社員と有限責任社員とがいる（同条3項）。有限責任社員の責任は，定款に記載の出資の価額（同条1項6号）を限度とし，すでに会社に出資した価額分は責任から控除される（会580条2項）。

　これに対して，合同会社においては，社員の全員が有限責任社員であって（会576条4項），会社の債権者に対して有限責任しか負わない（会580条2項）。その責任は出資の全額払込みをすることにとどまり（会578条・604条3項），株式会社の場合と同様である。そのため，会社法は，合同会社については，出資を金銭等に限り（会576条1項6号），その全額払込みを要求し，会社債権者に計算書類の閲覧・謄写請求権を認め（会625条），剰余金の分配規制を設ける（会628条）など，会社債権者保護のための規定を置いている。

　株式会社と異なる持分会社の共通の特色として，会社の業務執行および会社代表は，原則的に社員自身に委ねられていることがあげられる。持分会社は社員間

の信頼関係を重視する小規模な会社に適しており，この点で経営を株主以外の第三者に委ねることを認める株式会社と違いがある。

　合同会社制度は，会社法制定にあたり，出資者の有限責任を確保しつつ，会社の内部関係について組合的規律の適用される会社類型の必要に対応するために創設された。合名会社・合資会社が同族会社に適した会社類型であるのに対して，合同会社は，合弁会社，ベンチャー企業，投資ファンド等に適した会社類型とされている。持分会社は現在13万社程度存在するが，そのうち合同会社が最も多く，80％以上を占めている。

## 2　大会社

　株式会社は極めて多くの株主が存する大規模会社から，株主が1人しかいない，またはごく少数の小規模会社まで多様である。会社法中には，大会社，小会社，その中間の中会社というような区分はなく，大会社の区分についてのみ規定を置いている。

　会社法2条6号は，大会社を定義して，大会社に該当するか否かの判断基準は，「最終の事業年度に係る貸借対照表」上の資本金の額が5億円以上であるか，または，負債の額の合計額が200億円以上であることとする。大会社に該当するか否かは，監査役会，会計監査人の設置義務（会328条），内部統制システムの整備義務（会348条4項・362条5項），貸借対照表とともに損益計算書を公開すべき義務（会440条1項），連結計算書類の作成義務（会444条3項）などの適用の面で重要である。

## 3　親会社・子会社

　現代の多くの企業は複数または多数の企業から構成される企業グループとして活動をしている。大規模企業においては，支配会社として傘下に多くの子会社を有しているのが一般的である。

　会社法は，子会社を，会社がその総株主の議決権の過半数を有する株式会社その他の当該会社がその経営を支配している法人として法務省令（施規3条1項・3項）で定めるものをいうとし（会2条3号），親会社を，株式会社を子会社とする会社その他の当該株式会社の経営を支配している法人として法務省令（施規3条2項・3項）で定めるものをいうとしている（会2条4号）。会社法施行規則3条1項は，子会社を，会社法2条3号に規定する会社がその財務および事業の方針の決定を支配している会社等をいうとし，同条2項は，親会社を，会社法2条4号に規定する株式会社の財務および事業の方針の決定を支配している会社等を

いうとする。その上で，同条 3 項で具体的な判断基準を示している。なお，ここでいう会社等とは，「会社，組合その他これに準ずる事業体」を指す（施規 2 条 3 項 2 号）。

　上記の定義によれば，子会社とは会社（株式会社・持分会社）により経営を支配されている会社等であり，親会社とは株式会社である子会社の経営を支配する会社等である。会社法は，親会社・子会社を判断する基準を持株比率によるのではなく，実質的に支配しているか否かの基準（支配力基準）によるものとしている。

## 4　会社の商号

　会社の商号とは，会社が事業を行うにあたり自己を表示するために使用する名称をいう。会社は，その商号中に，会社の種類に従い，それぞれ株式会社・合名会社・合資会社・合同会社という文字を用いなければならない（会 6 条 2 項）。会社はその名称を商号とするものとされ（同条 1 項），その商号は定款の絶対的記載事項であり（会27条 2 号・576条 1 項 2 号），かつ登記が必要である（会911条 3 項 2 号・912条 2 号・913条 2 号・914条 2 号）。

　何人も，不正の目的をもって，他の会社であると誤認されるおそれのある名称または商号を使用してはならない（会 8 条 1 項）。このような商号等の使用によって営業上の利益を侵害され，または侵害されるおそれがある会社は，利益を侵害する者または侵害するおそれのある者に対して，侵害の停止または予防を請求できる（同条 2 項）。

　自己の商号を使用して事業または営業を行うことを他人に許諾した会社は，この会社がその事業を行う者であると誤認して当該他人と取引をした者に対し，取引によって生じた債務を当該他人と連帯して弁済する責任を負う（会 9 条）。本条は，名義貸与者が事業を行う者であるとの外観を信頼して取引を行った善意の第三者を保護するものであり，権利外観理論（外観法理）または禁反言原則に依拠する規定と解されている。これを名板貸しによる責任という。適用要件は，商号貸与者側の帰責事由と相手方の信頼であるが，商号使用の許諾は黙示であってもよく，保護される者は悪意・重過失のない相手方である（最判昭和41・1・27民集20巻 1 号111頁）。

## 5　会社の使用人と代理商

　会社の使用人は，会社との間で雇用関係にある者であるが，会社法は，一般の従業員と区別して，包括的または特定範囲の代理権を有する者を会社の使用人と

して規定する。

　会社の使用人のうち，支配人は，包括的な代理権（支配権）を有する者であり，会社の本店または支店における事業の主任者である（会10条・11条）。支配人は，会社に代わってその事業に関する一切の裁判上または裁判外の行為をする権限を有し（会11条1項），支配人の代理権に加えた制限は，善意の第三者に対抗することができない（同条3項）。支配人は会社に対して強度の職務専念義務と競業避止義務を負う（会12条1項1～4号）。

　会社が本店または支店の事業の主任者であることを示す名称を付した使用人は，当該本店または支店の事業に関し，一切の裁判外の行為をする権限を有するとみなされる。これを表見支配人という。ただし，相手方が悪意であったときは，この限りではない（会13条)*。

> ＊会社法13条により保護される「相手方」：この相手方については，支配人でないことを知る場合が悪意に当たるが，重過失による不知は悪意と同視される。この点は，同様の趣旨に立つ表見代表取締役に関する会社法354条について（最判昭和52・10・14民集31巻6号825頁）と同様に解してよい。さらに，「相手方」は民法の表見代理についてと同様に，取引の直接の相手方に限られる（最判昭和59・3・29判時1135号125頁）。この点は特に相手方に交付された手形の流通に際して問題になる。

　会社の事業に関するある種類または特定の事項（たとえば，販売，購入，貸付，出納等）の委任を受けた使用人（支店長，部長，課長または係長等）は，当該事項に関する一切の裁判外の行為をする権限を有するとされる（会14条1項）。また，物品の販売等を目的とする店舗の使用人は，その店舗にある物品の販売等をする権限を有するものとみなされる（会15条）。

　会社の代理商とは，ある会社のためにその平常の事業の部類に属する取引の代理または媒介をする者をいう（会16条）。代理商も会社の使用人と同様に会社の事業の補助者であるが，代理商は独立の商人・会社である。損害保険代理店や海運代理店などが具体例である。

## 6　会社の事業譲渡

　事業譲渡とは，会社の事業の全部または重要な一部の譲渡を意味する。株式会社においては，株主保護のため，事業譲渡を行う際には株主総会の特別決議が必要とされており（会309条2項11号），この点と関わり，事業譲渡の意味に関して学説上見解が対立している。最高裁判例は，会社法成立前の商法中の「営業譲渡」という用語についてであるが，「一定の営業目的のため組織化され，有機的一体として機能する財産（得意先関係等の経済的価値のある事実関係を含む）の全部または重要な一部を譲渡し，これによって，譲渡会社がその財産によって営ん

でいた営業的活動の全部または重要な一部を譲受人に受け継がせ，譲渡会社がその譲渡の限度に応じ法律上当然に商法に定める競業避止義務を負う結果を伴うものをいう。」としている（最大判昭和40・9・22民集19巻6号1600頁）*。

> ＊事業譲渡の意味：学説上では本判例と異なる見解を採用するものも多い。会社法21条の「事業譲渡」と同法467条1項の「事業譲渡」とを同一に解すべきか否かに関しては，競業避止義務の負担は不可欠な要件か，事業活動の承継は必要かといった論点を中心に争いがある。

　事業の譲受会社の保護のため，事業を譲渡した会社（譲渡会社）は，特約のない限り，同一地域およびこれに隣接する地域内で，20年間同一の事業を行うことを禁止される（会21条1項）。さらに，譲渡会社は，不正の競争の目的で同一事業を行うことを禁止される（同条3項）。

　事業を譲り受けた会社（譲受会社）が譲渡会社の商号を続用する場合には，それにより誤解するおそれのある譲渡会社の債権者を保護するため，譲受会社も，譲渡会社の債務を弁済する責任を負担する（会22条1項）。商号を続用しない場合でも，譲受会社が譲渡会社の事業の債務を引き受ける旨の広告をしたときは，譲渡会社の債権者は，譲受会社に対して弁済の請求ができる（会23条1項）。

　さらに，事業譲渡に関しては，**第2編第8章8**で詳述する。

## 7　会社の公告方法

　会社が公告をする方法を「公告方法」という（会2条33号）。会社は，公告方法として，①官報に掲載する方法，②日刊新聞紙へ掲載する方法，③電子公告のいずれかの方法を定款で定めることができる（会939条1項）。公告の方法について定款の定めがない会社は官報に掲載する方法によるものとされる（同条4項）。会社は公告方法を登記しなければならない（会911条3項27～29号等）。

　③の電子公告とは，電磁的方法により不特定多数の者が公示すべき内容である情報の提供を受けることができる状態に置く措置を指す（会2条34号）。具体的にはインターネットによる方法がこれに当たる。電子公告による場合には，自社のウェブサイトのアドレスを登記する必要がある（会911条3項28号イ，施規220条）。

## 8　会社の登記

　会社は，会社法の規定により登記すべき事項について，当事者の申請または裁判所書記官の嘱託により，商業登記法の定めるところに従い，商業登記簿にこれを登記することを要する（会907条）。株式会社においては，代表取締役によって申請されることになる。登記した事項に変更が生じ，またはその事項が消滅した

ときは，遅滞なく，変更の登記または消滅の登記をしなければならない（会909条）。

　登記は，当該区域を管轄する商業登記所において行う必要がある。登記簿とは，登記すべき事項が記載される帳簿であって，磁気ディスクをもって調製するものをいい（商登1条の2第1号），現在では電子化されている。

　登記すべき事項は，登記の後でなければ，これをもって善意の第三者に対抗することができない（会908条1項前段）。これを登記の消極的公示力という。登記すべき事項は，登記前であっても悪意の第三者に対しては対抗できるが，登記前においては，善意の第三者は，登記が欠けるために登記事項は不存在であるとの外観に信頼できるため，この者に対して対抗することはできない。反対に，登記すべき事項は，登記後であれば善意の第三者に対して対抗することができる。第三者の悪意が擬制される関係になる。これを登記の積極的公示力という。したがって，実質的には，相手方は取引等に際して登記を確認する必要が生じる。

　他方，会社法上には，表見支配人（会13条），表見代表取締役（会354条）に関する規定が存する。登記の効力に関する規定とこれらの外観信頼保護の規定との関係をどのように解すべきかの問題がある。これについては，外観信頼保護の規定は登記の積極的公示力の原則に優先すると解されている＊。

　　＊登記の効力と外観信頼保護規定との関係：この点に関して通説は，登記の効力に関しては会社法908条1項が原則的に適用されるが，外観信頼保護規定である同法13条・354条の適用要件が充足されている場合には，例外的にこれらの規定が908条に優先して適用されると解している。

　故意または過失によって不実の事項が登記された場合に，この登記をした者は，その事項が不実であることをもって善意の第三者に対抗することができない（会908条2項）。不実の登記を信頼した者を保護するためである。

## 9　法人格の濫用等と法人格否認の法理

　会社の法人格の機能は，会社と社員（株主）の権利義務関係を分離することにあるが，一人会社のように小規模な株式会社においては，ときに法人格の形式的独立性を法的に貫くことが正義・衡平の理念に反する結果を生じる場合，または法人格が目的を超えて不法に利用される場合がある。たとえば，一人会社が倒産した場合に，会社の債権者がその一人株主の個人責任を追及しようとするとき，一人株主が自分の財産と会社の財産関係とは別個のものであると主張して，支払を拒むという事態が生じ得る。このような場合に，この事案に限って会社の法人格を否認して，会社とその背後にある社員とを同一視して妥当な結果に導くこと

を可能にする法理が法人格否認の法理である。この法人格否認の法理は法の規定に基づくものではなく，学説上で提唱され，最判昭和44・2・27により確立された*。

> *最判昭和44・2・27民集23巻2号511頁：本判例の事案は，Xがその所有する店舗を，A個人が経営する電気器具類販売業を営むY社に賃貸し，その後にXA間で訴訟上の和解により店舗明け渡しの合意が成立したが，Aは，和解の当事者はA個人であってY社ではないと主張して明け渡しを拒んだというものである。本判例は，「会社形態がいわば単なる藁人形に過ぎず，会社即個人であり，個人即会社であって，その実質が全く個人企業と認められる場合」には，法人格を否認して会社の背後に存在する個人に迫るべきとして，本件でXA間の明け渡しの合意はY社の行為と解することができるとした。

　法人格否認の法理の適用される事例としては，法人格の濫用の事例（濫用事例）と法人格の形骸化の事例（形骸化事例）とが認められている。濫用事例とは，会社（法人格）を支配する株主が，法人格を違法・不当な目的で利用している場合である。たとえば倒産の危機に瀕した会社が，財産隠匿のために新会社を設立して，これに財産を移転する場合などである。形骸化事例とは，会社とは名ばかりで，実質的には経営者の個人営業である場合や子会社が実質的に親会社の一部門であるときなどである。たとえば上記最高裁判例は形骸化事例に当たると解されている。

　法人格否認の法理は会社の相手方を保護する法理であるため，法人格の濫用等の状況を生み出した会社・株主側には本法理の主張は認められず，その相手方だけが主張できる。

# 第2編

## 株式会社法

<br>

# 第1章

# 設　立

〈本章のポイント〉

　本章においては，株式会社の設立について扱う。株式会社は一定の手続を経て設立される。定款が作成され，会社の成立後に株主となる発起人・株式引受人は出資を行い，成立後の会社の役員が選任され，設立の登記により会社が成立すると同時に，会社は法人格を取得する。発起人は会社の設立手続を遂行する役割を担っているため，会社が成立した場合でも，その任務を怠った場合等に厳しい責任を負わされる。株式会社の設立には，会社の財産形成を確実にするため，特に厳格な法規制が予定されている。

## 1　設立手続

　会社の設立手続とは，会社という団体を徐々に形成させていき，成立させるまでの手続のことである。その内容は会社の種類により異なり，持分会社の場合，会社法の設立に関する規定は簡単である（会575〜579条）。これは，社員相互に信頼関係のある，通常，小規模会社だからである。他方，株式会社の場合，複雑で厳格な手続が定められている。これは，株式会社においては，社員相互の関係が希薄であることを予定しており，社員の数も多く利害関係の調整が複雑であり，大規模な企業にも耐え得る手続となる必要があるからである。

　株式会社を設立するには，設立に際して出資される株式（設立時発行株式）の全部を発起人が引き受ける発起設立（会25条1項1号）と，発起人が設立時発行株式の一部を引き受け，残部についてはこれを引き受ける者を募集する募集設立（同条1項2号）とがある。募集設立は，募集株式の引受人の利益を保護するためのさまざまな規制が課されるため，実務上は，発起設立によることが多い。

　株式会社を設立する上で重要なのは，会社の基本原則である定款を作成すること，出資者を確定すること，出資財産を確定すること，会社成立後の機関を選任することであり，これらすべてを行った後に，設立登記をすると株式会社は成立し（会49条），法人格を持った独立の権利主体となる。

## 2　発起人

　発起人とは，会社の設立の企画者として定款に署名または記名押印した者である（会26条1項，大判昭和7・6・29民集11巻1257頁）。発起人の資格に制限はなく，行為能力のない者や法人でもよい。人数は複数である必要はなく，1人でもよい。安易で無責任な設立を防止するため，発起人は自ら少なくとも1株は引き受けなければならない（会25条2項）

## 3　定款の作成

　株式会社を設立するには，発起人が会社の基本的な規則である定款を作成し，その全員が署名しなければならない（会26条1項）。定款とは，株式会社の組織と活動に関する根本規則である。定款は電磁的記録（電子データ）によって作成することができ，電磁的記録に記録された情報については，法務省令で定める署名または記名押印に代わる措置（電子署名）をとらなければならない（会26条2項）。定款は，公証人の認証を受けなければその効力が生じない（会30条1項）。これは，定款の内容を明確にし，後日の紛争や不正行為を防止するためである。会社の設立に際して作成される定款は原始定款と呼ばれ，公証人の認証は原始定款についてのみ要求される。ただし，その後，定款を創立総会で変更する場合，公証人の認証は不要である。これは，総会の議事録という形で議事録が残るので，後から定款の規定について争いが生じるリスクが低いからである。

　定款の記載事項には，（1）絶対的記載事項，（2）相対的記載事項，（3）任意的記載事項がある。

### （1）絶対的記載事項

　必ず記載しなければならず，記載がないと定款自体が無効となり，設立自体が不可能になる事項である。次のとおりである。①目的，②商号，③本店の所在地，④設立に際して出資される財産の価額またはその最低額，⑤発起人の氏名・名称および住所（会27条1〜5号），⑥発行可能株式総数（会37条）。設立の登記時までに上記すべての記載が必要である。⑥は，定款認証時には不要で，設立過程における株式の引受状況をみながら，会社成立時までに発起人全員の同意で定めることが認められる（同条1項）。原始定款で定めた場合には発起人全員の同意で変更もでき（同条2項），改めて認証を受ける必要はない。公開会社における⑥は，設立時発行株式の総数の4倍以下でなければならない（4倍ルール）（同条3項）。

### （2）相対的記載事項

　定款に記載しなくても，定款自体の効力は有効であるが，定款で定めないとその効力が否定される事項である。事項ごとに条文に定められているが，公告方法

と変態設立事項がその例である。

### ①　公告方法

　会社が株主や債権者にある事項を広く知らせることが必要となる場合がある。会社が用いることができる公告方法には（ⅰ）官報に掲載する方法，（ⅱ）時事に関する事項を掲載する日刊新聞に掲載する方法，（ⅲ）電子公告の3種類があり，会社はいずれの方法を用いるかを定款で定めることができる（会939条1項）。定款に定めを置かない場合，官報が公告方法となる（同条4項）。

### ②　変態設立事項

　会社法28条が定める変態設立事項については，原始定款で定め，原則として発起人の請求に基づいて裁判所が選任する検査役の調査を受けなければならない（会33条1項）。ただし，現物出資と財産引受けについては，次の場合，検査役の調査は不要である（同条10項）。①対象となる財産の定款に記載した価額が少額の場合（500万円を超えない場合），②対象となる財産が市場価格のある有価証券である場合（定款記載の価額が市場価額〔施規6〕を超えないときに限る），③現物出資・財産引受けが相当であることについて，弁護士・弁護士法人・公認会計士・監査法人・税理士または税理士法人の証明を受けた場合（不動産の場合には不動産鑑定士の鑑定評価も必要）。

（ⅰ）現物出資（会28条1号）　　出資者は，通常，株式の対価として金銭を出資することになっているが，金銭以外の財産（現物）を出資することも認められている。目的物を過大に評価して不当に多くの株式が与えられると金銭出資をした他の株主との間で不公平となるので，法は規制している。金銭と違い現物については評価が難しい場合が少なくない。そこで，現物出資者の氏名・名称，出資の目的財産，その価額，割り当てられる株式の種類・数を定款で定めなければならない。現物出資は，いざというときに厳しい責任が問われる発起人だけができると解されている（会34条参照）。

（ⅱ）財産引受け（会28条2号）　　発起人が会社のために第三者との間で結ぶ，会社の成立を条件に特定の財産を譲り受ける旨の契約をいう。通常の売買契約であるが，現物出資の場合と同様のリスクがあるため，設立時に限り，現物出資と同じ規制の下に置かれている。譲渡の目的財産，譲受人の氏名・名称を定款に定めなければならない。

（ⅲ）発起人の報酬・特別利益（会28条3号）　　発起人は，会社のために設立の職務を行っている以上，その対価として報酬を会社から得られるのは当然であるが，発起人自らがその額を決めると不当な額になるおそれもある。そこで，発起人の受ける報酬につき定款に定めなければならないとしている。報酬という形ではな

く，発起人の会社設立の功労に報いるための特別の利益も報酬と同じ規制の下に置く。

（ⅳ）**設立費用**（会28条4号）　発起人が会社の設立事務の執行のため，権限内の行為により支出した費用をいう。設立事務所の賃借料・株式の募集広告費などがその例である。定款で定めた額の範囲内で会社に対して求償できる。なお，定款認証の手数料・払込取扱金融機関・登録免許税等は，金額に客観性があり濫用のおそれがないので，定款への記載は不要である。

### （3）任意的記載事項

定款に記載がなくても定款が無効とならず，定款で定めなくてもその事項の効力が否定されない事項である。このような事項の記載がなされるのは，事柄を明確にするためであり，その変更には定款変更手続が必要になるという効果がある。定時株主総会の招集時期・取締役および監査役の員数・決算期等がその例である。

## 4　出　資
### （1）株式発行事項の決定

設立の際の株式（設立時発行株式）に関する事項のうち，設立に際して出資される財産の価額またはその最低額は定款で定める必要があるが（会27条4号），それ以外は，定款外で決定することができ，原則として発起人の多数決で決定できる（民670条類推）。例外として，次の三つの事項は，発起人全員の同意が必要である。①発起人が割当てを受ける設立時発行株式の数，②①の設立時発行株式と引換えに払い込む金銭の額，③成立後の株式会社の資本金・資本準備金の額に関する事項（会32条1項）。

### （2）株式の引受け
#### ①　発起設立の場合

設立時発行株式は，発起人がその全部を引き受ける。引受けの時期は定款作成と同時である必要はなく，その前後でもよい。発起人は出資の履行をすれば，会社成立時に株主となる（会50条1項）。

#### ②　募集設立の場合

設立時発行株式の一部を発起人が引き受け，残りの設立時発行株式については，発起人が株主を募集する（会57条・58条）。募集に対して申込み（会59条・61条）があると，割当て（会60条・61条）がされる。割当てについては，あらかじめその方法を定めない場合には，申込株式数や申込順序等に関わらず自由に相手を選んで割当てをすることが可能である（割当自由の原則）。割当ての後に，引受け（会62条）が確定し，引受人は払込み（会63条・64条）をすると，会社成立時に株

主となる（会102条2項）。

### （3）設立時取締役・設立時監査役等の選任

　発起設立の場合には，発起人は1株につき1議決権を有し，その議決権の過半数で設立時取締役・設立時監査役等を選任（解任）する（会38～45条）。募集設立の場合には，創立総会で設立時取締役・設立時監査役等を選任する（会88～92条・39条）。

### （4）出資の履行

　発起人は，設立時発行株式の引受け後遅滞なく，金銭出資の場合は，出資金額全額を会社に払い込み，現物出資の場合は，出資の目的たる財産の全部を会社に給付しなければならない（会34条1項）。払込みについては，確実を期すため，発起人が定めた払込取扱機関（銀行，信託会社その他これに準ずるものとして施規7条に定めるもの）において行わなければならない（会34条2項）。

### （5）失　権

　発起人のうち出資の履行をしない者がある場合には，他の発起人は，期日を定めた上でその者に対し当該期日の2週間前までに（会36条2項），当該期日までに履行すべき旨を通知しなければならない（同条1項）。当該期日までに出資の履行をしないときは，設立時発行株式の株主となる権利を失う（失権する）（同条3項）。

　発起人が引き受けた設立時発行株式の一部について失権しても，「設立に際して出資される財産の価額又はその最低額」（会27条4号）を満たす出資である限り設立手続を続行できるが，満たしていなければ追加の引受人の募集をしないと設立手続は続けられない。

### （6）仮装払込み

　株式会社の設立に際し，実際には必要な出資金を用意できない発起人が，出資の履行の仮装を行うことがある。具体的には，次の預合いや見せ金と呼ばれる行為である。

#### ①　預合い

　発起人が銀行等から借入れをしてそれを預金に振り替えて払込みにあてるが，この借入れを返済するまでは預金を引き出さないことを約する行為である。こうした払込みは無効と解される。会社法は，刑事罰をもって預合いを禁じている（会965条。最判昭和42・12・14刑集21巻10号1369頁）。

#### ②　見せ金

　発起人が払込取扱機関以外の第三者から金銭を借り入れて払込みを行った後，会社の成立後にそれを引き出して借入金の返済にあてる行為である。見せ金は，

払込みの形式は整えているものの，実質的にみれば，それにより会社の営業資金
は何ら確保されていない以上，有効な払込みとは認められない（最判昭和38・
12・6民集17巻12号1633頁）。

## （7）設立経過の調査

設立中の会社が成立後に監査役設置会社となる場合，設立時取締役および設立
時監査役の両者が選任される。これらの者は，会社が成立すれば取締役としてあ
るいは監査役として法定の職務を行う，選任から会社成立に至るまでの間の職務
が法定されている。それが設立経過の調査である。

### ①　発起設立の場合

設立時取締役および設立時監査役は，選任後遅滞なく，定款に記載・記録され
た現物出資・財産引受けについての価額の相当性，専門家の証明の相当性，発起
人の出資の履行が完了していること，その他会社の設立手続が法令定款に違反し
ていないことを調査しなければならない（会46条1項）。調査の結果，法令定款違
反や不当な事項がみつかれば，その旨を発起人に対して通知し，善処を求めねば
ならない（同条2項）。

### ②　募集設立の場合

発起設立の場合と同様に設立時取締役および設立時監査役に対して調査義務を
課している（会93条1項）。募集設立の場合は，発起人に対し設立に関する事項を
創立総会に報告し，検査役調査報告の内容・専門家の証明の内容を提出するよう
に義務づけている（会87条）。その上で，設立時取締役等による調査結果が創立
総会で報告される。創立総会において説明を聞いた上で，設立手続を続行するか
否か等を設立時株主（設立時に株主となる株式引受人）が判断する仕組みが採用さ
れている（会93条2項・3項）。変態設立事項について定款変更決議も可能である
が（会96条），決議方法は異なる。

創立総会は，払込期日または期間が経過すると遅滞なく招集される（会65条1
項）。これは設立時株主からなる議決機関であり，会社成立後の会社の株主総会
に相当する。招集手続・議決権・議長・議事等は株主総会とほぼ同じである（会
67条以下）。

創立総会の決議は，その創立総会で議決権を行使することができる設立時株主
の議決権の過半数であって，出席した当該設立時株主の議決権の3分の2以上に
当たる多数決で行う（会73条1項）。なお，設立廃止が決議されたときは，会社は
不成立となる。

## 5　設立登記

会社設立の手続の総仕上げは設立登記である。これにより会社は成立し，法律上存在するに至る（会49条）。いかに会社の実体ができあがっていても，登記するまでは法人格は認められない。

### （1）登記手続

設立の登記は，本店所在地において行わなければならない。発起設立の場合には，設立時取締役の調査が終了した日または発起人が定めた日のいずれか遅い日から2週間以内に行わなければならない（会911条1項）。募集設立の場合には，創立総会の終結の日またはその他所定の日のいずれか遅い日から2週間以内に行わなければならない（同条1項・2項）。設立の登記後2週間以内には支店の所在地においても登記が必要である（会930条1項1号）。登記事項には，会社の目的，商号，発行可能株式総数等の定款記載事項の一部の他，資本金の額，取締役の氏名，代表取締役の氏名・住所等が含まれる（会911条3項）*・**。

＊最低資本金：平成17年改正前商法と有限会社法が定めていた最低資本金制度（株式会社：1,000万円，有限会社：300万円）は，会社法制定により廃止された。したがって，資本金の額は1円でもよい。最低資本金規制の目的は，毎年の決算期において計算上，資本金相当額を留保させ，配当により会社資金の過度の流出を防ぐことで会社債権者を保護することにあった。こうした趣旨は，会社法の下でも，剰余金の分配との関係で残っている。すなわち，会社法は，株式会社は剰余金の範囲内で配当が可能であるが（会453条），純資産額が300万円未満の場合には配当が禁止される（会458条）。

＊＊代表取締役の住所：会社法上，株式会社の代表者（代表取締役・代表執行役）の住所が登記事項とされ（会911条3項14号・23号ハ），何人も住所が記載された登記事項証明書の交付請求ができる（商登10条1項）。そのため，プライバシー保護の観点から，住所を登記事項から削除すべき，あるいは，閲覧を制限すべきとの意見がある。他方で，代表者を特定するための情報として重要である，あるいは，民事訴訟法上の裁判管轄の決定や送達において，法人に営業所がないときは重要な役割を担う（民訴4条4項・103条1項）との意見もある。令和元年会社法改正における中間試案では，代表者の住所を登記事項に残す一方で，住所が記載された登記事項証明書の交付は住所の確認につき利害関係を有する者に限定して請求することができるものとされた。しかしながら，その後の改正審議において難航し，最終的には，基本的には現行の規律を見直さないこととなった。

設立の登記をなすためには，定款，株式の申込み・引受けを証する書面，設立時取締役もしくは検査役の調査報告書，株式払込金保管証明書等の書類を添付する必要がある（商登47条2項）。くわえて，資本金の額の0.7％に相当する額（最低15万円）を登録免許税として納付しなければならない（登録免許税法別表第一・二十四（1）イ）。

登記事項に変更があったときは，本店所在地で2週間以内に変更登記をしなければならない（会915条1項）。目的，商号，発行可能株式総数，公告紙，本店所在地は，定款変更の手続の後に変更する。取締役・代表取締役は少なくも2年ご

とに変わり，同じ人が再選されたときにも選任の登記をする。12年以上変更登記がない会社は解散扱いされることがある。

## （2）登記の効果

設立の登記により株式会社は成立する（会49条）。会社の成立により，発起人は出資の履行をした設立時発行株式の株主となり（会50条1項），設立時募集株式の引受人は，払込みを行った設立時発行株式の株主となる（会102条2項）。発起人について「出資の履行」という言葉を使う理由は，会社法が発起人についてのみ金銭出資の他，現物出資を認めるからである。なお，会社法は株式会社につき労務出資・信用出資を認めていない。

会社の成立により，設立時取締役等は会社の機関となる（会38条1項括弧書等）。株式の払込金額および現物出資の目的財産に対する権利は会社に帰属する。

設立の登記がなされると，株式引受人は，錯誤・詐欺・強迫を理由としてその引受けを取り消すことができなくなる（平成29年改正民法施行後の会51条2項）。これは，できるだけ株式の引受けを確保し，会社の基盤を安定させるためである。会社成立前の株式すなわち株式引受人の地位を権利株と呼ぶが，その譲渡を自由に認めると手続が複雑になり迅速な設立の妨げとなるおそれがあるため，その譲渡は当事者間では有効であるが，会社には対抗できない（会35条・63条2項）。会社が成立すると，権利株は株式となるのでこの制限はなくなる。

会社が成立すると，株券発行会社は，遅滞なく株券の発行を行わなければならないが（会215条1項），株券が実際に発行されるまでは，権利株の譲渡制限と同様，株式譲渡をしても会社に対抗できない（会128条2項）。

## 6　設立中の法律関係
## （1）設立中の会社

株式会社の設立手続が進行している期間中（設立登記前）は，法人としては成立してはいないものの，発起人という構成員が存在し，定款もあって，一応，社団としての実体を備えたものが存在する。会社の実体は一瞬にしてできあがるものではなく，発起人が設立に必要なさまざまな行為を積み重ねる。この，会社の成立前に存在する社団（権利能力なき社団）を，設立中の会社という。

設立中の会社の執行機関は発起人であり，発起人がその権限の範囲内でした行為の効果は設立中の会社に帰属する。設立登記がなされると，設立中の会社に実質上帰属していた権利義務が，形の上でも会社のものとなる。この二つは法人格の有無が違うだけで実体は同じであるため，何らの移転行為も必要とされない。

設立手続が途中で挫折した場合（会社不成立の場合），設立中の会社は解散する

ことになるが，設立に関してなされた行為はすべて発起人の責任となる（会56条）。

## （2）発起人組合

会社の設立過程で，複数の人が会社設立という共通目的で集まると，発起人間において発起人組合という民法上の組合関係ができる。発起人は，設立手続に入る前に会社の設立を目的とする組合契約を結び，会社の定款内容，組織や財産について定め，それに基づいて定款の作成・株式の引受け・設立事務の執行等の設立に必要な行為をする。こうして会社の実体が徐々に形成される。

## （3）発起人の権限

会社の設立手続中の段階で発起人が行った行為の効果のどこまでが設立中の会社に実質的に帰属し，会社の成立により当然に会社に帰属することとなるかについては，問題がある。発起人に会社の設立を直接目的とする行為をする権限があることは当然であり，設立に必要な行為をする権限があることまでは認められている。成立後の会社の事業に属する行為をする権限はないが，成立後の事業の準備行為（開業準備行為）をする権限については争いがある。

### ①　設立に必要な行為

発起人は設立中の会社の機関として当然，会社の設立を直接目的とした行為をする権限を持つ。定款の作成，株式の引受け・払込みに関する行為，創立総会の招集等である。会社の設立に必要な取引行為も，発起人の権限に含まれる。設立事務所の賃借りやその職員の雇用等である。

### ②　開業準備行為

開業準備行為とは，会社がその成立後すぐに事業活動を行えるようにするため，事業に必要な財産を取得したり，資金の借入れを行ったり，仕入先・販売先との契約を締結したりする行為である。財産引受けもその一種である。そのような行為から生じた権利義務関係が成立後の会社に当然に帰属すべきかにつき争いがある。（ⅰ）発起人は設立に必要な行為までしかできず，財産引受けは特に必要性が大きいので厳格な要件の下で認めたと解する立場と，（ⅱ）発起人は開業準備行為をする権限があるが，財産引受けは濫用の危険が大きいので法は特に厳格な要件の下で認めたと解する立場がある。（ⅰ）が多数説・判例の立場である（最判昭和33・10・24民集12巻14号3228頁）。（ⅱ）によれば，発起人のしたすべての開業準備行為に，成立後の会社が拘束される。（ⅰ）はこれでは会社の財産的基礎が危うくなると考える。

### ③　事業行為

成立後の会社に予定された事業に関する行為を，発起人が設立中の会社の機関としてする権限はない。事業行為を発起人組合がその目的に含めている場合には，

発起人総代など代理権がある者がした行為の効果は発起人組合に帰属し，発起人全員が責任を負う（最判昭和35・12・9民集14巻13号2994頁）。

### （4）発起人等の責任

#### ①　現物出資財産等に関する責任

現物出資・財産引受けの対象である財産の価額が定款記載の価額に著しく不足する場合，発起人・設立時取締役はその不足額を会社に支払う義務を負う（会52条1項）。しかし，検査役の調査を経ていれば，その財産を出した者以外は義務を負うことはなく，無過失を証明した者も同様である（会52条2項）。

#### ②　払込みを仮装した場合の責任

発起人は，払込みを仮装した場合には，会社に対し，仮装した払込金額の全額を支払う義務を負う（会社52条の2第1項）。仮装に関与した発起人・設立時取締役も支払義務を負うが，自ら仮装した者を除き，注意を怠らなかったことを証明すれば義務を免れる（同条2項・3項）。

仮装をした発起人は，支払がされた後でなければ，株主権を行使することはできない（同条4項）。ただ，悪意・重過失のない株式譲受人は，支払の前であっても株主権を行使することができる（同条5項）。

#### ③　任務懈怠責任

発起人，設立時取締役，設立時監査役の任務懈怠による対会社責任および対第三者責任についても規定が置かれている（会53条）。これは，成立後の会社における役員等の対会社責任（会423条），対第三者責任（会429条）に対応する。

#### ④　疑似発起人の責任

発起人とは，厳密には，発起人として定款に署名等をした者であるが（会26条1項），募集設立の場合，募集広告その他募集に関する書面等に，自己の氏名・名称とともに会社の設立に賛助する旨を記載等することを承諾した者（疑似発起人）についても，発起人とみなして発起人と同様の責任を負わせることとされている（会103条4項）。その者が発起人であると誤信した設立時募集株式の引受人の保護を図るためである。

## 7　設立の瑕疵

### （1）設立の無効

設立の登記により会社が成立した場合でも，設立手続が違法であれば，会社の成立は無効とすべきである。しかしながら，会社の設立という外観が存在するため，会社の設立を無効とすれば，法的安定性を害する危険がある。そこで，会社法は，設立無効の主張は設立手続に瑕疵があった場合に訴えをもってのみ行うこ

とができるとした（会828条1項1号）。無効事由は，定款の絶対的記載事項を欠く場合，定款について認証がない場合，創立総会が適法に開催されない場合，設立登記が無効の場合等，設立手続に重大な瑕疵がある場合などに限られる。設立無効の訴えは，株主，取締役または清算人等に限り提起することができる（同条2項1号）。設立無効の訴えの提訴期間は会社成立の日から2年以内とされる（同条1項1号）。会社法は，無効の主張を制限することで，会社が正当に成立したと想定して発生する第三者の債権・債務に重大な影響を及ぼさないようにしている。

　設立無効の判決が確定すると，訴訟当事者だけでなく，すべての者との間で設立が無効であったものとする（会838条）。設立無効判決には遡及効が否定され，判決は将来に向かってのみ効力を有する（839条）。これは，会社の存在を前提として積み重ねられてきた法律関係の混乱を回避するためである。

　無効判決が確定した場合には，会社は登記ならびに清算の手続を行わねばならない（会937条1項1号イ・475条2号）。

## （2）会社の不存在

　設立の登記はなされたものの，設立手続がまったく履践されていないような場合，会社の実体を肯定することはできず，会社は不存在とされる。そのような会社の不存在は，いつでも・誰でも・どんな形でも主張できる。

## （3）会社の不成立

　会社設立の準備を進めたその途中で挫折し，設立登記にまで至らなかった場合，その会社は不成立である。事実上の会社としても存在しない。設立無効の訴えによるまでもなく，いつでも・誰でも・どんな形でも会社が存在しないことを主張できる。発起人がした会社の設立に必要な行為は，すべて，発起人全員の連帯責任となる（会56条）。設立費用として支出したものは，定款に記載があっても，すべて，発起人の負担になる。株式の払込みを受けていれば，引受人に返還しなければならない。

# 第2章

# 株　式

〈本章のポイント〉

　株式会社の構成員（社員）を株主といい，構成員たる資格を株式と呼ぶ。本章では，株式の意義とその内容について触れた後，株式の譲渡と権利行使方法について説明する。株主にとり，会社の解散や剰余金分配等の場合を除き，株式を譲渡する以外には投下資本を回収する方法はない。そのため，株式の自由譲渡性を認める必要がある。会社法は，原則として株式の自由譲渡性を認めるが，例外的に，法律による制限・定款による制限・契約による制限がある。本章では，株式の併合や分割等の投資単位の調整方法についても述べる。

## 1　意　義

　会社は法人であり，構成員すなわち社員が存在する。社員の地位は細分化され，均等な割合的単位として構成される。この単位部分を株式と呼ぶ。株式会社の社員は株式を有する者であるため，株主と名付けられている。

　株主となるには，主として二つの方法がある。一つは，出資による方法である。すなわち，会社が発行する株式を引き受け，所定の引受価額に相当する財産を会社に拠出するのと引換えに，会社から株式の発行を受けることである。もう一つの方法は，他の株主からその保有株式を承継取得することである。承継取得には，譲渡等により当該株式を個別的に承継する場合と，相続や合併といった一般承継の際に，承継財産の一部として株式を取得する場合がある。

## 2　株主の義務・権利
### （1）株主の義務

　株式会社においては，株主有限責任の原則がとられており，株主は自分が引き受けた株式の価額（引受価額）を限度とする責任を負うだけである（会104条）。それ以外に義務や責任はない。株主（払込みの当時は株式引受人）は，この引受価額を現実に払い込まなければならず，払込みをする債務を自分が会社に持っている債権で相殺することはできない（会208条3項）。

## （2）株主の権利

### ①　自益権と共益権

　株主の権利は，自益権と共益権とに分類される。自益権は，会社から直接経済的な利益を受けることを目的とする権利であり，剰余金配当請求権（会105条1項1号）と残余財産分配請求権（同条1項2号）がその中心であり，その他株式買取請求権等がその例である。共益権は，会社の経営に参与することを目的とする権利であり，株主総会における議決権（同条1項3号）がその中心であり，その他株主総会決議取消訴権（会831条1項）や取締役の違法行為差止請求権（会360条1項）等のように，株主総会の決議や取締役の業務執行等の会社の運営を監督是正する権利がある。

### ②　単独株主権と少数株主権

　株主の権利には，1株の株主でも行使できる権利（単独株主権）と発行済株式総数の一定割合以上または総株主の議決権の一定割合以上・一定数以上を有する株主のみが行使できる権利（少数株主権）とがある。自益権はすべて単独株主権であり，共益権のうちでも議決権（会105条1項3号）は単独株主権であるが，監督是正権は原則的に少数株主権であり，例外的に単独株主権とされる。監督是正権のうち，たとえば，株主総会の提案権（会303条1項）や株主総会の招集権（会297条1項）や会計帳簿閲覧請求権（会433条1項）等が少数株主権であり，取締役の違法行為差止請求権（360条1項）や株主代表訴訟提起権（会847条）等が単独株主権である。

## （3）株主平等原則

　株主は，株主としての資格に基づく法律関係では，その有する株式の内容および数に応じて平等に取り扱われる（会109条1項）。これを株主平等原則というが，株式平等原則というほうが正確である。

　異なる内容の種類株式については，異なる扱いをすることができる。他方，同じ内容の株式については株式数に応じて平等に扱われなければならない。もっとも，合理的な理由に基づき，異なる扱いが認められることがある。

　非公開会社では，剰余金の配当を受ける権利，残余財産の分配を受ける権利，株主総会における議決権につき，株主ごとに異なる取扱いを行う旨を定款で定めることができる（会109条2項）。このような定款の定めがある場合，株主が持つ株式を内容の異なる種類の株式とみなして，種類株式と同様の扱いをすることとなる。非公開会社では，株主相互の関係が緊密であり，株主の異動が少ないことから，株式ではなく個々の株主ごとに異なる取扱いを認めるニーズがあるため，株主平等原則の例外が認められている*。

＊株主優待制度：株主優待制度も株主平等原則との関係で問題となる。株主優待制度は，一定数以上の株式を持つ者にのみ優待的な取扱い（たとえば，ファーストフード会社から金券の贈呈，テーマパーク会社から入園券の贈呈）をするからである。株主優待制度については，優待の程度が合理的な範囲内である場合，実質的に株主平等原則に反するものとはいえないとされるが，優待の度合いによっては疑問も生じ得る。なお，株主優待制度は日本独特の株主優待文化ともいうべき制度であり，令和3年（2021年）9月現在，上場会社の4割に相当する1,500社程度で導入されている。

　会社が単元株制度を採用する場合，一株一議決権（会308条1項）ではなく，一単元一議決権（会308条1項但書）となるので，株主平等原則の例外となる。

### （4）単元株制度

　平成13年（2001年）6月商法改正は，株式の出資単位を法が一律に強制することを廃止し，従来の単位株制度を廃止して，新たに単元株制度を創設した。

#### ① 概　要

　単元株制度とは，株式の一定数をまとめたものを1単元とし，株主の議決権は1単元につき1個とする制度である。一定数の株式を保有する株主に議決権を認めることで株主管理コストの削減を実現しようとするものである。もっとも，零細な株主を育成する観点から，会社は，単元株式制度を採用しない，または1単元の株式数を少なめに設定することも可能である。単元株式制度の採用は任意であり，1単元の株式数は法定の上限内であれば会社が自由に決められる（会188条1項・2項）。

#### ② 採　用

　会社は，定款に定めて，単元株制度を採用することができる（会188条1項）。1単元の株式数を定めるに際し，大きな単位を認めることは大株主に有利であり，その他の株主の利益に反する。そこで，1単元の株式数（単元株式数）の上限がある。すなわち，法務省令で1,000と発行可能株式総数の200分の1とのいずれか低いものが上限となる（同条2項，施規34条）。定款を変更して単元株制度を導入するには，取締役は株主総会でその変更理由を説明しなければならない（会190条）。

　株式会社は，株式の単位を引き下げて，小さい単位の株式とすることができる（会183条1項）。これを株式分割という。株式分割は取締役会設置会社では取締役会決議で行われる（同条2項）。株式分割のみを行うと総議決権数も同一の割合で増え，株主管理コストが増加する。そこで，株式分割と同時に単元株式数を設定または増加させると，総議決権数の変動を抑えられる。この場合，株主の権利内容に変化はない。株式分割と同時に単元株式数を設定または増加させる場合，一定の要件の下，株主総会の決議を経ずに，単元株式数についての定款変更を行

うことができる（会191条）。単元株式数を減少させる，または単元株制度を廃止する場合は，株主に利益をもたらすものなので，株主総会決議を経ることなく（非取締役会設置会社では取締役の決定，取締役会設置会社では取締役会決議で）定款変更ができる（会195条1項）。

### ③　議決権

単元株制度を採用した会社では，株主は1単元について1個の議決権を有し，単元未満株式については議決権を行使することができない（会189条1項）。

単元未満株式だけを有する株主も，議決権の存在を前提する権利である株主提案（会303条）や質問権（会314条参照）等を除いて，株主としての他の権利はすべて有するのが原則であるものの，定款で株主権の全部または一部を行使できないと定めることが可能であるが，次の権利は奪うことができない（会189条2項）。（i）全部取得条項付種類株式の取得対価の交付を受ける権利，（ii）取得条項付株式の取得と引換えに金銭等の交付を受ける権利，（iii）株式無償割当てを受ける権利，（iv）単元未満株式の買取請求権，（v）残余財産分配請求権，（vi）その他法務省令で定める権利（施規35条）。

### ④　単元未満株式の株主の買取請求権

単元未満株式によっては議決権を行使できず，譲渡も困難であることが予想される（株券発行会社においては，単元未満株式に係る株券を発行しないことができる旨を定款で定めることができる〔会189条3項〕）。そこで，単元未満株主は，会社に対する単元未満株式の買取請求権が認められている（会192条1項・2項）。

買取請求がされた場合，（i）市場価格のある株式の場合は，その市場価格（施規36条）を売買価格とする（会193条1項1号），（ii）市場価格のない株式の場合は，当事者で売買価格を協議し，協議がととのわないときは裁判所が決定する（同条1項2号・2～4項）。請求日から20日以内に裁判所に価格決定の申立てがされないときは，最終の貸借対照表上の純資産額を基準として価格を決定する（同条5項）。（i）（ii）の場合とも，代金支払のときに買取りの効力が生じる（同条6項）。

### ⑤　単元未満株式の株主の売渡請求

平成14年（2002年）商法改正により導入された制度である。単元未満株主が有する単元未満株式と併せて1単元株数となる数の株式を売り渡すべき旨を単元未満株主が会社に請求できる制度（単元未満株式の買増制度）を会社は定款で設定することができる（会194条1項）。

単元未満株主の請求があった場合，その請求があったときに会社に売り渡すべき単元未満株式を有しないときを除き，自己株式をその単元未満株主に売り渡さ

なければならない（同条3項）。

　⑥　**株券の不発行**

　株券発行会社は，定款で，単元未満株式の株券を発行しない旨を定めることができる（会189条3項）。

## （5）株主の権利行使に関する利益供与の禁止

　会社は，誰に対しても，株主の権利の行使に関し（最判平成18・4・10民集60巻4号1273頁），自己（その会社）またはその子会社の計算で財産上の利益を供与してはならない（会120条1項）。企業経営の健全性を確保するとともに，会社財産の浪費を防止する趣旨である。

　会社がこの規制に違反した場合，供与を受けた者はその利益を会社または子会社に返還しなければならない（会120条3項）。会社・子会社は供与した利益の返還を請求することができ，それをしない場合はそれぞれの株主が代表訴訟によりその請求をすることができる（会847条以下）。違法な利益供与に関与した取締役・執行役（施規21条）は，その供与した利益の額について会社に対して連帯して支払義務を負う（会120条4項本文）。利益供与をした取締役・執行役は無過失責任であるが，それ以外の者は，無過失を立証したときは責任を免れる（同条4項但書）。特定の株主に対する無償供与および無償に近い供与は，株主の権利行使に関する利益供与と推定される（同条）。

　違法な利益供与の罪は，取締役・執行役に限らず，広い範囲の役員・従業員について問われる（会970条1項）。

## （6）株式の内容・種類

　①　**概　要**

　会社法は，各株式の権利の内容は同一であることを原則としつつ，その例外として，一定の範囲と条件の下で，（ⅰ）すべての株式の内容として特別なものを定めること（会107条），（ⅱ）権利の内容の異なる複数の種類の株式を発行することを認めている（種類株式）（会108条）。これらの株式の発行を認める趣旨は，一定の範囲と条件の下で株式の多様化を認めることにより，株式による資金調達の多様化と支配関係の多様化の機会を株式会社に与えるためである。

　どのような点で内容の異なる株式を発行できるかについて，会社法は9項目を列挙する（会108条1項）。このうち，譲渡制限・取得請求権・取得条項の三つは，会社が発行する全部の株式の内容として定めることができる（会107条1項）。

　内容の異なる2以上の種類の株式を発行する会社を種類株式発行会社という（会2条13号）。この会社は，それぞれの内容と発行可能種類株式総数を定款に定めなければならない（会108条2項）。

## ②　特別な内容の株式および種類株式の発行手続

（ⅰ）発行手続　　すべての株式について特別な内容を定めるためには，定款で法の規定する事項を定めなければならない（会107条2項）。内容の異なる種類の株式を発行するには，各種類の株式の (a)発行可能種類株式総数と (b)内容について法の規定する事項を定款で定めなければならない（会108条2項）。特別な内容の株式や数種の株式を発行するときは，一定事項を株主名簿（会121条2号）・株券（会216条3号・4号）などに記載し，かつ登記（会911条3項7号）しなければならない。

（ⅱ）種類株主総会　　会社が数種の株式を発行した場合，異なる種類の株主の間で各種の権利調整が必要な場合が生じる。そこで，種類株主総会の制度が設けられている（会321〜325条）。種類株主総会は，会社法または定款で定めた事項に限り決議することができる（会321条）。種類株主総会には，会社法上必ず開催しなければならない法定種類株主総会（会322条）と，各会社が任意に定款の定めをもって開催することにした任意種類株主総会（会323条）とがある。

　　法定種類株主総会につき，一定の列挙された場合で，ある種の株式の種類株主に損害を及ぼすおそれがあるときは，当該種類の株式の種類株主を構成員とする種類株主総会の決議がなければ，その効力が生じないとされる（会322条1項柱書）。その場合として， (a)「株式の種類の追加，株式の内容の変更，発行可能株式総数または発行可能種類株式総数の増加」についての定款変更，(b)株式の併合または株式の分割，(c)会社法185条の株式無償割当て，(d)株式を引き受ける者の募集（会202条1項の事項を定めるものに限る），(e)新株予約権を引き受ける者の募集（会241条1項の事項を定めるものに限る），(f)会社法277条の新株予約権無償割当て，(g)合併，(h)吸収分割，(i)吸収分割による他の会社がその事業に関して有する権利義務の全部または一部の承継，(j)新設分割，(k)株式交換，(l)株式交換による他の株式会社の発行済株式全部の取得，(m)株式移転，(n)株式交付，が規定されている（同項各号）。

　　ただし，定款で種類株主総会の決議を不要とする旨を定めることができ（同条2項），その場合，種類株主総会での決議は不要となるが，株式の種類の追加，株式の内容の変更，発行可能株式総数または発行可能種類株式総数の増加についての定款変更（ただし，単元株式数についてのものを除く）については，決議は不要とすることはできない（同条3項）。このような種類株主総会の決議を不要とする定款規定は，種類株式発行後であれば，当該種類株主全員の同意が必要である（同条4項）。

　　種類株主総会の招集その他の手続については，株主総会の規定が準用される

（会325条）。なお，上記会社法322条 1 項各号に該当する場合は，特別決議によらなければならない（会324条 2 項 4 号）。

### ③ 種類株式

（ⅰ）剰余金の配当・残余財産の分配　　会社は剰余金の分配に差のある株式を発行することができる（会108条 1 項 1 号）。他の株式に先立って配当を受ける権利があるものを優先株（あるいは配当優先株）という。逆に他の株式より遅れてしか配当を受けられないのが劣後株（後配株）である。標準になるものを普通株という。優先株には，未払配当分を後年度の分配可能額で優先的に補填するもの（累積的）と，補填せずに打ち切るもの（非累積的）とがある。また，分配可能額が多い年度に，定められた優先配当の支払を受けた後に，普通株と並んでなお剰余金の分配が受けられるもの（参加的）と，一定額止まりの配当に限るもの（非参加的）とがある。

　会社が解散したときの残余財産分配について，扱いの異なる種類の株式を発行することもできる（同条 1 項 2 号）。剰余金分配の順位とリンクさせてもかまわず，別個に定めてもよい。

（ⅱ）議決権制限　　会社は定款により，株主総会で議決権を行使することができる事項について，内容の異なる 2 以上の種類の株式を発行することができる（会108条 1 項 3 号）。議決権がまったくない株式（完全無議決権株式）の他，総会決議事項の一部についてだけ議決権がある株式を発行することもできる。完全な議決権のある株式以外はすべて議決権制限株式である。

　議決権制限株式は，会社経営にあまり関心のない投資家や，法令により一定以上の議決権の保有が制限されている金融機関（独禁11条等）に発行されている。こうした株式は，議決権が制限されている代わりに，配当や残余財産の分配に関しては優先されている（会108条 1 項 1 号・ 2 号）ことが多いが，これは法律上の義務ではない。公開会社（会 2 条 5 号）では，議決権制限株式の数が発行可能株式総数の 2 分の 1 を超えた場合には，会社は直ちにそれを 2 分の 1 以下にするための措置（新株発行等）をとらなければならない（会115条）。多数の投資家が株主となり得る公開会社において，経営者が議決権制限株式を利用して，少額の出資で会社を支配することを防止する趣旨である。

（ⅲ）譲渡制限　　譲渡に会社の承認が必要な株式を譲渡制限株式という（会 2 条17号）。譲渡制限は，発行する全部の株式の内容として定めることができるが（会107条 1 項 1 号），種類株式発行会社が，ある種類の株式の内容としてそうした定めをすることもできる（会108条 1 項 4 号）。種類株式発行会社が発行する種類株式のうち， 1 種類でも譲渡制限株式でない株式があれば，その会社は公開会社

になる（会2条5号）。

　なお，昭和25年（1950年）の商法改正前は，会社は定款の定めによっても，株式の譲渡を制限することはできなかった。しかし，日本では，同族会社などの閉鎖的な中小規模の株式会社が圧倒的多数を占めている。これらの会社から会社にとり好ましくない第三者が株主となることを防止するための立法の制定が強く望まれた。また，大規模会社でも，外国資本の買収から身を守る手段が望まれた。そのため，昭和41年（1966年）の商法改正により，会社は定款をもって，株式の譲渡につき会社の承認を要することを定めることができるようになった。会社法の下では，承認機関は，取締役会設置会社では取締役会（それ以外の会社は株主総会）であるものの，定款で別の定めを置くことができる（会139条1項）。

　すべての株式を譲渡制限株式とする場合は，(a)株式の譲渡について会社の承認を要する旨，(b)一定の場合に会社が承認をしたとみなすときは，その旨および当該一定の場合（会136条・137条1項参照）を定款で定める（会107条2項1号）。一部の種類株式について譲渡制限を設ける場合には，その発行可能種類株式総数と上記(a)(b)を定款で定める（会108条2項4号）。

　（iv）取得請求権　　会社は，株主が当該会社に対して，その株式の買取りを請求することができる株式（取得請求権付株式）を発行することができる（会2条18号・107条1項2号・2項2号・108条1項5号・2項5号・3項，施規20条1項5号）。会社法の下では，会社が，取得請求権が付された種類株式を他の種類株式を対価として社債・新株予約権その他の財産を株主に交付することもできる。平成17年会社法制定前には，会社の利益で消却されることが予定されている株式（償還株式）が認められていた。取得請求権付株式における取得の対価が現金の場合には，償還株式に相当するものとなる。

　会社は，その発行する株式のすべてを取得請求権付株式にすることができる（会107条1項2号）。また，その発行する株式の一部のみを取得請求権付株式にすることもできる（会108条1項5号）。前者の場合，会社の株式の内容がすべて均一であるため，同じ内容の株式を取得の対価とすることは認められない。後者の場合，会社は内容の異なる種類の株式を発行できるため，その会社の別の種類の株式を対価として交付することもできる。

　株主が取得請求権を行使すれば，会社は自己株式を取得しなければならず，そのたびに会社の財産が流失する。資本維持の見地からこれは見過ごせない。取得請求権付株式を持っていても，配当に充てるだけの剰余金が会社にない場合，株主が会社に取得を請求することができない（会166条1項但書）。

　（v）取得条項　　一定の事由が生じたことを条件として，会社がその株式を取

得できることになっているのが取得条項付株式である（会2条19号）。取得のイニシアチブをとるのが取得請求権付株式とは逆になる。全部の株式についてこの条項を付けることもでき（会107条1項3号・2項3号），ある種類の株式だけに付けることもできる（会108条1項6号・2項6号・3項，施規20条1項6号）。取得の対価は金銭に限らずさまざまな財産でもよいことは，取得請求権付株式と同様である。

　定款に定める条件は一定の事由の発生の場合もあれば，一定の日の到来の場合もある。条件が成就して会社が取得を決めれば，株主の意思に関わりなく，会社はこの株式を取得することができる。配当に充てるだけの剰余金がなければ会社は取得できないことは，取得請求権付株式のときと同様である。

　ある種類の株式を発行した後にその内容に取得条項を追加する場合や，条件を変えるなどの定款変更をする場合には，その種類株主全員の同意を得なければならない（会111条1項・110条）。株主がその意思に反して投資を終了させられる可能性があるからである。

　（ⅵ）全部取得条項　　全部取得条項付種類株式とは，株主総会の特別決議（会171条1項・309条2項3号）により，ある種類の株式全部を会社が取得できる株式をいう（会108条1項7号）。取得条項付株式が一定の事由により取得されるのに対して，株主総会決議により取得される点が異なる。この制度は，倒産状態にある会社において，発行している株式すべてを会社が取得して消却すること（100%減資）をスムーズに行うことを目的としてデザインされた。このような株式を発行するためには，取得対価の価額の決定方法を定款に定めておかなければならない（同条2項7号）。

　ただ，具体的な取得対価の価額や内容については株主総会決議において決定することになるので，定款には，株主総会決議で取得対価を決定する際に参考となる事項のみを定めておけばよい。この種類の株式を取得する対価としては，株式・社債・新株予約権・新株予約権付社債・株式等以外の財産があげられており，取得を決定する株主総会ではこれらの取得対価の種類・内容・数・算定方法等について決定しなければならない（会171条1項1号）。

　全部取得条項付種類株式の取得が法令または定款に違反する場合，株主が不利益を受けるおそれがあるときは，株主は，会社に対し，全部取得条項付種類株式の取得の差止めを請求することができる（会171条の3）。

　（ⅶ）拒否権　　会社は定款の定めにより，特定の事項については，株主総会等の決議にくわえて，その種類の株式の株主による種類株主総会の決議を要する株式を発行できる（会108条1項8号）。このような株式は，平成13年（2001年）の

商法改正で導入された。これは，株主総会等の決議事項について，定款の定めで，ある種類の株主に拒否権を与えるものである。

　たとえば，スタートアップ企業がベンチャー・キャピタル（VC）から出資を受ける場合に，多数派である創業者株主とVCとの間で，後者の同意がない限り，組織変更や新株発行を行うことができないものとする契約（株主間契約）を結ぶことがある。もっとも，これらの事項が株主総会や取締役会で法律上適法に決議されてしまった場合には，VCは契約で対抗できない。こうした事態はVCによる出資を思いとどまらせるものとされた。会社法は，従来株主間契約により実現しようとしていた少数株主の保護を，拒否権付株式の付与という方法で可能にしている。

　（viii）取締役・監査役の選任権　　拒否権付株式は，VCによるスタートアップ企業に対する出資を容易にするために設けられたものであった。しかしながら，取締役の選任についてこの権利を行使しても，少数株主サイドは，種類株主総会で，取締役選任議案を拒否することができるにすぎず，取締役を選ばせないという消極的な抵抗にとどまっていた。そこで，平成14年（2002年）の商法改正で，定款で株式の譲渡につき取締役会の承認を要する旨を定めた会社においては，取締役または監査役の選任につき内容の異なる種類の株式を発行することを認めた（改正前商222条1項6号）。この株式を発行した場合，取締役・監査役の選任は，各種類の株主総会で行われる。

　会社法でも，公開会社以外の会社につき（指名委員会等設置会社の場合を除く），このような種類株式の発行を認めている（会108条1項9号・同項但書）。会社は，定款で，取締役・監査役の選任についての種類株式の発行可能株式総数および選任する取締役・監査役等の数等を定めなければならない（同条2項9号）。種類株主総会で選任された取締役・監査役は，いつでも，選任を行った種類株主総会の決議で解任される（会347条1項・2項）。種類株主総会で選任された取締役・監査役は，会社全体に対して善管注意義務を負う。

## 3　株式の流通と株主権の行使
### （1）株　券
#### ①　株　券

　会社法は，株式会社における株主の地位を細分化した割合的単位（株式）としているが，平成16年（2004年）商法改正前までは，それを有価証券化，すなわち，株式を表章する株券という有価証券を必ず発行しなければならなかった。これは，株主の会社に対する権利関係を明確にし，また，投下資本の回収のため株式の譲

渡を容易にするためであった。その後，平成16年商法改正により，株券不発行制度を新設し，定款で定めれば株券を不発行とするオプションを認めた。会社法は平成16年商法改正の考え方を引き継いだが，条文の構成としては，原則と例外を逆転させ，会社は原則として株券を発行しないものとし，株券の発行を定款で定めた場合に限り株券を発行できるとした（会214条）。

　なお，異なる種類の株式を発行している場合には，定款で特定の種類の株式についてだけ株券発行の定めをすることは認められず，すべての種類の株式について株券発行の定めをすることしかできない（同条）。

### ② 株券の発行

　株券には，会社の商号，当該株券が表章する株式の数，株式譲渡制限の定めがあるときはその旨，種類株式発行会社では株券が表章する株式の種類と内容，株券番号を記載し，代表取締役が署名または記名押印する（会216条）。

　株券発行会社の株式については，譲渡のときに株券が必要になるので，株式の自由譲渡性を確保する観点から，株券発行会社は，原則として株式発行後遅滞なく当該株式に係る株券を発行することが求められている（会215条1項）。もっとも，非公開会社では，株式の譲渡はレアケースであるため，株主の請求があるまでは株券を発行しなくてもよい（同条4項）。公開会社でも，株券があると紛失・盗難により第三者に善意取得されるリスクがあるので，株主が株券の発行を望まないことがあり得る。そこで，株主から株券不所持の申出があれば，会社は当該株主の請求があるまで株券を発行しなくてもよいとされる（株券不所持制度。会217条）。株券不所持の申出があったときは，会社は，遅滞なく，株券を発行しない旨を株主名簿に記載・記録しなければならない（同条3項）。株券発行後に株主が不所持の申出をした場合には，株主は株券を提出しなければならない（同条2項）。株券は，株主名簿に記載・記録された段階で無効となる（同条5項）。株主はいつでも株券の発行を請求できるが，株券発行に要する費用は株主の負担となる（同条6項）。

　株券を喪失した者のために株券失効制度がある。株券喪失者は，会社に対して株券喪失登録を申請する（会223条）。会社は株券喪失登録簿を作成し，株券喪失の申請がなされると，それに喪失登録を行う（会221条）。株券喪失登録の手続は，電磁的方法によることができる（会231条2項2号）。株券喪失登録簿は，公衆縦覧に供される（同条）。喪失登録されている株券の株式については，名義書換えおよび会社への権利行使は認められない（会230条）。株券喪失登録がなされると，会社は株主名簿上の株主と登録質権者にその旨を通知する（会224条1項）。喪失登録されている株券を保有している者は，喪失登録に対して異議の申請ができる

（会225条1項）。このような異議の申請があれば，会社は株券喪失登録者に通知し，2週間後に喪失登録を抹消する（同条3項・4項）。その後は，株券喪失者と保有者との間で権利の帰属が争われることになる。登録異議の申立てなどの手続がなされない限り，喪失登録がなされた株券は，登録された日の翌年から1年後に失効し，登録者は会社から株券の再交付を受けることができる（会228条）。

### （2）株式の流通

#### ① 株式の譲渡

（ⅰ）株券発行会社の場合　　株式の譲渡は，株券を譲受人に交付することで行われる（会128条1項）。株券の占有者は適法の所持人と推定される（会131条1項）。占有者から株券の交付を受けた者は，悪意または重過失がない限り善意取得する（同条2項）。株式を喪失した場合，株券失効制度により喪失株券を無効とし会社に対して株券の再発行を請求できる（会221条以下）。

（ⅱ）株券不発行会社（株式振替制度を利用しない）の場合　　株券不発行会社の株式（振替株式を除く）の譲渡は，民法の一般原則により，当事者の意思表示（契約）のみによることも可能である。しかし，会社その他の第三者に譲渡を対抗するには，会社に請求して，譲受人の氏名・名称および住所を株主名簿に記載しなければならない（会130条1項）。これを株主名簿の名義書換えという。名義書換えがされない間は，会社は，当該株式の株主として株主名簿に記載されている者（名義株主）を株主として扱えば足りる。

株式の譲受人が株主名簿の名義書換えを会社に請求するときは，原則として，当該株式についての名義株主またはその一般承継人（名義株主が死亡した場合の相続人等）と共同でする必要がある（会133条2項）。これは，株式を譲り受けたと偽って名義書換請求をする者が現れ，真の株主を害するリスクがあるからである。名義株主が名義書換請求に協力しないときは，譲受人は名義株主に対し訴えを提起し，名義書換請求をするように命じる確定判決を得れば，単独で会社に対して名義書換えを求めることができる（施規22条1項1号）。

（ⅲ）株券不発行会社（株式振替制度を利用する）の場合　　株式振替制度は，「社債，株式等の振替に関する法律」に基づく制度である。これは，日々大量に行われる株式取引の決済を円滑かつスピーディーに行うための仕組みである。株式振替制度を利用できる株式は，株券発行会社の株式であって「振替機関」が取り扱うものとして定めたものである（社債等振替11条1項1号）。振替制度で取り扱うには会社の同意が必要である（社債等振替13条）。この制度で取り扱われる株式は「振替株式」と呼ばれる（社債等振替128条1項）。振替制度は，各株主が証券会社・銀行等の「口座管理機関」に口座を開設し，さらに口座管理機関は他の口座

管理機関またはすべての株式を管理する振替機関に「振替口座」を持つ仕組みとなっている。

　振替株式の譲渡人は，自己が口座を開設している口座管理機関に対し，振替口座簿における自己の口座（株式数の減少）から譲受人の口座（株式数の増加）への「振替」の記載がなされるように振替申請を行う（社債等振替132条2項）。申請を受けた口座管理機関は振替先（譲受人）の振替口座を管理する口座管理機関に通知する（社債等振替132条1項3〜8項）。株式譲渡の効力は譲受人が自己の口座に株式数増加の記載を受けることで生じる（社債等振替140条）。振替口座簿への増加の記録が，その移転の効力要件となる。振替株式の株主として会社に対し権利を行使すべき者を確定する目的で会社が一定の日を定めた場合（基準日等），振替機関は，会社に対し振替口座簿に記録されたその日の株主の氏名等を速やかに通知しなければならない（社債等振替151条1項・7項）。これを「総株主通知」という。総株主通知を受けた会社は，通知された事項を株主名簿に記載する（社債等振替152条1項）。この場合，基準日等に株主名簿の名義書換えがなされたものとみなされ，会社は，その株主に権利を行使させることとなる。

　株主が少数株主権を行使する場合，会社は，その株主が少数株主の行使要件を備えているかを確認することが必要となる。そこで，株主が少数株主権を行使しようとするときは，振替機関に対して，自己が有する振替株式の種類・数，その増加・減少等を会社に通知するように申し出なければならない（社債等振替154条3〜5項）。これを「個別株主通知」という*。

　　*有価証券上場規程：上場会社の株式については，平成21年（2009年）1月5日に，「社債，株式等の振替に関する法律」に基づく新しい振替制度が一斉に実施（施行）され，上場会社の株券は株券提出手続を経ずに無効となった。これは，全上場会社は新制度に参加するとともに，株券を廃止したためである（平成16年法律88号改正附則6条1項参照）。新制度では，株券は一切発行されず，株式の権利関係すべてがコンピューター上で処理される。この新しい振替制度を利用する会社の株式は「振替株式」となる。
　　　実際，東京証券取引所の有価証券上場規程205条11号は「当該銘柄が指定振替機関の振替業における取扱いの対象であること又は上場の時までに取扱いの対象となる見込みのあること。」と規定しており，上場を申請する会社の株式は，すでに指定振替機関の取扱い対象であるか，上場のときまでに取扱いの対象となる見込みのあることが必要とされる。

### ②　株式譲渡の自由

　株主にとり，会社の解散や剰余金分配等の場合を除き，株式を譲渡する以外には投下資本を回収する方法はない。そのため，株式の自由譲渡性を認める必要がある。会社法は，原則として株式の自由譲渡性を認めるが（会127条），例外的に，法律による制限・定款による制限・契約による制限がある。

### ③　法律による株式譲渡の制限

（i）時期による制限　　会社成立前または新株発行の効力発生前の株式引受人の地位を権利株という。権利株の譲渡は会社に対して効力を生じない（会35条・63条2項・208条4項）。権利株の譲渡制限は会社設立の事務もしくは新株の発行事務を円滑にするために定められている。そのため，権利株の譲渡は当事者間においては有効である。

株券発行会社は，株式を発行した日以後遅滞なく株券を発行しなければならない（会215条1項）。株券発行前に株式を譲渡しても，その譲渡は会社に対して効力を有しない（会128条2項）。ただし，会社が株券の発行を不当に遅滞している場合には，株主は意思表示により有効に株式を譲渡することができる（最大判昭和47・11・8民集26巻9号1489頁）。

（ii）子会社による親会社株式の取得制限　　子会社が親会社の株式を取得することは禁止される（会135条1項・施規3条4項）。この規制はもともと，会社による自己株式の取得が原則禁止であった時代に，子会社による親会社株式の取得にも自己株式の取得と同様の弊害が認められるとして，導入された。自己株式の取得が自由化された現在では，子会社による親会社株式の取得も自由化してよいようにもみえるが以下の理由から，いまだに原則禁止とされている。

すなわち，親会社債権者の利益が害されるリスクがあげられ，これを他の規制で防止することが難しいことにある。子会社は親会社から出資を受けているので，子会社が親会社株式を取得することは，実質的には，親会社の財産が親会社株主に分配されることとあまり変わらない。したがって，子会社による親会社株式の取得が過度に行われると，親会社債権者の利益が害されるリスクがあるので，子会社による親会社株式の取得を自由化する場合，親会社の財産状況や子会社による親会社株式の保有状況に応じた財源規制が必要となる。しかし，そうした規制をデザインするのは困難であるため，いまだ，子会社は原則として親会社株式を取得することはできないとされている。

ただし，取得することがやむを得ない事情によると認められる場合や，財源規制の趣旨を没却するリスクがおよそないような事由により取得する場合には，親会社株式の取得が認められる（会135条2項）。前者の例としては組織再編行為により親会社株式を承継する場合である　(a)他の会社（外国会社を含む）の事業の全部を譲り受ける場合で当該他の会社の有する親会社株式を譲り受ける場合（同条2項1号），(b)合併後消滅する会社から親会社株式を承継する場合（同条2項2号），(c)吸収分割により他の会社から親会社株式を承継する場合（同条2項3号），(d)新設分割により他の会社から親会社株式を承継する場合（同条2項4号）

である。後者の例としては，贈与により親会社株式を取得する場合（会135条2項5号，施規23条4号）である。

　例外的に取得が許容されるこれらの場合には，取得した株式は相当の時期に処分しなければならないが（会135条3項。ただし，会800条2項・802条2項），親会社が取得することもできる（会155条3号・156条1項・163条）。例外的に取得が許容される場合に子会社が一時的に保有する親会社株式については，原則として議決権を有しない（会308条1項）。

### ④　定款による株式譲渡の制限

　（ⅰ）意　義　　株式の譲渡を自由にすることは一般には合理的であるが，会社によっては，株主間の個人的な信頼関係が重視され，好ましくない者が株主になることを排除したいというニーズが存在する。そうしたニーズにこたえて，会社法は，定款で定めることを条件として，株式の譲渡による取得は会社の承認を要するという形で株式の譲渡制限をすることを認めている（会107条1項1号・108条1項4号）。株式の譲渡制限は，非上場会社では広く行われている。定款で譲渡を制限された株式を，譲渡制限株式という（会2条17号）。

　（ⅱ）態　様　　株式の譲渡制限は，取締役会設置会社では株式の譲渡につき取締役会の承認を必要とするという形で，非取締役会設置会社では株主総会の承認を要するという形が原則であるが，定款で別段の定めをすることが認められる（会139条1項）。

　株式の譲渡制限は，原始定款においても定款の変更によっても定めることができる。定款変更には株主総会の決議が必要である。ただし，通常の定款変更の決議（会309条2項11号・466条：特別決議）とは異なり，株式譲渡制限の決議は，議決権を行使できる総株主の半数以上で，総株主の議決権の3分の2以上に当たる多数をもって行わねばならない（会309条3項1号：特殊決議）。決議要件が加重されているのは，株式の譲渡制限が株主の利害に重大な影響を与えるためである。

　この決議に反対の株主には株式買取請求権が与えられる（会116条1項1号）。株式の譲渡制限には厳格な手続を必要とするため，株主数の多い会社では，実務上，譲渡制限を行うことは困難である。なお，金融商品取引所の上場審査基準において，株式の譲渡制限がなされていないことが示されているため，日本では，上場株式については譲渡制限を行うことはできない。

　（ⅲ）投下資本の回収　　譲渡制限株式を譲渡しようとする株主は，会社に対して，その譲渡を承認するか否かの決定を行うことを請求できる（会136条）。この場合，株主は，譲渡しようする株式の数（種類株式発行会社においては，譲渡制限株式の種類および種類ごとの数），譲渡の相手方の氏名・名称，会社がその譲渡を

承認しない場合，会社または指定買取人が買い取ることを請求するときはその旨を明らかにしなければならない（会138条1号）。株式取得者も同様の請求ができる（会137条・138条2号）。会社は，譲渡の承認をするかどうかの決定をしたときは，譲渡承認請求者に対して，決定の内容を通知しなければならない（会139条2項）。株主による請求の日から2週間以内に決定の内容を通知しなかった場合や，決定内容の通知の日から40日経っても会社が買取りの通知をしない場合は，これらの株式の譲渡については，会社の承認の決定があったものとみなされる（会145条）。

　会社が譲渡を承認しない決定をした場合，その株式を買い取らなければならない（会140条1項）。買取りには株主総会の特別決議が必要である（同条2項・309条2項1号）。この場合，譲渡承認請求者は議決権を行使できない（会140条3項）。会社は，対象株式の全部または一部を買い取る者（指定買取人）を指定できる（会140条4項）。指定買取人の指定は，定款で別段の定めがある場合を除き，取締役会設置会社では取締役会（それ以外の会社では株主総会）の決議で行われる（同条5項）。

　会社が買い取ることを決定した場合，譲渡承認請求者に対して通知をするとともに（会141条1項），その通知に際して，1株当たりの純資産額に対象株式の数を乗じて得た額を供託し，供託を証する書面を譲渡承認請求者に交付しなければならない（同条2項）。株券発行会社では，株主は1週間以内に株券を供託することを要する（同条3項）。会社や指定買取人による買取請求の手続が適法になされた後は，株主は，会社の承諾がない限り，株式譲渡の申出を撤回することができなくなる（会143条）。会社側の準備を無駄にさせないためである。

　株式の売買価格は，当事者間で決定される（同条1項）。しかし，協議が調わない場合，当事者は，売渡請求の日より20日以内に裁判所に対して，売買価格の決定を求めることができる（同条2項）。裁判所は，会社の資産の状況その他一切の事情を考慮して売買価格を決定する（同条3項・4項）。この期間内に価格決定の請求がないときには，供託額が売買価格となる（同条5項）。

（ⅳ）譲渡の効力　　譲渡制限のある株式につき，会社の承認を得ずに行われた株式の譲渡は，会社に対して効力を生じないものの，譲渡当事者間においては有効となる（最判昭和48・6・15民集27巻6号700頁）。これが一人会社の場合，会社の承認なしに，一人株主が行った株式譲渡については，会社に対する関係でも有効とされる（最判平成5・3・30民集47巻4号3439頁）。株式の譲渡制限は，会社にとり好ましくない者が株主となることを防止し，これにより譲渡人以外の株主の利益を保護することにある。それゆえ，一人会社では，譲渡人以外の株主は存在

せず，他の株主の利益を保護する余地はない。

　相続その他の一般承継により譲渡制限株式を取得した者に対して，会社はそれを売り渡すことを請求できる（会174条）。そのためには，事前の定款の規定が必要である。会社は，その都度，株主総会の決議を経て，売渡しの請求を行うことを要する（会175条1項）。売買価格が当事者の協議で定まらない場合，当事者の申立てにより，裁判所が決定する（会177条）。

### ⑤　契約による株式譲渡の制限

　契約による株式の譲渡制限は，契約当事者間にしか拘束力が及ばないため，契約自由の原則により，会社が当事者となるような脱法でない限り，株主同士または株主と第三者との間でさまざまな内容の譲渡制限を約することは基本的に認められてよい。会社と株主との間の契約は，投下資本の回収を不当に妨げない合理的な内容のものは別として，原則，無効である。

　なお，従業員の勤労意欲を高め，財産形成を助け，安定株主作りにも役立てるため，従業員に株式を持たせる会社が多い。従業員持株会がまとめて買い付けた株式を従業員に分譲し，従業員以外には譲渡しない・退職のときは持株会に売り渡すこと等を会則で定める例がある。退職時の売渡義務も譲渡制限の一種であるが，流通性がない株式の場合には，これがかえって投下資本の回収を容易にする。もっとも，従業員が株価上昇の利益（キャピタルゲイン）を享受できない契約の有効性を疑問視するものもあるが，判例は，契約の自由を広く認めている（最判平成7・4・25集民175号91頁，最判平成21・2・17判時2038号144頁）。

## （3）自己株式

### ①　意　義

　自己株式は，株式会社が有する自己の株式である（会113条4項）。一般に，会社が一度発行した株式を再度取得することを自己株式の取得という。自己株式の取得は，剰余金の配当と並んで，株主に金銭等を分配する手段としても用いられる。自己株式の取得による場合，譲渡株主にだけ，譲渡の対価として金銭等が分配される。

　他方で，自己株式の取得は，次のような弊害をもたらす可能性もある。すなわち，（ⅰ）一部の株主から高い価格で自己株式が取得される危険があり，そうすると他の株主が損失を被る，（ⅱ）グリーンメイラー（株式を買い集め，株主権の行使等を脅迫の手段として用いながら，会社に高値での株式買取りを迫る者）からの自己株式取得や，買収防衛策としての自己株式取得等の不当な目的での取得が行われる危険がある，（ⅲ）自己株式の取得という形で会社財産が株主に過度に分配されると，株主への出資の返還と同様の結果が生じ，会社債権者の利益が害さ

れる，（ⅳ）相場操縦やインサイダー取引などの不公正な証券取引に用いられる，というものであった。

　これらの弊害を予防するため，会社による自己株式の取得は，原則として禁止されていた。しかし，（ⅰ）（ⅱ）は適切な手続規制，（ⅲ）は適切な財源規制，（ⅳ）は資本市場規制（金融商品取引法）をそれぞれ整備することで対処できると考えられ，平成6年（1994年）および平成9年（1997年）の商法改正で，自己株式の取得規制は緩和された。そこでは，（ⅰ）役員・使用人に譲渡するための取得，（ⅱ）株式の利益償却のための取得，（ⅲ）譲渡制限の定めのある株式について，会社が買受人となる場合に，株主が死亡した場合の相続人から行う取得につき，自己株式の取得が認められることとなった。もっとも，自己株式取得に伴う弊害を防止する観点から，一定の手続規制や数量・保有期間の規制が設けられていた。

　その後，平成13年（2001年）6月の商法改正では，自己株式の取得を原則禁止から，原則容認する改正を行った。これにより，取得目的を問わず，会社は自己株式の取得が可能となった。くわえて，自己株式を期間の制限なしに保有できることとなった。保有する自己株式は「金庫株」と呼ばれ，平成13年6月商法改正は金庫株の解禁といわれた。

### ②　自己株式の取得

　（ⅰ）取得できる場合　　会社が自己株式を取得できる場合は，次のとおりである（会155条）。すなわち，⒜取得条項付株式の取得につき一定の事由が生じた場合，⒝譲渡制限株式につき譲渡承認しない場合，⒞株主総会決議による場合，⒟取得請求権付株式につき請求があった場合，⒠全部取得条項付種類株式につき株主総会決議があった場合，⒡株式相続人等への売渡請求を行った場合，⒢単元未満株式の買取請求があった場合，⒣所在不明株主の株式を取得する場合，⒤端数株式を買い取る場合，⒥他の会社の事業の全部を譲り受ける場合，⒦合併による消滅会社から株式を承継する場合，⒧吸収分割する会社から株式を承継する場合，㋔その他法務省令で定める場合（施規27条），である。

　⒞の株主総会決議に基づく取得は，他の具体的な事由と異なり，株主総会の決議があれば会社はその目的・数量を問うことなく自己株式を取得できる。しかし，複数の者が売却を希望している場合に特定の者のみから取得を行うと株主平等原則に反し，無制限に取得を認めると会社の財産的基礎が危うくなり会社債権者を害するおそれも生じる。そこで，取得方法や取得財源に関する規制が必要となる。なお，⒜⒝⒟〜㋔は取得方法に関する規制には服さないが，財源規制には⒜〜㋔のすべての自己株式の取得が服する。

（ⅱ）取得方法に関する規制

(a) すべての株主に譲渡の機会を与えて取得する方法

これは会社法で新たに認められた方法である。まず，第一に，あらかじめ株主総会決議（普通決議）で，（ア）取得する株式の数（種類株式の場合は取得の対象となる株式の種類および種類ごとの数），（イ）取得と引換えに交付する金銭等（金銭その他の財産であって，当該会社の株式等を除く。以下同じ）の内容およびその総額，（ウ）取得することができる期間（1年以内）を定めて，取締役会（取締役会設置会社の場合）等に買受け（株主との合意による自己株式の取得）を授権する（会156条1項）。

第二に，上記株主総会決議に基づき，取締役会は，取得を実行するたびに，（ア）取得する株式の数（種類株式の場合は種類および数），（イ）1株の対価として交付する金銭等の内容および数・額またはこれらの算定方法，（ウ）交付する金銭等の総額，（エ）株式譲渡の申込期日を定めて（会157条1項・2項），株主に通知するが（公開会社では公告でも可）（会158条），取得の要件は均等でなければならない（会157条3項）。

第三に，譲渡を希望する株主は株式数を明示して譲渡の申込みを行うが（会159条1項），申込株式数が取得総数を超える場合には，株主の平等を図るため，按分比例により取得が行われる（同条2項）。

非上場の会社は，市場取引や公開買付けを利用することができないため，この方法により不特定の株主から公平に自己株式を取得することができる。

(b) 特定の株主から取得する方法

上記株主総会決議で，特定の株主からの取得を決議することもでき（特別決議〔会309条2項2号〕），この場合は，その株主に通知する（会160条1項・5項）。この決議では，株主間の公平を期するため，株式の取得相手となる株主の議決権行使は排除される（同条4項）。くわえて，この場合の特定株主以外の株主（ただし特定株主と同一種類の株主）には株式を会社に売りつける機会が確保されている。すなわち，会社がこうした総会決議を行おうとする場合には，株主が会社に対し自己を株式の取得をしてもらえる特定株主に追加するように議案の修正を請求できる旨を，株主に通知しなければならない（同条2項・3項）。これは株主提案権（会304条）とは異なり，会社が提出した議案を変更させるものである。これを受け，他の株主は総会日の5日前までに，売主として自己を加えるように請求することが認められている（会160条3項，施規29条）。なお，特定株主を決定する場合には，会社が総会決議に基づき実際に株式を取得する際に必要となる取得価額等の通知は（会158条1項），特定株主に対してだけで

よい（会160条5項）。

　他の株主からの議案修正請求を認める理由は，特定の株主だけが特に有利な価格で会社に売り渡すおそれがあるからである。そのため，市場価格のある株式につき，対価を市場価格（施規30条）を超えない範囲内としておくのであれば，他の株主は市場で売却すれば不利益を被らないと考えられ，あえて売渡請求権を認めなくてもよいこととなる。そこで，市場価格のある株式を市場価格の範囲内で取得する場合，他の株主への通知や議案修正請求権を認めないこととしている（会161条）。

　さらに，売主追加請求権をあらかじめ定款で排除することも認められている（会164条1項）。こうした定款規定は，他の株主に不利益を与える可能性があることから，このような定めを廃止する場合を除き，定款で定める場合や定款変更をする場合には，当該株式を有する株主全員の同意が必要とされる（会164条2項）。

(c)　子会社から取得する方法

　特定の株主からの取得として，株主が子会社である場合にも，会社は自己株式を取得することができる。この場合も，特定の株主から自己株式を取得する一場面であるにもかかわらず，(b)の厳重な手続は要求されない。それどころか，取締役会設置会社の場合には株主総会決議すら不要であり，株主総会決議で定めるべきことは取締役会決議で定めれば足りるとする（会163条）。これはもともと子会社による親会社株式の取得は原則として禁止されており，例外的に取得できる場合でも，子会社は相当の時期に親会社株式を処分しなければならないとされているところ，この処分を容易にするため，簡易な手続で親会社が子会社から自己株式を取得することを認めたものである。なお，この場合には，取得する都度取得価格等を決定し通知する規定，株主が等しく譲渡を申し込める規定，他の株主の売渡請求にかかる規定等（会157～160条）は適用されない（会163条）。

(d)　市場取引・公開買付けにより取得する方法

　市場取引または公開買付け（金商27条の2第6項）の方法（市場取引等）で会社が自己株式を取得する場合には，会社は株主への通知を行わなくてよい（会165条1項）。しかし，すべての株主に譲渡の機会が与えられるという点では，(a)の場合と同様である。しかも，市場取引等の方法が用いられる場合には，取得価格は合理的な価格である可能性が高い。くわえて，不当な目的での取得が行われる危険性も低い。そこで，株主総会の決議要件は，(a)の場合と同じく，普通決議であるとされる（会165条1項・309条2項2号参照）。また，取締役会

設置会社では，市場取引等で自己株式を取得する場合について，取締役会決議で決定できる旨を定款で定めることも認められている（会165条2項・3項）。

（ⅲ）**財源規制**　　自己株式の取得は，剰余金の配当と同様の機能を有する。また，自己株式の有償取得は，出資の払戻しであるため，これを無制限に認めると会社債権者の利益が害される。そのため，自己株式の取得に際して交付する金銭等の帳簿価額の総額は，その行為の効力発生日における剰余金の分配可能額（剰余金などから所定の額の合計額を減じて得た額。会461条2項参照）を超えてはならない（同条1項2号・3号）。自己株式を取得した日が属する事業年度末において，欠損が生じた場合には，業務執行者は，会社に対して連帯してその欠損額（超過額）を支払う義務がある（会465条1項）。この義務は，総株主の同意がなければ免除できない（同条2項）。ただし，業務執行者がその職務を行うにつき，注意を怠らなかったことを証明した場合には免責される（同条1項但書）。合併等により相手方の有する自己株式を取得するに至った場合や株主からの買取請求に応じて自己株式を取得する場合には，財源規制は定められていない。ただし，取得請求権付株式の取得（会166条1項但書），取得条項付株式の取得（会170条5項），全部取得条項付種類株式の取得（会461条1項4号）については，それぞれ財源規制がある。相続人等に対する売渡請求に際しても財源規制の適用がある（同項5号）。

（ⅳ）**規制違反の効力**　　自己株式の取得が，取得方法・財源規制を守らずに行われれば，他の株主や会社債権者に不利益が生じるおそれがある。そこで，不正な自己株式の取得には刑事罰が定められており（会963条5項1号），自己株式の取得を決めた後の自己を譲渡人として追加する議案の修正の請求ができることの通知を怠ると過料の制裁（会976条2号）等があるが，私法上の効果である有効か無効かについては規定がない。取引の安全を重視して取得を有効と解する見解もあるが，通説は無効と解している。無効は誰でも主張できるが，自己株式の取得規制は会社の利益を保護するものであるから，会社側にのみ無効の主張が許されるとの下級審判決もある（東京高判平成元・2・27判時1309号137頁）。ただし，違法な自己株式の取得であることを知らないで会社に株式を譲渡した者に対しても無効を主張できるとすると取引の安全が損なわれるため，善意の譲渡人に対して会社が無効を主張することは認められるべきではない。会社が市場で自己株式を買い付けた場合，買付けは金融商品取引業者の名で行われ，相手方は善意であろうから，その無効を主張することは難しい。

　自己株式の取得により会社に損害が生じるのであれば損害賠償責任を負うことになるが，会社の損害の認定は難しい。取得価格と取得時の時価との差額が会社の損害であるとする場合（大阪地判平成15・3・5判時1833号146頁）や，子会社が

親会社の株式を取得した事例につき，完全子会社が親会社株式を取得し処分した
ときの親会社の損害は子会社による取得価格と処分価格との差損であるとする場
合（最判平成5・9・9民集47巻7号4814頁）がある。

　（ⅴ）自己株式の地位　　会社は取得した自己株式を，消却や処分の義務も数量
や期間等の制限も課されることなく，保有することができる。ただし，会社保有
の自己株式は特別な扱いを受ける。すなわち，議決権が停止される（会308条2
項）。剰余金配当請求権も停止され（会453条括弧書），残余財産分配請求権も同様
である（会504条3項括弧書）。また，自己株式は，株式無償割当ての対象となら
ず（会186条2項），募集株式や新株予約権の発行における株主割当てを受ける対
象からも外れている（会202条2項括弧書・241条2項括弧書）。他方で，自己株式は，
原則として株式併合（会180条1項），株式分割（会183条1項）の対象となる。

　（ⅵ）自己株式の消却・処分　　株式を失効させ消滅させることを消却という。
株式の消却は発行済株式総数を減少させて1株当たりの価値を向上させる目的で
行われる。株式を消却するには，まず，会社は株式を自己株式として取得するこ
とが必要であり，取得した株式は取締役会決議によりいつでも消却することがで
きる（会178条）。自己株式の消却を行うと，発行済株式総数が減少するが，発行
可能株式総数・発行可能種類株式総数は減少しない。

　自己株式の処分は，会社法199条以下の募集株式の発行の手続（いわゆる新株発
行規制）に含まれる。もっとも，株式交換において完全親会社となる会社（会768
条1項2号イ参照），吸収分割の承継会社（会758条4号イ参照），または吸収合併
の存続会社（会749条1項2号イ参照）が，新株発行に代えて，保有する自己株式
を交付する場合（代用自己株式）について，新株発行規制は及ばない。単元未満
株主から売渡請求があった場合，会社は手持ちの自己株式がある場合だけ応じる
ことができるのであり，新株を発行するのではない（会194条3項）。

## 4　株主の会社に対する権利行使
### （1）株式の流通と権利行使
　会社法は株式の流通面と権利行使面とで異なる仕組みを設けている。すなわち，
株券が発行されている場合であっても，会社に対する権利行使の仕組みとして，
株主名簿制度を導入している。これは，株主名簿がないと，多数の常に変動し得
る株主に対する会社からの通知や株主の権利行使を円滑に行うことが困難となる
からである。それゆえ，株券発行会社では，株式を譲渡するには，譲渡当事者間
では株券の交付のみで必要十分であるが（会128条1項本文），会社との関係では，
株式を譲り受けた者は株主名簿上の名義を自己の名義に書き換えてもらう必要が

ある（会130条1項・2項）。他方，株券不発行会社の場合，株主名簿上の名義書換えが株式の譲渡の会社および第三者に対する対抗要件である（同条1項）。

### （2）株主名簿

#### ① 記載事項

　会社は株主および株式に関する事項を明らかにすることを目的として株主名簿を作成する。株主名簿には，（ⅰ）株主の氏名または名称および住所，（ⅱ）株主の有する株式の数（種類株式の場合は種類および種類ごとの数），（ⅲ）株主が株式を取得した日，（ⅳ）株券発行会社の場合は株券の番号が記載される（会121条）。会社は定款で定めれば，第三者に株主名簿に関する業務（株主名簿の作成，名義書換え，備置き等）を委託することができる。この委託を受ける者が株主名簿管理人である。会社法制定前は，名義書換代理人と呼ばれていた。名義書換代理人が，名義書換業務のみならず，広く株主管理業務全般（株券の作成・発送，株主あての諸通知も含む）を行うことから，会社法では名称が変更された。株主名簿管理人を置いたときは，その氏名または名称および住所ならびに営業所は登記事項となる（会911条3項11号）。

　株主名簿は会社の本店に備え置くのが原則であるが，株主名簿管理人を置く場合にはその営業所に置けばよい（会125条1項）。株主および会社債権者は，営業時間内であればいつでも株主名簿の閲覧・謄写を求めること（閲覧請求）ができるが，閲覧請求が必要な理由を明らかにする必要がある（同条2項）。ただし，次の場合には会社は閲覧請求を拒絶することができる（同条3項各号）。すなわち，（ⅰ）請求を行う株主または債権者（請求者）がその権利の確保または行使に関する調査以外の目的で請求を行ったとき，（ⅱ）請求者が会社の業務の遂行を妨げ，または株主の共同の利益を害する目的で請求を行ったとき，（ⅲ）請求者が株主名簿の閲覧・謄写によって知り得た事実を利益を得て第三者に通報するため請求を行ったとき，（ⅳ）請求者が，過去2年以内に，株主名簿の閲覧・謄写によって知り得た事実を利益を得て第三者に通報したことがあるものであるとき，である。なお，親会社社員（親会社の株主その他の社員〔会31条3項〕）は，権利を行使するため必要があるときは，裁判所の許可を得て，閲覧請求をすることができる（会125条4項・5項）。

　なお，平成26年（2014年）の会社法改正前まで，株主名簿の閲覧請求拒否事由として，「会社の業務と実質的に競争関係にある事業を営み，またはこれに従事するものであるとき（平成26年会社法改正前125条3項3号）」が規定されていた。もっとも，株主名簿の記載事項には営業秘密などは記載されておらず，会社と競争関係にある者に対して，閲覧を拒否する合理的な理由を欠いていた。また，敵

対的買収の局面で，競争関係にある買収者が，株主としての正当な権利行使のための（たとえば，委任状勧誘）株主名簿の閲覧請求を拒否する事例（東京高決平成20・6・12金判1295号12頁）もみられた。そのため，平成26年の会社法改正で，この規定が削除された。

### ②　株主への通知・催告

株主総会の招集通知などの各種の通知・催告は，株主名簿上の株主の住所にすれば足りる（会126条1項）。配当財産の交付についても同様である（会457条）。当該住所等に対して発信された通知・催告が5年以上継続して到達しない場合は，会社は以後，当該株主に対して通知・催告しなくてよい（会196条1項）。ただし，株主の権利には影響がなく，当該株主もたとえば配当金支払請求権を有するが，その場合の会社の債務履行の場所は，株主の住所ではなく，会社の住所地（本店所在地）となる（同条2項）。そのため，会社は当該配当金を留保しておき，株主が取りに来たら渡せばよい。

平成14年（2002年）商法改正により，会社の株式事務の合理化を図るため，上記のように長期間所在不明の株主が有する株式は，競売またはそれに代わる一定の手続に従って売却することができるようになった（会197条・198条）。

### ③　基準日

株主の権利を有し，会社に行使できる株主は，その時点における株主名簿上の株主である。しかし，株式が広く流通し，頻繁に譲渡が行われる会社では，誰が株主名簿上の株主であるかを会社が確定するだけでも相当な時間を要する場合がある。そこで，会社は一定の日を基準日として，その日時点の株主名簿上の株主を，後日における権利行使できる者と定めることができる（会124条1項）。たとえば，2月15日に株主総会を開催する予定の会社が，1月31日をもって，当該総会への出席および当該総会で決議予定の剰余金の配当の受領に関する基準日と定めることができる。基準日以後も，株式の譲渡は可能であり，株主名簿も書き換えられるが，当該総会に出席し，配当を受領するのは，1月31日時点の株主名簿上の株主となる。

会社が基準日を定める場合，そこで行使できる権利の内容を定める必要があるが，それは基準日から3ヶ月以内に行使するものに限られる（会124条2項）。実際にその時点での株主名簿上の株主が実質的な株主であろうとなかろうと，形式的に処理が行われる。仮に，株式の譲渡がなされた場合において，あまりにも長期間にわたり株式の譲受人による権利行使を妨げることは適切ではないからである。基準日についてあらかじめ定款で定めておいてよいが，そうでない場合，基準日の2週間前までに基準日に関する事項の公告が求められる（会124条3項）。

また，公告は株主に権利行使のための名義書換えをする機会を確保することを目的とするものであることから，定款の定めは基準日の 2 週間前までに存する必要がある（東京高判平成27・3・12金判1469号58頁）。くわえて，ここでの権利が株主総会または種類株主総会における議決権である場合，基準日以後に株式を取得した者の全部または一部につき，会社が権利行使を認めることも許されているが（会124条 4 項），基準日株主の権利を害することは禁じられている（同項但書）。

### （3）名義書換え

#### ① 意 義

株主名簿は会社が管理するものであり，会社自身の行為により記載事項の変更が生じた場合を除き，株主の請求を受けてその記載が行われる。名義書換えは，株式の移転の効力発生要件ではないが対抗要件であり，株主がその権利を主張する上で重要な意義がある。会社は，無権利者に名義書換えをしてはならず，拒否する理由がないときは書換えに応じる義務がある。名義書換えを不当に拒絶した会社は，請求者の名を株主名簿に載せる前でも，その者を株主として扱わなければならない（最判昭和41・7・28民集20巻 6 号1251頁）。第三者に対抗できずに不利益を受けた株主は，名義書換請求を不当拒絶した会社に損害賠償を請求できる。

譲渡制限株式については，取得につき会社の承認を受けることが前提であり，それなしに名義書換えはありえないとともに，承認した以上，会社は名義書換えをしなければならない。譲渡制限は，株主として好ましくない者を受け入れないことを認める制度であるが，承認を拒否する理由に制限はない。承認は会社に対して権利を行使できる株主として受け入れることを意味し，株主名簿上の資格を付与されてはじめて中身が伴う。承認請求と名義書換えとは，別に扱う合理的な理由がない限り一体として扱うべきであろう。したがって，株式譲渡を制限する会社は，譲渡の承認がない限り，株主名簿上の株主である譲渡人を株主として扱う義務がある（最判昭和63・3・15判時1273号124頁）。

#### ② 手 続

株券発行会社では，株式の譲渡は当事者間で株券を交付することが必要十分条件であるが，譲受人は，会社に対して株主の地位を主張するためには，株主名簿上の名義を自己の名義に書き換えてもらう必要がある（会130条 1 項・2 項）（名古屋地一宮支判平成20・3・26金判1297号75頁）。株券を占有する者は適法な権利者と推定されるため（会131条 1 項），譲受人が会社に対して株券を提示して名義書換えを請求すれば，会社は反証ができない限り，名義書換えをする義務があり（会133条 1 項・2 項，施規22条 2 項 1 号），かりにその者が無権利者であったとしても免責される。

　株券不発行会社では，振替株式については特別規定がある。すなわち，会社が基準日を定めたとき，会社からそのことを振替機関に通知し，その日現在の株主名や株数等を，振替機関から会社に通知する（社債等振替151条1項・7項）。これを総株主通知という。会社は通知された事項を株主名簿に記載し，そうすれば基準日に名義書換えがあったとみなされる（社債等振替152条1項）。株主が少数株主権などの権利を行使するには，自分の口座がある証券会社等を通じて振替機関に申出をし，振替機関から会社に株主名や株数等を通知してもらう（社債等振替154条）。振替株式は株券のない株式であるにもかかわらず，名簿上の株主と取得者が共同して請求しないで，振替機関からの通知に基づいて名義書換えがなされる。この通知は振替口座簿の内容を伝えるものであり，株式の譲渡による権利の移転はすでに振替口座簿上に現れている。振替の申請は，振替によって口座に減少の記載がされる加入者が行うことになっている（社債等振替132条2項）。これが順次伝達されて振替先口座に増加の記載がなされる。

　株券不発行会社の株式（振替株式を除く）の場合，株式の譲渡は，譲渡当事者間では意思表示で効力が生じると解されているが，株主名簿上の名義書換えが株式の譲渡の第三者に対する対抗要件である一方で，会社に対する対抗要件でもある（会130条1項）。株券不発行会社の株式（振替株式を除く）についての株主名簿の名義書換えは，株主名簿に株主として記載された者（名簿上の株主）またはその一般承継人と株式の取得者が共同して請求した場合その他法務省令で定める場合にしかすることができない（会133条1項・2項，施規22条1項）。株主は，会社に対して，いつでも，自分についての株主名簿の記載事項を証明した書面の交付を請求することができる（会122条）。

　名義書換えがされると，以後，株式譲受人は会社に対して株主であることを主張することができ，会社もその者を株主として取り扱う義務がある。株式が譲渡され名義書換えがされるまでの間，会社が自己のリスクで名義書換未了の譲受人を株主として取り扱うことも可能である（最判昭和30・10・20民集9巻11号1657頁）。

### ③　失念株

　株式譲受人が名簿の名義書換えを失念した場合，その株式の権利帰属はどのように解するべきか。譲渡人が出捐をせずに得たものであれば，譲受人は不当利得返還請求ができる。問題は譲渡人による何らかの出捐を伴う場合である。とりわけ従来から議論されてきたのは，株主割当てによる株式の発行がなされた場合に，株主名簿上の株主である譲渡人に株式が割り当てられ，譲渡人が株金額の払込みをして自己への帰属を主張している場合に，譲受人は譲渡人に対し新株の引渡請求を行うことができるかである。

　判例では，譲受人から譲渡人に対する新株券の引渡請求事件において，会社は一定日時の名簿上の株主を権利者として定めることができる以上，たとえ株式の譲渡があっても新株を引き受ける権利はこれに随伴しないことを理由に，譲受人の請求を否定した（最判昭和35・9・15民集14巻11号2146頁）。これに対して多数の学説は判旨に反対する。その理由は，株式譲渡当事者間では，名義書換えの有無にかかわらず株式の譲渡により株主権は移転するのであり，新株を引き受ける権利も譲渡人に移転するからである。株主名簿の記載は会社との関係で問題になるのであり，当事者間ではこれと異なる。したがって，譲受人は譲渡人に対して不当利得の返還請求を行うことはできる。ただ，譲受人の譲渡人に対する新株式の引渡請求は当然に認められるわけではない。これは，譲受人が譲渡人に対して請求できるのは新株を引き受ける権利であり，新株式そのものではないからである。それゆえ，譲受人は譲渡人が支払った払込金額の支払と交換に新株式の引渡しを請求できると解されるべきであろうか。たとえ新株を引き受ける権利が付与されたとしても，払込金額の支払をして自ら投資リスクを負担することなしに新株式を取得することはできない。したがって，譲受人が請求できるのは新株を引き受ける権利の価値だけであり，それは新株発行直後の株式の価値と払込金額との差額と解すべきであろう。

## 5　株式の評価
### （1）意　義
　法律上，いろいろな局面で株式の評価が問題となる。
　株式の評価は，会社の収益力や財務状態等，複雑な要素により決まる。上場株式の場合，これらさまざまな要素に対する大勢の市場参加者の判断が集約されて株価が形成される。金融商品取引所が公表する相場には大きな信頼が寄せられる。非上場会社の株式にはそうした指標がなく，客観的な評価は容易ではない。

### （2）必要性
　株式買取請求権の価格決定（会786条2項・798条2項・807条2項・470条2項）や，譲渡制限株式の買取価格の決定（会144条2項）等，会社法上，株式の価値を評価しなければならない局面は多い。上場株式のように市場価格が存在する場合には，裁判所はそれを参照することができるが，市場価格をどこまで決定的なものとしてよいかは，意見が分かれている（東京高決平成20・9・12金判1301号28頁）。また，非上場会社の多くは，そもそも市場価格が存在せず，この場合，裁判所は株式の評価をいかにすべきであろうか。

## （3）評価方法

　株式の評価方法を考える上で，そもそも株式がなぜ価値を持つのかに遡って考えることが大事である。それを突き詰めると，会社が事業活動を通じて利益を得，株主が剰余金の配当等を通じてその分配に与れるからであろう。これによれば，会社が将来どれだけのお金を稼ぐかを予測し（フリー・キャッシュ・フローを予測し），当該会社の現在価値（企業価値）を求め，そこから会社の負債の額を差し引いて株主価値を求める（これを発行済株式総数で割れば，1株の価値が算出される），という方法が，理論的には最も合理的な評価手法とされる，この方法は，ディスカウント・キャッシュ・フロー法（Discounted Cash Flow 法：DCF 法）*と呼ばれる。

> ＊ DCF 法：DCF は「①会社が生み出す価値を基準にする資本還元法」の一つであるが，その他の評価方法としては，「②市場の価値を基準にする市場評価法」，「③会社の資産を基準にする資産価値法」，「④他の会社を基準にする比準法」があるが，これらもさらに細分化される。すなわち，①は毎年の会社の収益を基準にするのか，あるいは毎年の配当を基準にするのか，③は簿価を基準にするのか，清算価値を基準にするのか，あるいは再調達価値を基準にするのか，④は類似する会社を基準にするのか，類似業種を基準にするのか，等々で分かれることとなる。それぞれの方法には長短があり，裁判所はいくつかの方法を取り混ぜて決定している。
> 　すなわち，福岡高判平成21・5・15金判1320号20頁では，①の DCF 法が優れているとする一方で，「各評価方法を概観しただけでも，それぞれ一長一短があることが明らかで，結局は，対象会社の特性に応じた株価算定をするしかないのであるが，ひとつの評価方法だけを選択して算出した場合，上記で指摘された短所が増幅される危険があるので，対象会社に適合すると思われる複数の算定方式を適切な割合で併用することが相当である。」と判示している。
> 　なお，最高裁は，非上場株式の価格を算定する上で，「様々な評価手法が存在するが，どのような場合にどの評価手法を用いるかについては，裁判所の合理的な裁量に委ねられている」とし，特定の評価方法の採用を強制することなく，裁判所の裁量による選択を許容している（最決平成27・3・26民集69巻2号365頁）。

## 6　株式の消却・併合・分割・株式無償割当て
## （1）株式の消却

　株式の消却とは特定の株式を消却させることである。株式の消却には株主の意思とは無関係に行われる強制消却と，株主との契約により株式を取得することで行われる任意消却とがある。また，株主に対価が与えられるか否かにより有償消却と無償消却とに分かれる。

　平成17年（2005年）の会社法制定まで，株式の消却は，①自己株式の場合，②資本減少の場合，③配当可能利益による株式の消却の場合に認められてきた（旧商213条1項・222条1項4号）。①は，会社が株主から株式を取得した上で消却するものであるのに対し，②③は株主が有する株式について，会社による取得を経

ずに直接消却するものであった。ただ，株主の立場ではいずれもその有する株式を失うことと引換えに，対価を得る点で変わりはない。会社法では，②③についても，自己株式を取得した上で消却するものと整理した。

会社法では，株式の消却については，自己株式の消却についての規定のみが置かれている。会社が保有する自己株式には資産性がなく，消却により会社が損失を被ることはない。自己株式を消却する場合，消却する自己株式の数（種類株式発行会社では種類および種類ごとの数）を定めなければならない（会178条1項）。この決定は，取締役が行うが（会348条1項・2項），取締役会設置会社であれば，取締役会決議が必要である（会178条2項）。この決定（決議）後遅滞なく，株式失効の手続をなす必要がある。株式失効手続（消却する株式の特定）は，株主名簿から当該株式の登録を抹消することにより行う（当該株式を表章する株券が発行されている場合にはそれを破棄する必要がある）。失効手続の終了時（特定の株式を消却する会社の意思が表示されたと解される）に株式消却の効果が生じる。

株式が消却されても，定款の定める発行可能株式総数（授権株式数）は，そのままで減少しない。したがって，消却した分を含めて新たに株式を発行することが可能となる。ここでは，発行可能株式総数は発行済株式総数の4倍までという公開会社における原則（会37条3項・113条3項）は維持されていない。こうした新株発行を認めても，既存の株主の持株比率には影響を与えないからである。

### （2）株式の併合

#### ① 意 義

5株を合わせて1株（併合割合は5分の1）にしたり，3株を合わせて2株（併合割合は3分の2）にしたりするように，数個の株式を合わせてより少数の株式にする会社の行為を株式併合と呼ぶ。株式併合は会社に対する経済的持分としての株式単位（1株当たりの経済的価値）の引上げであり（株式併合は，会社資産を変動させずに発行済株式総数を減少させる），併合によっても1株ごとの株式の権利内容に変更はない。

しかし，株式の併合を行うことで端数が生じ，その株主の利益に重大な影響を与える（たとえば，5株を1株に併合する場合，4株以下の株主は株主でなくなる）。そのため，株式の併合には株主総会の特別決議が要求される（会180条2項・309条2項4号）。取締役は，株主総会において，株式の併合をすることを必要とする理由を説明しなければならない（会180条4項）。

#### ② 手 続

株主総会では，（ⅰ）併合の割合，（ⅱ）効力発生日，（ⅲ）種類株式発行会社の場合は併合する株式の種類，（ⅳ）効力発生日における発行可能株式総数，を

定めなければならない（会180条2項）。公開会社では，(iv)につき，効力発生日における発行済株式総数の4倍を超えることができない（同条3項本文）。公開会社において株式を発行する際，発行可能株式総数は発行済株式総数の4倍を超えてはならない（会37条3項・113条3項）。これは，既存株主の持株比率の低下の限界を定めるものであり，同様の趣旨から，株式の併合についても，上記規制が定められている。

　株式の併合にあたって，会社は効力発生日の2週間（ただし反対株主の株式買取請求権が認められるときは182条の4第3項により20日）前までに先の総会決議事項を，株主およびその登録株式質権者に対し，通知または公告しなければならない（会181条1項・2項）。同様の事項につき，会社は，総会の2週間前（ただし会182条の2第1項2号の日が早い場合はその日）から効力発生日後6ヶ月を経過するまでの間，これを記載した書面・電磁的記録を本店に備え置き，株主の閲覧に供しなければならない（会182条の2）。これは，株主に対して株式の併合に関する情報を開示し，必要に応じ，端数株式の買取請求（182条の4）や差止請求（182条の3）をする機会を株主に与えるためである。

　子会社の少数株主を排除し，これを完全子会社化するための手段として，株式の併合を利用することもできる。すなわち，株式の併合により，少数株主の保有する株式を1株に満たない株式にした上で，端数株主に金銭を交付することで，少数株主を締め出すことができる（会235条）。これは，端数の合計額に相当する数の株式売却で得られた代金を端数に応じて株主に交付するキャッシュ・アウトと呼ばれるが，こうした株式の併合では，多くの端数株式が発生し，市場の下落などで，適切な対価が交付されない危険もある。また，多くの株主がその地位を失うことで，株主の権利に大きな影響が与えられることになる。そのため，株式の併合を行う際に，株主保護の手続が重要となる。

　株券発行会社においては，併合前株券を失効させ，新株券と交換するために，株券の提出手続をなす必要がある（会219条1項2号）。株式併合の効力には関係しないが，株式併合により発行済株式総数が減少するのでその変更登記も必要である（会911条3項9号・915条1項）。株式を併合した会社は，併合株式について株主名簿を書き換えなければならない（会132条2項）。

### ③　株主の保護

　株式の併合により，端数となる株式の株主には，端数の売却代金が交付されるが，株主総会の時点では，交付される額は予定額でしかない。この交付予定額が不当である場合には，(i)株主は株式買取請求権（182条の4）の行使による救済を受けることができる。また，(ii)交付予定額が著しく不当である場合，株

式併合について決定する株主総会決議には特別利害関係人（少数株主の締出し後に会社に残る支配株主は特別利害関係人に該当すると解される）の議決権行使による著しく不当な決議に該当するという決議取消事由（会831条1項1号）が認められると解されるところ，このように取消事由がある株主総会決議に基づいて株式併合を行うことは法令違反に該当すると解せば，そのことを理由に，株主は株式併合の差止請求（会182条の3）を行うこともできる。さらに，（iii）株式併合の効力発生後は，上記決議取消事由があることを理由に，訴えを提起して，株式併合について決定する株主総会決議の取消しを求めることもできる（会831条1項3号）。決議取消判決が確定すれば，株式併合は株主総会決議を経ずに行われたことになり，その瑕疵は重大であるから当該株式併合は無効と解され，少数株主は株主の地位を回復する。

### （3）株式の分割

#### ① 意 義

　1株当たりの経済的持分を減少させて株式の市場価格を引き下げたり，合併比率の調節等のために，1株を10株にしたり，2株を3株にするように，株式を細分化して従来より多数の株式にする会社の行為を株式分割という。株式分割は会社に対する経済的持分としての株式単位の引下げであるが，会社資産を変動させずに発行済株式総数を増加させるとはいえ，分割割合が小さい場合には市場価格が低下しないこともあり得るが，実質的な増配効果はもたらす。分割割合が大きい場合，市場価格が引き下げられ，株式の市場性が増大する。ともあれ，株式分割によっても1株ごとの株式の権利内容に変更はない。

#### ② 手 続

　株式併合とは逆に，株主の持株数が比例的に増加するので，株式分割によっても株主の地位に実質的な変動はない。ただ，株主の持株数に関する行為であるため，原則として，株主総会決議が必要であるが，取締役会設置会社では取締役会決議で行うことができる（会183条2項）。

　株式分割の結果，発行済株式総数は増加するが，定款に定められた発行可能株式総数を超えて新株を発行するには，定款を変更して発行可能株式総数を増加させなければならない。定款の変更は株主総会の特別決議で行われる（会466条・309条2項11号）。もっとも，株式分割に伴い，分割割合に応じて発行可能株式総数を増加させるのであれば，増加の前後において，その実質は同じである。そこで，分割割合の範囲内であれば，株式分割に伴う発行可能株式総数の増加のための定款変更には株主総会決議は要しないとされている（会184条2項）。ただし，複数の種類の株式を発行している会社においては，一部の種類株式だけを分割す

ることが可能であるため（会183条2項3号），発行可能株式総数を増加する定款変更は，原則どおり株主総会の特別決議が必要である（会184条2項括弧書）。

　株式分割は発行済株式総数の変更登記を要する（会911条3項9号・915条1項）。株式を分割した会社は，分割株式について株主名簿を書き換えなければならない（会132条3項）。

### （4）株式無償割当て

　株式無償割当てとは，会社が株主に対して，保有株式数に応じて無償で当該会社の株式を交付することをいう（会185条・186条2項）。たとえば，1株につき1株を割り当てる株式無償割当てが行われると，1株の株主は新たに払込みをすることなく2株の株主になる。これは，1株を2株とする株式の分割を行ったのと実質的には同じである。しかし，以下の二つの扱いを認めるために，会社法は株式分割とは異なる制度として新たに整備された。すなわち，①会社は，株式の分割では株主に自己株式を交付することはできないが，株式無償割当てではそれができる。②株式の分割では分割の対象となった株式と同じ種類の株式の数が増加するのに対し，株式無償割当てでは株主に対して保有株式とは異なる種類の株式を割り当てることもできる。これは，2種類以上の株式を発行する会社での場合である。なお，株式の分割は，会社の保有する自己株式にも効力が及ぶのに対し，株式無償割当ての場合には，自己株式は割当てを受けない（会186条2項）。

# 第3章

# 新株発行

〈本章のポイント〉

　株式会社の一つの大きな特徴は，人々に株式を発行して出資を受けるという方法で資金を調達できることにある。新株発行の主たる目的は，資金調達にあるのが通例である。他方で，資金調達目的の他に，業務提携や取引先との連携を強化するため，相手方企業に株式を保有してもらうことを同時に目的とする場合も少なくない。また，個々の新株発行は取締役会等の判断で機動的に行うことができるようにすることが，資金調達の便宜に適うという考えから，こうした方向を会社法は認めている。

## 1 総　説
### （1）概　要
　株式会社が事業活動を行うためには，資金が必要である。会社の設立時には，事業活動に必要な資金をすべて外部から集めなければならない。株式会社の場合，会社法上，株式を発行して会社財産を形成しなければならない（会32条・58条参照）。成立後の会社は，事業活動によって得た利益を株主に配当しないで社内に留保し，事業活動のための新たな資金とすることも可能である（内部資金）。内部資金では足りない場合等，必要があれば外部から資金を調達することになる（外部資金）。

### （2）内部資金
　内部資金の利用（自己金融）にはいろいろある。まず，留保利益（剰余金）の利用である。このうち，任意積立金を積立ての目的どおり利用する，あるいは使途の限定されない積立金（次期繰越利益金等）を使うのに制約はない。使途を定めた任意積立金を取り崩して別の目的に使うには，株主総会の決議がいる。法定準備金の使途は限定される。その他，現金支出を伴わない費用，すなわちその分が社内に留保される減価償却費（固定資産の消耗減価分の費用計上）は自由に使うことができ，耐用年数の尽きた固定資産の取替えはもちろん，その他の用途に使ってもよい。

## （3）外部資金

　成立後の株式会社が資金を外部から調達しようとする場合，さまざまな方法がある。まず，銀行等から借入れする方法があり，実際にも広く行われている。これは主に短期借入金である。銀行等は担保を要求し，会社の財務内容を審査する。役員を派遣する等経営に干渉することもある。銀行等からの借入れを間接金融という。

　間接金融の他に，株式や社債を発行して直接に資本市場から資金を集める方法があり，いずれも外部資金を直接取り入れる直接金融と呼ばれる。株式や社債による資金調達が行われる大きな理由は二つある。一つは，通常は銀行借入れより安上がりであること。もう一つは，株式発行や社債発行の方法のほうが広く多数の者から資金を集めることができることであり，結果，通常は巨額の資金調達も可能となる。

## 2　募集株式の発行
### （1）新株発行

　会社法は「募集株式の発行等」という標題の下に，新株発行と自己株式の処分とを併せ，募集によって行うときの手続や効力につき共通の定めを設けている（会社法第2編第2章第8節〔会199～213条の3〕）。したがって，「募集株式の発行等」は，株式会社が発行する株式を引き受ける者の募集をする場合と，その処分する自己株式を引き受ける者の募集をする場合の二つを含む概念である。会社法は，募集という概念についての定義を置いていないが，株式引受けの申込みの誘引ということになる。本章では新株発行について述べる。

### （2）授権資本制度

　会社法の定める株式発行にかかる制度は，原則として，会社の資金調達の便宜を中心に整えられている。すなわちいわゆる授権資本（授権株式）制度を採用し，定款には会社の発行する株式の総数を掲げ（会37条1項・2項。発行可能株式総数），かつ設立時にはその定款に掲げた株式総数の最低4分の1が発行されていればよい（同条3項）。これにより，設立後に株式を発行しようとする場合，定款に記載された株式総数に至るまで，定款変更なしに株式発行を行うことができる。株式発行により発行済株式総数が増大すれば既存株主に影響を与える。特に，既存株主の持分比率の低下という不利益が生じる危険がある。しかしながら，会社経営には，機動的な株式発行が必要であり，定款で発行可能株式総数を限定した上で，取締役会等に新株発行権限を授権する制度が授権資本制度である。

　非公開会社については，4分の1という制限も排除される（同条3項但書）。授

権資本制度には，既存株主の持分比率低下の限界を画する機能があるが，全株式に譲渡制限がある場合には，株主総会決議が法定され（会199条2項・309条2項5号），持分比率の低下により生ずる問題はこの決定手続の中で解決されることから，こうした規律となっている。

　株式の消却等を行った結果，発行済株式総数が減少する。この場合，減少した株式数につき新たに株式を発行できるかが問題となる。従来の通説は，再発行を認めると，取締役会等が消却と再発行とを無限に繰り返すことができ，取締役会等が発行することのできる株式の最大限を規定した授権資本制度の趣旨に反するとしてきた（最判昭和40・3・18集民78号335頁）。他方で，授権資本制度を既存株主の持分比率の低下の限度を定めたものと考えれば，授権枠が残存する以上は再度取締役会で新株発行をすることも認められることとなる。

### （3）新株発行の方法

#### ①　株主割当て

　株主割当てとは，会社が既存株主に，その持株数に応じて，株式の割当てを受ける権利を与えた上で，新株を割り当てる方法である（会202条1項・2項）。既存株主に割り当てられるのはあくまで権利であるため，その意思に反して株式が割り当てられ，出資が強制されるわけではない。既存株主の全員が実際に権利を行使し，株式引受けの申込みをして株式の割当てを受ける限り，既存株主の持分比率は変わらないだけでなく，いかに安い対価で募集株式の発行等が行われても，株式発行それ自体により既存株主に経済的損失は生じない。その意味で，他の方法と比べて，既存株主の利益が害されるリスクが最も小さい方法であるといえる。

#### ②　公　募

　公募とは，広く不特定多数の投資家に対して株式引受けの申込みの勧誘をした上で，募集株式の発行等を行う方法をいう。かつては額面株式（券面額のある株式。たとえば50円）を券面額（または時価との中間の価額）で株主割当てにより発行するのが一般的であったが，会社の手取金が少なかった。そこで，1960年代半ば頃から時価による公募が多くなった。株式の時価を基準とした新株・新株予約権付社債の発行を時価ファイナンスという。多額の資金調達を必要とする場合，公募により株式が発行される。公募での発行価額は発行会社の株式の時価を基準に定められるため。このような発行は「公募時価発行」とも呼ばれている。株主割当てとは異なり，公募では，既存の持株比率に変動が生じる。

　時価で新株を発行する限り，発行済株式総数が増えても，1株当たりの価値は変わらない。株主割当てによらなくても，既存の株主が減価による損害を受けることはない。新株の割当てを受ける権利を持つ者がいない場合は割当自由の原則

が働く。申込みの先着順でも，申し出た引受額の高い順でもよく，また関係者に割り当ててもよい。大規模な公募の際，証券会社等の金融商品取引業者が買取引受けにより一括して新株を取得し，同じ価額で一般投資者に転売する場合の他，募集を行って残額が生じた場合に金融商品取引業者がその残額を引き受ける残額引受けの場合もあるが，買取引受けが多く利用されている。

### ③　第三者割当て

特定の者に新株を割り当てるものを第三者割当てという。株主に新株を与えた場合でも，それが持株数に応じて与えるのでなければ第三者割当てとなる。実際，割り当てを受ける者は株主である場合が多い。第三者割当ては，特定の会社に株式を割当てることで業務提携を強化するためにも利用される。会社の業績が不振であるため，特定の者以外による株式の引受けが期待できない場合に，取引先との連携強化のために相手方企業による資本参加を求めたりする場合等，株主割当てや公募の方法によれない特段の事情がある場合にも用いられる。さらに，敵対的企業買収に対抗するために，第三者割当てが利用されることがある。これらの場合，各目的を達成するため，株式の募集に際しての払込価額が時価よりも低く設定されることが多い上に，会社の支配権に変動が生じることも少なくないので，紛争の種となりやすい。なお，払込金額が株式を引き受ける者に特に有利な金額である場合には，取締役が理由を説明した上で，株主総会の特別決議が要求される（会199条3項・201条1項・309条2項5号）。そのため，ここでの「特に有利な金額」が何であるかが問題となる。とりわけ，株式の買占めが行われ，それにより株価が高騰している場合に第三者割当てでの払込価額の公正性が争われることとなる。

判例は，高騰した価格といえども，公正な発行価額の算定基礎から排除できないものの，当該株式が市場において極めて異常な程度まで投機の対象とされ，その市場価額が企業の客観的価値よりもはるかに高騰し，それが株式市場における一時的現象にとどまる場合，市場価格を公正な発行価額の算定基礎から排除することができるとする（東京地判平成元・7・25判時1317号28頁）。企業買収により企業価値が向上するという市場の期待を背景に株価が高騰している場合には，高騰した価格を基準に発行価額を決定すべきである。他方，高値肩代わり等，投機的な目的による買占めにより株価が急騰している場合，その価格は算定基礎から排除すべきである。

### （4）通常の新株発行

新株発行とは発行済株式総数が増加する場合を総称する学問上の概念である。新株発行にはさまざまな形態があるが，会社法199条以下の手続に基づいて行わ

れる場合，すなわち，株主となる者に新たに金銭の払込みまたは現物出資をさせて新株を発行する場合を学問上，「通常の新株発行」といい，その他のもの（たとえば，株式無償割当て・吸収分割・株式交換等の場合における新株発行等）を「特殊の新株発行」という。

## 3　新株発行の手続
### （1）募集事項の決定

　新株を発行する際の募集事項は次の五つである。①株式数（種類株式発行会社では種類と数），②払込金額またはその算定方法，③現物出資をさせる場合はその旨ならびに財産の内容と価額，④払込期日または払込期間，⑤資本金と資本準備金の増加額（会199条1項）。公募時価発行の場合はこれだけ定めればよい。株主割当ての方法をとる場合には，上記募集事項の他，次の二つの募集事項を定めなければならない。⑥新株の割当てを受ける権利を株主に与える旨，⑦引受けの申込期日（会202条1項）。

　公開会社では，上記①～⑦のすべてを取締役会の決議で定める（会201条1項・202条3項3号）。非公開会社では，株主割当ての方法をとる場合に限り，定款にその定めがあれば，上記①～⑦を取締役または取締役会が決定できる（会202条3項1号・2号・5項）。株主割当てによらない場合，上記①～⑤を株主総会の特別決議で定めなければならず，取締役または取締役会に委任するにも特別決議が必要である（会199条2項・200条1項・309条2項5号）。種類株式発行会社が譲渡制限株式を株主割当てによらないで募集する場合，必ずその種類株主総会の決議も経なければならず，取締役等への委任も同様である（会199条4項・200条4項・202条5項）。市場での買増しができない株式の持分比率が低下することは，払込金額が公正であっても，株主に不利益であると位置づけられる。

　株主割当てによらないで，新株を引き受ける者に特に有利な価額で発行する場合には，それが必要な理由を株主総会で説明した上で，特別決議で上記①～⑤を定めなければならない（会199条3項・200条2項・201条1項・309条2項5号）。これは，持分比率の低下（希釈化）により株式価値が低下するからである。

　平成26年（2014年）の会社法改正で，公開会社であっても，支配株主の異動を伴うほど大量の新株発行を行う場合，一定の要件の下で株主総会決議が必要となる。すなわち，新株発行の結果として特定の引受人が議決権の50％超を保有することとなる場合には（当該引受人を特定引受人という），株主に対して，払込期日・払込期間の初日の2週間前までに通知・公告が必要であり，当該通知から2週間以内に，総株主の議決権の10％以上の議決権を有する株主が反対する旨の通知を

した場合，原則として，株主総会の決議による承認を受けなければならないこととなった（会206条の2）。ただし，例外として，特定引受人が発行会社の親会社等（会2条4号の2）である場合または株主割当ての場合は，規制の対象にはならない。前者は支配株主の異動をもたらさないからである。

　支配株主の異動を伴う新株発行は，既存の株主に企業再編に類似した重大な影響を与え得るものであり，これを取締役会だけで決定できるのは既存株主の保護に欠けるからである。株主総会の決議は，普通決議で足りるものの，定款で定足数を3分の1未満にすることはできない（会206条の2第5項）。この規律は，役員の選任・解任の場合と同様である。支配権の異動を伴う新株発行は，会社の経営を支配する者を決定するという点で，取締役の選任決議と類似しており，このような規律となった。特定引受人には，その子会社等（子会社または会社以外の者がその経営を支配している法人）が含まれる。子会社等が保有する議決権を合算するのは，子会社等を通じて間接的に議決権を保有していると考えるためである。

　ただし，例外として，会社の財産の状況が著しく悪化している場合に，会社の事業の継続のため緊急の必要があるときは，株主総会を開催する時間的余裕がないと考えられるため，株主総会による承認は不要である（会206条の2第4項但書）。

### （2）募集事項の開示

#### ①　株主割当てによらない場合

　株主割当て以外の方法で新株を発行する場合，既存の株主の利害に影響する。新株の発行価額により増資後の株式価値が変動し，新株の割当先次第で株主の勢力地図も変わる。配当優先株が発行されると，普通株主への配当が減るかもしれない。株主の利害が害されるときは，差止めなど救済を求める方法（会210条）があるが，適時に情報が得られなければ手遅れとなる。そこで，会社は払込期日の2週間前までに募集事項を株主に通知または公告しなければならない（同条3項・4項）。通知・公告をしなければならないのは，譲渡制限のない株式を発行できる会社，公開会社である。株式全部の譲渡を制限する会社では，募集事項を決定するのは株主総会であるため，株主総会の招集通知や参考書類により株主は事前に知ることができるので，改めて開示の方法をとる必要はない。

　株主割当てによらない場合のうち，第三者に対する有利発行をするには，株式譲渡制限の有無にかかわらず，すべて株主総会の特別決議によらなければならないが，この場合の株主に対する開示は，株主総会の招集通知や参考書類により行われる。

　支配株主の異動を伴う新株発行をするには，議決権の10％以上の株主に反対通知を行う機会を確保するため，誰がどれだけの議決権を有することになるか等の

事項を，払込期日（または払込期間の初日）の2週間前までに株主に通知または公告しなければならない（会206条の2第1項・2項，施規42条の2）。

### ②　株主割当てによる場合

株主割当ての方法による場合，株主が申込みをすれば新株が割り当てられることを知らせるのが開示の目的である。申込みを見送れば，時価より低い価額で新株を取得できず，旧株の価値が目減りするかもしれない。それを恐れ，半ば強制されるような形で，追加出資をすることが適切であるかどうか，合理的に判断する必要がある。この場合，申込期日の2週間前までに，(a)募集事項・(b)当該株主が割当てを受ける株式の数，(c)申込期日，を株主全員に通知しなければならない（会202条4項）。

### （3）有利発行

会社が資金調達のために株式を発行しようとしても，時価より大幅にディスカウントをしなければ引き受けてもらえない場合もある。しかし，払込金額が特定の者に「特に有利な金額」（有利発行）である場合，既存株主は保有株式の1株当たりの価値の下落という経済的損失を被るおそれがあるが，有利発行がかえって既存株主の利益に適うこともあり得る。たとえば，財務状況が悪化した会社が別会社（スポンサー）に出資を求めたが，有利発行でなければ，そのスポンサーが株式を引き受けてくれないといった場合である。この場合，たしかに安値で発行する分，既存株主の持株価値は低下するが，スポンサーによる出資がなければ，最悪の場合，会社は倒産する危険もあるため，有利発行を行ったほうが既存株主にとり利益になり得る。また，業務提携の強化により企業価値を大いに高めることが可能である場合には，有利発行を行ったほうが既存株主にとり利益になるかもしれない。ただ，有利発行の時点では，それが本当に既存株主の利益に適うのかどうかはわからない。そこで，既存株主の利益保護のため，会社法はその判断を株主総会に委ねた上で（会199条2項・3項，201条1項），慎重を期すために特別決議による承認を必要としている（会309条2項5号）。公開会社・非公開会社とも，株主総会の特別決議で払込金額の下限だけを定めて具体的な決定を取締役会決議に委任することができるが（会200条1項・309条2項5号），その場合の委任の有効期限は1年間である（会200条3項）。いずれの場合も，株主総会で有利発行を必要とする理由を説明しなければならない（会199条3項・200条2項）。

何をもって「特に有利」であるかは法律で定義されておらず，解釈に委ねられている。「特に有利」とは，払込金額とすべき公正な価額と比較して特に低い価額を意味するのが通説である。そして，公正な価額とは，上場会社であれば市場価格が一応の基準になると考えられているが，払込金額決定前の市場価格の他，

株価の騰落習性，売買出来高の実績，会社の資産状態，収益状態，配当状況，発行済株式総数，新たに発行される株式数，株式市況の動向，これから予測される株式の消化可能性の諸事情を総合して決定すべきであるとしている（最判昭和50・4・8民集29巻4号350頁）*。

> ＊日本証券業協会の自主ルール：日本証券業協会の自主ルール「第三者割当増資の取扱いに関する指針（平成22年4月1日）」では，取締役会決議の直前日の価額の90％以上の価額または状況によっては取締役会決議の直前日までの6ヶ月以内の適当な期間における平均価額の90％以上の価額であれば，有利発行に該当しないと考えられている。払込金額を定めた場合に，払込期日までに株価が下落して時価よりも払込金額のほうが高くなってしまっては株式引受人が払込みをしないため株式発行は失敗となる。こうしたリスクに対応するためにも，ある程度のディスカウントは許容されるべきであろう。
> なお，市場価格のない株式については，会社の資産，収益状況，配当状況，類似会社の株価等を斟酌して株価が決定され，これをもとに払込金額が定まるが，一般の株主にとり払込金額が有利かどうかは判断しにくいだろう。

## （4）申込み・割当て・引受け

会社は募集株式の引受けの申込みをしようとする者に対し，商号・募集事項・金銭の払込取扱場所・その他法務省令で定める事項を通知しなければならない（会203条1項，施規41条）。ただし，金融商品取引法上の発行開示規制の適用を受けて申込みをしようとしている者に目論見書（募集事項や企業内容を詳細に記載した書類）を交付している場合等は，この通知は不要である（会203条4項，施規42条）。申込みをしようとする者は，氏名・名称，住所および引受株式数を記載した書面を会社に交付して申込みを行う（会203条2項）。この申込みを行った者を「申込者」という（同条5項括弧書）。

取締役会は申込者のうち割当てを受ける者および割り当てる株式数を決定し（会204条1項・2項），会社は払込期日または払込期間初日の前日までに申込者に対して割り当てる株式数を通知しなければならない（同条3項）。割当てを受けると，申込者は，割当てを受けた株式について「株式引受人」となる（会206条）。株式引受人は，その引受人たる地位，すなわち出資を履行することで株主となる権利である権利株を譲渡することができるが，その譲渡を会社に対抗することはできない（会208条4項）。

誰に何株を割り当てるかは自由であるが（割当自由の原則），経営者が支配権の維持を図り，自己の反対派の持株割合を低下させるため自派の株主に多数の株式を割り当てることは，割当自由の原則の濫用として不公正な方法による新株発行となるおそれがある。したがって，割当自由の原則には限界がある。株主割当ての場合，期日までに申込みを行わないと割当てを受ける権利を失い，このことは，失権といわれる（会204条4項・202条1項2号）。

　なお，募集株式の申込みおよび割当てに関する規制（会203条・204条）は，募集株式を引き受けようとする者がその総数について引受けを行う契約（総数引受契約）を締結する場合には，適用されない（会205条1項）。総数引受契約を結ぶ場合としては，第三者割当ての方法により募集株式を発行する場合が考えられる。また，株式会社と証券会社との契約により，証券会社が募集株式の唯一の引受人となり，証券会社と契約をした投資家がさらに株式を購入する方法（買取引受け）もある。

　ただし，総数引受契約を締結する場合において，募集株式が譲渡制限株式であるときは，定款で別段の定めがある場合を除き，株主総会の特別決議（取締役会設置会社においては，取締役会の決議）により，総数引受契約の承認を得なければならない（同条2項・309条2項5号）。

## （5）払込み・給付・募集株式の効力発生

　募集事項が決定した後，申込みをした申込者は株式の割当てを受けて株式引受人となるが，株式引受人が株主となるには金銭の全部の払込みまたは現物出資の全部の給付が必要である。これがなければ株式引受人は株主となる権利を失う失権となる（会208条5項）。この場合，株式発行全体が不成立に終わるのではなく，払込み・給付があった分についてのみ株式発行が成立する（打切発行）。もっとも，公募の場合，証券会社が買取引受けを行うため失権株が発生することはなく，また，株主割当ての場合には，失権分については公募を行い，証券会社が買取引受けを行うのが通常の実務である。

　株式引受人は，会社に対して債権を有する場合であっても，この債権と会社に対する払込みまたは給付をなすべき債務とを相殺することはできない（会208条3項）。これは，払込みまたは給付を現実に行わせ，会社資本の充実を図る要請による。ただし，会社の便宜を考え，会社から相殺を主張することは可能である。いわゆるデット・エクイティ・スワップ（debt equity swap：DES：会207条9項5号参照）*である。

　　＊　DES：DESとは株式会社がその債務（debt）を株式（equity）に振り替える（swap）ことをいう。DESは業績が悪化した会社の再建等のため，債権者がその債権を債務会社の株式に振り替える手法で，近年よく用いられるようになってきた。DESは金銭債権の現物出資であるため，本来，検査役の厳格な調査を受けるべきものであるが，金銭債権をその帳簿価額以下で現物出資する場合，検査役調査を免除される（会207条9項5号）。一般に検査役調査は50日程度を要するとされており，これにかかる費用も少なくないため，検査役調査が免除されることでDESを利用するハードルは下がっている。

　払込みまたは給付の期日が定められている場合はその日に，期間が定められている場合は履行があった日に，株式発行の効力が生じ，払込みまたは給付を行っ

た株式引受人はその日に株主となる（会209条1項）。新株発行が効力を生じると，会社の発行可能株式総数に変更が生じ，資本金の額が増加するので（会445条1～3項），変更登記をする必要がある（会911条3項5号・9号・915条1項・2項）。

### （6）引受けの無効・取消しの制限

　民法の一般原則では意思表示に瑕疵・欠陥がある場合，取消しや無効の主張が認められている（民93～96条）。しかし，株式引受け等について民法の一般原則を適用すると，会社に関する法律関係が不安定なものとなってしまうので，特別な定めが設けられている。すなわち，心裡留保・通謀虚偽表示を理由とする無効についての規定は，募集株式の引受けの申込み・割当て・総数引受契約には適用されず（会211条1項），また，株主となった日から1年経過後または株主権を行使した後は，錯誤・詐欺・強迫による取消しはできない（同条2項）。

## 4　株式発行の瑕疵

　株式発行の手続等に法令・定款違反などの瑕疵があったような場合，取締役等の責任が問題となる他，株式発行自体の効力が問題となる。

### （1）設立時における株式発行

　会社成立時における株式発行に瑕疵があった場合，会社法は，株式発行の部分についてだけその効力を否定することは認めず，設立無効の問題として処理をする。これは，当初の株式発行は会社設立の重要な一部を構成するため，その効果を否定すべき場合には設立自体を無効にするのが合理的であるからである。

### （2）新株発行の場合

　会社成立後の新株発行につき，会社法は，まず第一に，新株発行が効力を生じるまでの間は，瑕疵のある新株発行を差し止める制度を用意している。第二に，新株発行が効力を生じた後は，新株発行無効の訴え，および不存在確認の訴えという制度を用意している。新株発行が効力を生じるまでの間は，瑕疵がある場合には広く差止めを認めても不都合はないが，いったん新株発行が効力を生じた後は，事情を知らない関係者が多数存在することも想定でき，株式の流通という取引の安全を保護する必要があるため，あまり広い範囲で新株発行の効力を否定することは認められるべきではないというのが，会社法の基本的なスタンスである。

#### ①　募集株式発行の差止め

　会社が法令・定款に違反し，または著しく不公正な方法で募集株式を発行（自己株式の処分を含む。以下同じ）し，これにより株主が不利益を受けるおそれがある場合，株主は会社に対して発行の差止めを請求できる（会210条）。この請求は訴訟で行うこともできるが，募集株式の発行手続においては，その決定から効力

発生までの期間が短いことが通常であるため，その訴えを本案として発行差止めの仮処分を求めることもできる（民保23条2項）。仮処分は，制度上は，本案訴訟の判決が下るまでの暫定的なものであるが，実務上は，差止めの仮処分が命じられると，会社は募集株式の発行を中止し，紛争は事実上，決着することが多い。

　この制度は，取締役が法令・定款に違反する行為をし，会社に回復できない損害または著しい損害を生じるおそれがある場合に，株主に認められる取締役の違法行為差止請求権（会360条）に似ているが，取締役の違法行為差止請求権は会社の利益を守るものであるのに対し，募集株式発行の差止請求権は個々の株主の利益を守るためのものである。従来の判例は，株主総会の特別決議を経ずに株主以外の者に特に有利な金額で株式を割り当てた場合に，その発行の無効を認めない傾向にある。これは，割り当てられた株式について，流通取引の安全の保護を重視するとともに，資本の充実を大切にするためである。そのため，募集株式発行の差止請求制度は，株主保護のために重要な意義を有している。

　募集株式発行の差止請求権は募集株式が発行される前に行使され，差止めが認められれば会社は違法状態を是正して株式を発行すればよいため，ここでの法令・定款違反は広く解すべきであろう。法令違反の例としては，非公開社会社において株主総会決議を欠く場合，公開会社において取締役会決議を欠く場合，現物出資規制の違反等が考えられる。定款違反の例としては，授権資本の枠を超える募集株式の発行，定款に定めのない種類の株式の発行等が考えられる。

　著しく不公正な方法による株式発行（不公正発行）とは，たとえば，資金調達のニーズがないのに取締役が会社の支配権を維持しようとして，一部の者に多数の新株を割り当てるような場合である。こうした新株の第三者割当ては，たとえその払込金額が公正であり，有利発行とならない場合であっても，不公正発行として差止め対象となる。会社の支配権に争いがある場合に，特定の株主の持株割合を低下させ，現経営者の支配権を維持することを主要な目的として，従来の株主の持株割合に重大な影響を及ぼすような募集株式の発行は不公正発行に当たるとされており（東京地判平成元・7・25判時1317号28頁），主要目的理論といわれている。裁判例では，資金調達の目的を広く認定し，不公正発行であることを否定する傾向があった（東京高決平成16・8・4金判1201号4頁）。

　近年，主要目的理論に加えて，支配権の維持が募集新株予約権の発行の主要な目的と認められる場合であっても，株主全体の利益を保護するといった観点から発行を正当化する特段の事情がある場合には，例外的に不公正発行に該当しないとして，（ⅰ）株式を会社関係者に引き取らせる目的で株式の買収を行っている場合（グリーンメイラー），（ⅱ）主要取引先や顧客等を買収者等に委譲させる目

的で株式の買収を行っている場合（焦土化経営），（iii）会社の資産を債務の弁済原資等として流用する予定で株式の買収を行っている場合，（iv）会社に一時的な高配当をさせ，または，一時的高配当による高値で株式を売り抜ける目的で株式の買収を行っている場合（高値売り抜け）を特段の事情とする決定（東京高決平成17・3・23判時1899号56頁）がある。

### ② 新株発行の無効

　新株の発行の効力が生じた後でも，新株発行について重大な瑕疵があるときは，その効力を認めるべきではない。自己株式の処分についても同様である。しかし，株式が発行された後は，それが有効であることを前提として多くの法律関係が形成される。そのため，無効の主張を一般原則に委ねて，誰でも・いつでも・いかなる方法でも行うことができるとすることは，法律関係の安定を害し，取引の安全を損ねるおそれが大きい。そこで，新株発行（自己株式の処分を含む。以下同じ）の無効の主張は訴えをもってのみ争い得るものとする（会828条1項2号・3号）。新株発行の無効の主張は，新株発行の効力発生日から6ヶ月以内（非公開会社では1年以内）に（会828条1項2号・3号），株主・取締役・監査役等のみが行うことができる（同条2項2号・3号）。

　新株発行を無効とする判決は，第三者に対しても効力を有する（会838条・834条2号・3号）。その後は，誰も新株発行が有効である，あるいは，有効であることを前提とする主張をすることができない。これは法律関係の画一的確定のためである。こうした効力を対世効（対世的効力）という。無効の訴えを棄却する判決には対世効はない。

　新株発行は発行を無効とする判決が確定したときから将来に向かって効力を失い（会839条），無効判決の遡及効は否定される。取引安全と法律関係の安定のためである。そのため，無効判決までに行われた新株に対する配当の支払や新株主の議決権行使の効力が影響を受けることはない。新株発行が無効とされると払戻手続をとる必要がある。払込金額を新株の株主に払い戻すのが原則であるが（会840条1項），払戻額が会社の財産状況に照らして著しく不相当であるときは，裁判所は払戻額の増減を命じることができる（同条2項）。

　新株発行を無効と判決できる事由は，狭く解釈されている。判例は，取締役会の決議を経ないでされた新株発行（最判昭和36・3・31民集15巻3号645頁）や株主総会の特別決議を経ないでされた新株の有利発行（最判昭和46・7・16判時641号97頁）も，無効事由にはならないと解している。他方で，異論なく無効事由と認められているのは，次のような瑕疵が重大である場合である。（i）発行可能株式総数の枠を超過した新株発行，（ii）定款に定めのない種類の株式の発行，で

ある。募集事項の通知・公告（会201条3項・4項）を欠いた場合は，株主の知らないうちに新株発行が行われる結果となり，株主は差止めを請求する機会を奪われることになるため，無効事由となる（最判平成9・1・28民集51巻1号71頁）。ただし，通知・公告がされたとすれば差止事由がなかった場合には，無効事由とすべきではないが（同判例），裁判所が新株発行差止めの仮処分を出しているのに，差止命令を無視して新株発行を強行した場合は，無効事由となる（最判平成5・12・16民集47巻10号5423頁）。

### ③ 新株発行の不存在

株式の発行（自己株式の処分を含む。以下同じ）が実体として存在しない場合，もはや新株発行無効の訴えの問題ではない。無効原因のある新株発行は，出訴期間内（会828条1項2号・3号）に提訴権者が適式の訴えをしなければ，以後はその効力を争うことができなくなるが，新株発行の不存在はそれだけの実体がないものであり，いつでも・誰でも・どのような方法でもその主張ができる。新株発行不存在確認の訴えを提起する場合は会社を被告とする（会829条1号・2号，834条13号・14号）。提訴期間や提訴権者は制限されていないので，訴えの利益が認められる限り提訴可能である。不存在確認請求を認める判決が確定した場合，無効の訴えとは異なり，最初から新株発行は存在しない（効力を生じていない）ものとして扱われる。請求を認容する判決には対世効がある（会838条）。

不存在事由がどのような場合に認められるかについては，株式の発行手続が一切行われず，その実体が存在しない場合が該当することに問題はないが（最判平成9・1・28民集51巻1号71頁），手続的瑕疵が著しいなどの事情から法的に不存在であると評価される場合は含まれるのであろうか。判例の立場は明らかではないが，差止めの手続や無効の訴えでも救済できない事案において不存在確認の訴えが機能すべきだとすれば，こうした場合も不存在に含まれると考えるべきであろう。

### （3）株式引受人・取締役等の差額補塡責任

#### ① 金銭出資の場合

取締役（指名委員会等設置会社の場合には取締役・執行役）と通じて，「著しく不公正な払込金額」で募集株式を引き受けた者（通謀引受人）は，会社に対して公正な価額との差額を支払う義務を負う（会212条1項1号）。この責任は，会社による追及を期待できないこともあるため，株主代表訴訟により追及することができる（会847条1項）。

「著しく不公正な払込金額」とは，「特に有利な金額」（会199条3項）と同義であり，株主総会の特別決議を経なかった場合や当該決議にあたり虚偽の説明がな

された場合等に著しく不公正であるとされる。なお，通謀が要件とされていることから，不法行為責任の特則として位置づけられる。

### ②　現物出資の場合

（ⅰ）株式引受人　①と同じ差額支払義務を負うが，給付した現物出資財産が募集事項として定められた価額（会199条1項3号）に著しく不足することについて善意・無重過失である場合，募集株式の引受申込みの取消しを認めている（会212条1項2号・2項）。

（ⅱ）取締役等　給付した現物出資財産が募集事項として定められた価額（会199条1項3号）に著しく不足する場合，募集に関する職務を行った取締役（指名委員会等設置会社の場合には取締役・執行役）は，会社に対して差額支払義務を負う（会213条1項1号）。くわえて，現物出資財産の価格を株主総会あるいは取締役会の決議により定めた場合には，その議案を提出した取締役が，議案に示した価額と実価との差額を限度として，会社に対して，差額支払義務を負う。ただし，現物出資に関する事項につき検査役の調査を受けた場合，または当該取締役等がその職務を行うにつき無過失を立証した場合，差額支払義務を免れる（同条2項）。

（ⅲ）現物出資の証明者　価額が相当であることについて弁護士（法人），公認会計士，監査法人，税理士（法人）の証明（不動産については不動産鑑定士の鑑定評価）を受けた現物出資については（会207条9項4号），証明者が差額支払義務を負う（会213条3項）。ただし，証明者が証明をするにつき無過失を立証した場合，差額支払義務を免れる（会213条3項但書）。

### （4）仮装出資の責任

募集株式の引受人が出資の履行をしないときに，募集株式の株主となる権利を失う（会208条5項）。しかし，払込みがその外形を仮装しただけで，実質的には払込みが行われていない仮装払込み（出資の履行の仮装）の場合に，新株発行を無効としたり，増資の登記を無効とすると，増資により会社の資金が確保されたと信じた会社債権者の信頼が害される。そこで，平成26年（2014年）会社法改正により，仮装払込みであっても厳格な責任規定が設けられた。すなわち，仮装した引受人は，払込期日や払込期間が経過した後でも，引き続き出資を履行する義務を負うことになった（会213条の2第1項）。これは現物出資の場合でも同様である。会社は給付に代えて，出資財産の価額相当額の支払を請求することもできる。履行義務は総株主の同意によってのみ免除可能である（同条2項）。

仮装出資の履行につき関与した取締役等（施規46条の2）は，会社に対して払込人と同様の義務を負う（会213条の3第1項本文）。ただし，職務を行うについて注意を怠らなかったことを証明した場合には，責任を免れる（会213条の3第1

項但書）。取締役等が履行義務を果たしたとしても，株主になれるわけではなく，あくまで，株主になるのは引受人であるが，会社に支払った金額は引受人に求償できる。

　履行義務を果たさなければ，引受人は株主権の行使ができない（会209条2項）。ただし，株式取引の安全を図るため，引受人から当該株式を譲り受けた者は，悪意または重過失がない限り，株主権を行使できる（同条3項）。

# 第4章

# 新株予約権

〈本章のポイント〉

　新株予約権は，それを有する者が発行会社に対して行使することにより，当該会社の株式を取得できる権利である。新株発行と異なり，その発行は必ずしも会社の資金調達の目的だけで行われるわけではない。取締役等へのストック・オプションとして，あるいは，敵対的買収の有力な防衛策として利用される場合がある。これらの場合に最終的に株式発行が行われるときには，株式数が増大することに伴って既存株主の保有株式の価値の希釈化や，株主間での株式保有割合の変動が生じ得る。そこで，新株予約権の発行にあたっては，新株予約権を与えられる者は誰か，新株予約権交付のための対価である払込価額，権利行使価額は公正か，権利行使条件はどのようかなどが論点となる。

## 1　新株予約権の意義
### （1）新株予約権

　株式会社に対して行使することにより当該株式会社の株式の交付を受けることができる権利を新株予約権という（会2条21号）。新株予約権はコール・オプション（買い付ける権利）の一種である。新株予約権の保有者は，事前に定められた期間（権利行使期間）の間に，発行会社に対してこれを行使して，所定の金額（権利行使価額）を払い込むことにより，当該会社の株式を取得でき，この金額は会社の資本金および資本準備金に組み込まれることになる。新株予約権者がその権利を行使するか否かは，一般的にその時点における株式の時価が権利行使価額に比して有利か否かにかかり，新株予約権が行使されないまま行使期間を徒過する可能性もある。この場合には，新株予約権は失効して資本も増加することはない*。

　＊新株予約権の会計：「貸借対照表の純資産の部の表示に関する会計基準」では，発行された新株予約権は，権利行使の有無が確定するまでの間，その性格は確定しないが，その発行時点で，新株予約権の価額（基本的には払込金額〔会238条1項3号〕である〔計規55条1項〕）を貸借対照表の借方に現金預金として計上し，貸方の純資産の部に新株予約権として（計規76条1項）その金額を計上すべきものとされている。

　新株予約権は，行使期間の間に株式の時価が権利行使価額を上回る可能性がある限り，何らかの経済的価値を有するといえる。新株予約権の発行は，その価値に見合った対価により有償で行われるのが通常であり，将来の株価は予測できなくても，新株予約権の現在の価値は算定できると考えられている。その経済的な評価額（公正価値という）の算出は，オプションの価値を測定するブラック・ショールズ・モデル，二項モデル，モンテカルロ・シミュレーションといった経済学的手法により理論的に行われ得るとされている。その算出にあたっては，現在の株価，権利行使価額，行使期間，無リスク利子率，株価変動率（ボラティリティ）等の要素が重要とされている。

## （2）新株予約権の利用
新株予約権の主な利用方法としては以下のものがある。
### ①　会社の資金調達目的での発行
　新株予約権の発行自体は，株式発行と異なり，直接的に資金調達目的を実現するものではない。しかし，社債発行と結びついた新株予約権付社債の発行は，社債権者に有利な条件を提供する金融商品として利用されている。さらに，近時は，大規模な増資を可能にする仕組みとして，株主全員に新株予約権を無償で割り当てるライツ・オファリング（ライツ・イシュー）を可能にするための金融商品取引法の開示制度の整備が行われている*。

　＊ライツ・オファリング（ライツ・イシュー）：ライツ・オファリングは，株主全員に新株予約権を無償で割り当てる（会277条）増資方法の一つである。株主は，新株予約権を行使して株式を取得するか，または新株予約権を行使しないで市場で売却する（当該新株予約権の上場が前提）ことも可能である。また，会社が行使されなかった新株予約権を取得条項に基づいて取得して，これを一括して証券会社に売却し，当該証券会社が取得した株式を市場で売却するというスキーム（コミットメント型ライツ・オファリング）を利用することにより，会社は資金調達を確実に達成することができる。

### ②　ストック・オプションとしての利用
　企業業績の向上に対する取締役・従業員のインセンティブを高めて，企業業績と報酬とを連動させるインセンティブ報酬の実現のために，新株予約権をストック・オプションとして利用することが広く行われている。ストック・オプションの付与により，株価を高めるという点において，取締役等と株主の利益とが合致することが図られる。
### ③　敵対的企業買収防衛策としての利用
　新株予約権の発行は，敵対的企業買収に対する防衛策として利用される。特に，平時に事前に新株予約権を利用した敵対的買収防衛策（ポイズン・ピル〔ライツ・プラン〕）を導入しておくことが行われる（後述5（2）参照）。

## 2　新株予約権の発行

通常の新株予約権の発行には，募集の方法による場合と第三者割当ての方法（ストック・オプションはその一例）による場合とがある。

### （1）新株予約権の内容

会社は新株予約権を発行する場合には，会社法236条1項各号に掲げる事項を当該新株予約権の権利内容としなければならない。すなわち，（ア）当該新株予約権の目的である株式の種類・数（新株予約権1個につき3株割当てなど），（イ）当該新株予約権の行使に際して出資すべき財産（金銭または現物）の価額（権利行使価額），（ウ）当該新株予約権を行使できる期間（権利行使期間），（エ）当該新株予約権の譲渡にかかる制限（譲渡制限新株予約権），（オ）当該新株予約権を一定の事由が生じたことを条件として会社が取得でき，その取得と引換えに当該会社の株式，社債等を交付できること（取得条項付新株予約権），および（カ）新株予約権証券を発行するときはその旨などである。

さらに，新株予約権には行使条件を付けることもできると解されている（会238条1項1号・911条3項12号ニ）。学説では，新株予約権は株式ではないから，株式に関してのような厳格な「平等原則」は存在せず，新株予約権者の間で差別的に取り扱うことも認められるとされる。たとえば，「従業員であることを条件に行使できる」との条件や，「ある者が発行済株式総数の20％以上を取得した場合に，その者以外の新株予約権者が行使することができる」との条件を付けることも認められるとされる。しかし，会社の一部株式を保有する投資ファンドによる敵対的企業買収を阻止する目的で全株主に新株予約権の無償割当てがなされ，その際に当該ファンドのみは行使できない旨の行使条件が付された場合について，判例は，会社法278条2項が株主に割り当てる新株予約権の内容は同一であることを前提としているなど新株予約権の無償割当ての制度趣旨に照らして，株主平等原則は当該新株予約権の無償割当ての場合にも及ぶとしている（最決平成19・8・7民集61巻5号2215頁）。

### （2）募集新株予約権の発行手続

新株予約権の募集に応じてその引受けの申込みをした者に対して割り当てる新株予約権を募集新株予約権といい，株式会社は，募集新株予約権を発行しようとする場合には，以下の募集事項を定めなければならない（会238条1項）。募集事項は，新株予約権の募集ごとに，均等に定めなければならない（会238条5項）。

---

（ア）募集新株予約権の内容および数
（イ）募集新株予約権と引換えに金銭の払込みを要しないこととする（無償

　で発行する）場合には，その旨

（ウ）募集新株予約権と引換えに払い込むべき金額（払込金額）

（エ）募集新株予約権の割当日

（オ）募集新株予約権と引換えにする金銭の払込期日

（カ）募集新株予約権が新株予約権付社債に付されたものである場合には，
　会社法676条各号に掲げる事項（**本編第7章**参照），など

　新株予約権の募集事項の決定は，株主総会の決議（特別決議）によらなければ
ならないが（会238条2項・309条2項6号），株主総会の特別決議により募集事項
の決定を取締役・取締役会に委任することもできる（会239条1項・309条2項6号）。
ただし，募集株式の発行の場合と同様に，公開会社においては，新株予約権の募
集事項は有利発行に該当しない限り，取締役会において決定する（会240条1項）。

### （3）募集新株予約権の株主割当て

　株式会社が，株主に募集新株予約権の割当てを受ける権利を与える場合が株主
割当てである（会241条1項）。株主は，その有する株式の数に応じて募集新株予
約権の割当てを受ける権利を有する（同条2項）。種類株式発行会社にあっては，
株式の種類ごとに募集事項などを決定する必要がある。株主割当ての場合には，
全株主にその有する株式の数に応じて募集新株予約権が割り当てられることから，
原則的に，発行株式の増加により既存株主の有する株式の経済的価値の希釈化や，
株主間での経済的利益の移転は生じないと考えられる。そこで，株主割当ての募
集事項の決定機関は，非公開会社にあっても必ずしも株主総会による必要はない
（同条3項・5項）。

　会社は，株主割当てを決定した場合には，募集新株予約権の引受けの申込みの
期日の2週間前までに，株主に対して，募集事項，割当てを受ける新株予約権の
内容・数および新株予約権の引受けの申込期日を通知しなければならない（同条
4項）。株主割当てにより権利を与えられた株主に権利行使の機会を与えるため
である。

### （4）新株予約権無償割当て

　株式会社は，株主に対して新たに払込みをさせないで（無償で）当該会社の新
株予約権の割当てをすることができる（会277条）。これを新株予約権無償割当て
といい，ライツ・オファリングはこの制度を利用するものである。この場合には，
株主による申込みは不要である。

　会社は，新株予約権無償割当てをしようとするときは，（ア）株主に割り当て
る新株予約権の内容および数，（イ）新株予約権無償割当てが効力を生ずる日（効

力発生日）など（会278条1項・2項）を定める必要があるが，これらの事項の決定は，株主総会の普通決議（会309条1項）（定款により取締役・取締役会に委任できる）または取締役会設置会社にあっては取締役会の決議によらなければならない（会278条3項）。

　新株予約権の割当てを受けた株主は，効力発生日において，新株予約権者となり（会279条1項），会社は，効力発生日後遅滞なく株主に対して割当てを受けた新株予約権の内容・数を通知することを要する（同条2項・3項）。

## 3　募集新株予約権の申込みおよび権利行使

### （1）募集新株予約権の申込みと割当て

　募集事項の決定後，募集株式の発行の場合と同様に，新株予約権の発行会社は，募集に応じて募集新株予約権の引受けの申込みをしようとする者に対して，所定の事項を通知することを要する（会242条1項・4項）。募集新株予約権の引受けの申込みをする者は，発行会社に対して申込みの書面を交付する（同条2項・3項）。発行会社は，申込みに対して，申込者の中から募集新株予約権の割当てを受ける者を定め，かつ，その者に対して割り当てる新株予約権の数を定める（会243条1項）。会社法241条の株主割当ての場合には，株主が所定の引受けの申込みの期日（会241条1項2号）までに申込みをしないときは，割当てを受ける権利を失う（会243条4項）。なお，募集新株予約権について総数引受契約が締結される場合には，申込みと割当てに関する規定は適用されない（会244条1項）。

　割当てが行われると，割当てを受けた申込者および総数引受けをした者は，割当日において募集新株予約権者となる（会245条1項）。このように，募集株式についてと異なり，申込者は払込みをする以前に新株予約権者となるが，無償の場合を除き，この後の払込み（全額払込み）をしないと，新株予約権を行使することはできない（会246条3項）。

### （2）募集新株予約権の払込み

　募集新株予約権と引換えに金銭の払込みを要するとされている有償の場合には，新株予約権者は，行使期間（会236条1項4号）の期間の初日の前日または払込期日（会238条1項5号）の定めがあるときはその払込期日までに，所定の銀行等の払込取扱場所に，払込金額の全額を払い込まなければならない（会246条1項）。この払込みは，発行会社の承諾があれば，払込みに代えて金銭以外の財産（現物）の給付によること，または発行会社に対する債権をもって相殺することができる（同条2項）。

### （3）新株予約権の管理等

発行会社は，新株予約権の管理のため，新株予約権を発行した日以後遅滞なく，新株予約権原簿を作成して，新株予約権者の氏名，新株予約権の内容・数，新株予約権証券（会236条1項10号・288条）の番号，および無記名式新株予約権証券に係る事項等を記載し，または記録する必要がある（会249条）。

新株予約権者は，譲渡制限新株予約権（会236条1項6号）を除き，その有する新株予約権を自由に譲渡することができる（会254条1項）。新株予約権の譲渡は，その取得者の氏名等を新株予約権原簿に記載しなければ，会社その他の第三者に対抗できない（会257条1項・2項。なお無記名新株予約権〔会249条1号〕につき同条3項）。証券発行新株予約権（会249条3号ニ）の譲渡は，新株予約権証券を交付しなければ，その効力を生じない（会255条1項・258条・288条）。

譲渡制限新株予約権の新株予約権者は，これを譲り渡そうとするときは，発行会社に対して承認を求める必要がある（会262条）。

### （4）新株予約権の行使

新株予約権の行使は，その行使に係る新株予約権の内容および数とその行使の日を明らかにしてしなければならない（会280条1項）。そして，新株予約権の行使に際して金銭を出資の目的とするときは，その行使の日に，発行会社の定めた銀行等の払込取扱場所において，出資すべき価額の全額を払い込まなければならない（会281条1項）。金銭以外の財産（現物）を出資の目的とするときは（会236条1項3号），同じく行使の日に，出資対象の財産を給付しなければならない（会281条2項）。この現物出資の場合には，発行会社は原則として検査役の調査を受ける必要があるが，一定の場合には免除される（会284条）。

新株予約権を行使した新株予約権者は，その行使した日に，当該新株予約権の目的である株式の株主となる（会282条1項）。

募集株式の場合と同様に，募集新株予約権と引換えにする払込みまたは現物財産の給付が仮装による場合，ならびに，新株予約権の行使に際してする出資の払込みまたは現物出資財産の給付が仮装による場合には，仮装をした者は払込金の全額払込みまたは当該財産の給付等の義務を負う（会286条の2第1項）。新株予約権を行使した新株予約権者であって，これらの仮装をしたことにより上記払込みまたは給付の義務を負う者は，それを履行するまでは当該新株予約権の目的である株式について，株主の権利を行使することができない（会282条2項）。また，払込みまたは給付を仮装することに関与した取締役等も連帯債務を負う（会286条の3）。

さらに，発行会社の取締役等と通じて，無償で新株予約権を取得したことが著

しく不公正な条件による引受けに当たる場合や，新株予約権を著しく不公正な払
込金額で取得した場合，および，新株予約権の行使に際して給付した現物出資財
産の実価が定められた価額に著しく不足する場合には，新株予約権者は公正価額
または差額支払の義務を負うこと（会285条），ならびに，給付した現物出資財産
の実価が定められた価額に著しく不足する場合の取締役等の責任に関しても，募
集株式についてと同様の規定が置かれている（会286条）。

## 4　新株予約権の有利発行

### （1）有利発行

　新株予約権の有利発行に該当する場合とは，①募集新株予約権と引換えに金銭
の払込みを要しないとする（無償で発行する）ことが，当該新株予約権を引き受
ける者にとり，「特に有利な条件」であるとき，および，②有償で発行する場合
であるが，募集新株予約権の払込金額が当該の新株予約権を引き受ける者にとり，
「特に有利な金額」であるときである。これらの場合には，募集株式の有利発行
の場合（会199条3項）と同様に，発行会社は，「特に有利な条件」または「特に
有利な金額」で募集をすることが必要な理由を説明して，株主総会の特別決議を
受ける必要がある（会238条2項・3項，309条2項6号）。この点は，新株予約権
の募集事項の決定が取締役会の権限とされている公開会社の場合も同様であり，
株主総会の特別決議を受ける必要がある（会240条1項）。

### （2）特に有利な条件・特に有利な金額

　前述したように，新株予約権の現在の価値は理論的に算定できると考えられて
おり，その経済的な評価額（公正価値という）は，オプションの価値を測定する
ブラック・ショールズ・モデル等を使って，現在の株価，権利行使価額，行使期
間，無リスク利子率，株価変動率（ボラティリティ）等を重要な要素として，算
出できると考えられている。

　募集新株予約権の発行が無償であるときは，株主への無償割当ての場合または
次に述べるストック・オプションの場合，および新株予約権付社債に付された募
集新株予約権の無償発行の場合（後述本編7章6（2）参照）を除き，有利発行に
該当するといってよい。募集新株予約権の発行と引換えになされる払込金額が低
額の場合においては，当該発行が有利発行に該当するか否かは，理論的に算出さ
れる募集新株予約権の公正価値（公正価額）と比較して，取締役会等で決定した
払込金額が特に有利な金額に当たるか否かを評価することにより，有利発行に当
たるか否かが判断されると解されている。東京地決平成18・6・30金判1247号6
頁においては，第三者割当てによる募集新株予約権の発行について，公正なオプ

ション価額を大きく下回る払込金額によって発行されたものであり有利発行に当たるとして，その発行の差止めが認められている。

## （3）ストック・オプション

　ストック・オプションは，取締役・従業員の企業実績に対するインセンティブを高めて，企業業績と報酬とを連動させる報酬形態である。これにより取締役・従業員の利益と株主の利益との合致が目指されている。ストック・オプションも含めたエクイティ報酬は，取締役等への株式付与により，既存株主にとっては株式価値の希釈化による経済的損失や持株比率の低下を生じさせる可能性があり，取締役への新株予約権の無償付与，さらには無償による権利行使を認めるにあたり，その必要性を判断できるようにするために，取締役の報酬等の具体的内容を明確にすることが求められていた。

　令和元年（2019年）改正会社法では，このような取締役に対する適切なインセンティブ付与を図るため，募集株式または募集新株予約権を報酬等として交付するエクイティ報酬に関する規律を従前よりもより効果的かつ透明なものにするための改正が行われた（取締役の報酬等に関しては，**本編第5章Ⅳ4・Ⅷ1(1)③参照**）。

　改正会社法は，株式会社が取締役に対する報酬等として，募集株式または募集新株予約権を付与しようとする場合には，第一に，当該募集株式・募集新株予約権の数の上限その他の事項（施規98条の2・98条の3）を，定款または株主総会の決議（普通決議）により定めなければならないとの規定を新設した（会361条1項3号・4号）。第二に，報酬等のうち当該株式会社の募集株式・募集新株予約権と引換えにする払込みに充てるための金銭を取締役の報酬等として付与しようとする場合には，取締役が引き受ける当該募集株式・募集新株予約権の数の上限その他の事項（施規98条の4）を定めなければならないとの規定を新設した（会361条1項5号イ・ロ）。従前，実務上では，取締役の報酬等として募集新株予約権等を付与しようとする場合に，募集新株予約権等と引換えにする払込みに充てるための金銭を取締役の報酬とした上で，取締役に募集新株予約権等を割り当て，引受人となった取締役が会社に対して有する報酬支払請求権をもって相殺させるとの方法がとられていたところ（いわゆる相殺構成），上記会社法361条1項5号の規定はこれを念頭に置くものである。

　募集新株予約権について，会社法361条1項4号・5号ロに従い，新株予約権の数の上限に加えて，以下の事項を定める必要がある（施規98条の3・98条の4第2項）。

ア　会社法236条1項1～4号までに掲げる事項（上場会社については，会

236条3項により特則がある）
イ　一定の資格を有する者が当該新株予約権を行使することができることと
　　するときは，その旨および当該一定の資格の内容の概要
ウ　当該新株予約権の行使についてその他の条件を定めるときは，その条件
　　の概要
エ　会社法236条1項6号に掲げる事項
オ　会社法236条1項7号に掲げる事項の内容の概要
カ　取締役に対して当該新株予約権と引換えにする払込みに充当する金銭を
　　交付する条件または当該新株予約権を割り当てる条件を定めるときは，そ
　　の条件の概要

　募集株式の付与にあたっても，同様に決定すべき事項が定められている（会361条1項3号・5号イ，施規98条の2・98条の4第1項）。
　取締役の報酬等は，定款に定めのないときは，株主総会の決議により定める必要がある（会361条1項，後述本編**第5章Ⅳ4**参照）。これらの事項に関する議案を株主総会に提出した取締役は，株主総会において当該事項を相当とする理由を説明しなければならない（会361条4項）。なお，指名委員会等設置会社においては，取締役および執行役の報酬等の内容の決定および上記諸事項に関する決定は報酬委員会が行うことになる（会409条3項4号・5号ロ，施規111条の2・111条の3第2項）。
　さらに，令和元年（2019年）改正会社法は，エクイティ報酬の重要性に鑑み，取締役に対する報酬等として募集株式および募集新株予約権の付与をより円滑にできるように規定の新設を行っている。改正法は，上場会社は，会社法361条1項4号または5号ロに掲げる事項の定めに従い新株予約権を発行するときは，当該新株予約権の内容として，その行使に際して金銭の払込みまたは現物出資（会236条1項2号・3号）を要しないとすることができるとする（会236条3項1号。募集株式については同様の趣旨の202条の2第1項1号を新設。指名委員会等設置会社については202条の2第3項・236条4項）。なお，権利行使価額を低額またはゼロ（無償）とするときは，新株予約権の評価額の算出においてそれを高めることにつながる。この場合には，当該会社は，①取締役の報酬としてまたは取締役の報酬等をもってする払込みと引換えに当該新株予約権を発行するものであり（上記会361条1項4号・5号ロ），当該新株予約権の行使に際してする金銭の払込み・現物出資財産の給付を要しない旨，および，②取締役（取締役であった者を含む）以外の者は，当該新株予約権を行使することができない旨を，新株予約権の内容

としなければならない（会236条3項）。

　非上場会社においては，株式について市場株価が存在せず，当該会社の発行する新株予約権の公正な価値の算定は容易ではない。そこで，上記会社法236条3項の非上場会社への適用に関しては，経営者の濫用的な利用により，不当な経営者支配が助長されることが懸念されるため否定されている。

　ストック・オプションの利用に関しては，有利発行についての規制との関係で，株主総会での特別決議が必要ではないかという論点が問題とされ得る。しかし，改正法の下では，取締役の報酬として当該会社の株式・新株予約権が付与される場合には，取締役の職務の執行により会社に対して便益を提供する関係になること，報酬としての株式・新株予約権の内容について株主総会の決議が必要であることから，重ねて有利発行規制が適用されることはないとされている。少なくとも上場会社については，新株予約権の公正な価値に依拠して構成されるストック・オプションを利用する場合には，改正法により，会社法238条3項の有利発行規制の適用の余地はないと解される。

　他方，非上場会社については，報酬としてのストック・オプションの内容が，合理的な評価方法によって算出された新株予約権の公正な価値に依拠したものではなく，無償とすることが引き受ける取締役に特に有利な条件に該当すると考えられる場合には，有利発行規制の適用の余地があると考えられる。

## 5　新株予約権の発行の瑕疵
### （1）募集新株予約権の発行の差止め

　募集株式の発行の差止め（会210条）と同様に，会社による募集新株予約権の発行が法令または定款に違反する場合，あるいは，当該新株予約権の発行が著しく不公正な方法により行われる場合に，それにより不利益を受けるおそれのある株主は，会社に対して当該募集新株予約権の発行の差止めを求めることができる（会247条）。この場合に株主は，新株予約権の発行差止めの仮処分を求めることになる（民保23条2項）。会社法247条は，募集新株予約権の発行についてのみ差止請求権を認めているが，新株予約権の無償割当てに対して同条の類推適用が認められた判例がある（最決平成19・8・7民集61巻5号2215頁）。

### ①　法令・定款違反

　法令違反の例は，募集事項の決定が，法の定める必要な手続を欠く場合，その内容が法の定めと適合しない場合，法の定める権限を有する機関による有効な決定のない場合，有利発行に該当するにもかかわらず株主総会による特別決議を欠く場合などである。定款違反の例は，定款に定めのない種類株式に係る新株予約

権の発行の場合，定款上で株主の割当てを受ける権利が定められているのにそれを無視した場合などである。

### ②　著しく不公正な方法

著しく不公正な方法による募集新株予約権の発行に該当するのは，不公正な目的を達成するための手段として募集新株予約権の発行を利用する場合である。会社内部で会社支配権の帰属をめぐって争いのあるときに，取締役が会社支配権を維持または奪取する目的や反対派の取締役・株主を排除する目的で，特定の株主に募集新株予約権を発行する場合，敵対的買収に対する防衛策として買収者の持株比率を低下させる目的で，他の株主に対してのみ新株予約権を発行する場合などである。これらの場合には，募集新株予約権の割当てを受けられない株主は，持株比率の希釈や保有株式の価値の希釈化という損害を被るおそれがある。なお，募集株式の発行とは異なり，新株予約権の発行については，一般的に資金調達目的の存在は要求されないと解される。

### （2）買収防衛策としての新株予約権の利用

上場会社が，敵対的買収を仕掛けられて，市場を通して相当数の株式を買い集められ，次いで，買収者から公開買付けの開始を通告されて，会社の支配権を脅かされる状況に陥った会社の取締役等が，買収を阻止するための対抗措置として新株予約権を用いた買収防衛策を発動する場合には，買収株主側から，新株予約権の発行差止請求権を行使されることがある。この場合には，当該の新株予約権を利用した買収防衛策（ライツ・プラン，ポイズン・ピルと呼ばれる）の適法性が重要な争点になる。新株予約権を利用した買収防衛策については，新株予約権を買収者が出現する以前の平時に発行するのか，買収者が出現してから事後的に発行するのか，特定の第三者に発行するのか，全株主に発行するのか，有利発行で行うのか否かなどの論点がある。さらに，買収防衛策としての新株予約権の発行においては，当該新株予約権を行使できる者は買収者以外の保有者に限るという条件を付しているのが通常であるが，これについては場合により株主平等原則に違反するのではないかという問題が生じる。

新株予約権を用いた買収防衛策が適法なものか否かを判断する重要な基準として，経済産業省・法務省「企業価値・株主共同の利益の確保又は向上のための買収防衛策に関する指針」（平成17年5月27日）があげられる。

この指針は，「買収防衛策は，企業価値，ひいては，株主共同の利益を確保し，又は向上させるものとなるよう，以下の原則に従うものとしなければならない。」として，①企業価値・株主共同の利益の確保・向上の原則（買収防衛策の導入，発動・廃止は，企業価値，株主共同の利益を確保・向上させる目的で行うべき），②事

前開示・株主意思の原則（買収防衛策の導入に際して，目的，内容が具体的に開示され，株主の合理的な意思に依拠すべき），③必要性・相当性確保の原則（買収防衛策は，必要かつ相当なものとすべき）の3原則を掲げている*。

＊新株予約権を利用する買収防衛策に関する判例：①東京高決平成17・6・15判時1900号156頁（ニレコ事件）は，現在は経営支配権に争いが生じていないが，将来敵対的買収者が出現する場合に，敵対的買収者の持株比率を低下させて，現取締役が経営権を維持することを目的として，Ａ会社が事前の買収防衛策として，1株につき2個の新株予約権を現在の全株主に無償で付与しようとしたのに対して，株主Ｂが発行差止めの請求をした事案である。本件新株予約権は，3年以内に敵対的買収者が出現した場合に，株主が新株予約権1個につき1円を払い込むことにより株式が発行され，発行済株式総数が3倍に増加して，敵対的買収者の持株割合が希釈されるというものであった。本決定は，本新株予約権発行後に株式を取得した株主にとり，新株予約権が行使された場合には持株比率が3分の1に希釈されるというリスクがあるとともに，そのような事情はＡ社株式の株価の押下げ要因となるため，買収と無関係な既存株主に不測の損害を与えるおそれがあるから，「著しく不公正な方法」による新株予約権の発行に当たるとして，差止めを認めた。

②東京高決平成17・3・23判時1899号56頁（ライブドア対ニッポン放送事件）は，Ａ社がＢ社に対して敵対的買収を行い，Ｂ社の経営支配権に現に争いが生じているという状況下で，Ｂ社の経営支配権を争うＡ社の持株比率を低下させ，現経営者を支持し経営について事実上の影響力を及ぼしている株主Ｃ社によるＢ社の経営支配権を確保することを主要な目的として，Ｂ社取締役会で新株予約権4,720個を発行してＣ社に割り当てる旨を決議した事案である。本件新株予約権がすべて行使された場合には，これによりＡ社の持株比率は42％から17％になるのに対し，Ｃ社の持株比率は取得株だけで59％となるものであった。本決定は，本件新株予約権の発行は，敵対的買収により経営支配権が争われている中で，特定の株主Ｃ社の経営支配権を確保することを主要な目的として行われたものであるから，株主全体の利益保護の観点から当該新株予約権の発行を正当化する特段の事情がない限り，原則として「著しく不公正な方法によるもの」というべきであるところ，これを正当化する特段の事情はないとして，発行の差止めを認めた。

③最決平成19・8・7民集61巻5号2215頁（ブルドックソース対スティールパートナーズ事件）は，Ａ社の筆頭株主であるアメリカのファンドＢ社が公開買付けを開始したところ，Ａ社がこれに対抗して，Ｂ社の持株比率を低下させる目的で，全株主に対して株式1株につき3個の割合で新株予約権無償割当てをし，Ｂ社以外の株主は新株予約権を行使できるが，Ｂ社はこれを行使できず，Ａ社は金員を交付してＢ社の新株予約権を取得できるとの条項が付された本件新株予約権の発行による買収防衛策を策定して株主総会の議決に付すことを決定したところ，Ｂ社は，株主総会に先立ち，本件新株予約権無償割当ての差止めを求めたという事案である。本件株主総会においては，本件議案は出席株主の議決権の88.7％，議決権総数の83.4％の賛成により可決された。本決定は，会社法109条1項に定める株主平等の原則の趣旨は，新株予約権の無償割当ての場合についても及ぶが，特定の株主による経営支配権の取得に伴い，会社の存立，発展が阻害されるおそれが生ずるなど，会社の企業価値が毀損され，会社の利益ひいては株主の共同の利益が害されることになるような場合には，その防止のために当該株主を差別的に取り扱ったとしても，当該取扱いが衡平の理念に反し，相当性を欠くものでない限り，これを直ちに株主平等原則の趣旨に反するものとはいえないとする。そして，会社の企業価値が毀損され，会社の利益・株主共同の利益が害されることになるか否かについては，最終的には，会社の利益の帰属主体である株主自身により判断されるべきものであるとして，「法令又は定款に違反する場合」に該当しないとして，本件新株予約権無償割当ての差止めを認めなかった。

### （3）新株予約権発行無効の訴え

　新株発行の無効の訴えについてと同様に，新株予約権の発行についても無効の訴えの制度が設けられており（会828条1項4号・2項4号・834条4号），無効判決の効力についても同様である（会838条・839条・842条）。また，新株予約権発行不存在確認の訴えも認められている（会829条3号）。

　新株予約権の無効事由に関しては，法の定めはなく，解釈に委ねられており，新株発行の無効事由と同様に，制限的に解されている。定款に定めのない種類の株式を目的とした新株予約権が発行される場合，譲渡制限株式を目的とする新株予約権が株主総会・種類株主総会の決議（会238条2項・4項）なしに発行される場合，公開会社において募集事項の通知・公告を欠く場合（会240条2項・3項）などが例である。これに対して，著しく不公正な方法による新株予約権の発行の場合には，それは差止請求の対象となるが，それ自体は無効事由とはならないと解される。

# 第 5 章

# 機　関

## I　機関総論

〈本節のポイント〉

　本節では，まず，総論として，機関の意義を確認する。次に，会社法は特定の機関について設置義務を課しているので，機関設置義務の視点から，機関設計の骨格を概観することとする。また，監査役（会）設置会社，監査等委員会設置会社および指名委員会等設置会社という株式会社の形態についても簡単に触れることとする。

### 1　意　義

　株式会社は法人である（会3条）。法人である会社が自ら意思を有し行為をすることはできないため，一定の自然人または自然人を構成メンバーとする会議体の意思決定や一定の自然人のする行為を会社の意思や行為として扱うことが必要となる。そのため，会社の運営や管理には，法人の組織上一定の地位にある自然人の意思決定および執行が必要である。上記のような会社の活動の担い手となるべき自然人または会議体のことを機関という。具体的には，会社法第2編第4章に定められた，①株主総会，②種類株主総会，③取締役，④取締役会等をいう。

### 2　主要な概念

#### （1）公開会社と非公開会社（全株式譲渡制限会社）

　公開会社は，発行する全部または一部の株式の内容として，譲渡制限の定款の定めのない会社である（会2条5号）。

　他方，公開会社でない会社は，全株式につき定款で譲渡制限をした会社ということになる（会2条5号の反対解釈。以下，「非公開会社」とする）。

#### （2）大会社

　大会社とは，①最終事業年度に係る貸借対照表（会439条前段を参照。株式会社の成立後最初の定時株主総会までの間については，会435条1項を参照）に資本金とし

て計上した額が5億円以上である株式会社，または，②最終事業年度に係る貸借対照表の負債の部に計上した額の合計額が200億円以上である株式会社である（会2条6号）。負債の規模も考慮要素であることに留意すべきである。

### 3　各機関の構成

機関の設置について，会社法は一定の選択の余地を認めている。他方，強行法規として，一定の場合には，特定の機関の設置を義務づけている。

#### （1）株主総会および取締役設置義務

株式会社は最低限，その機関として株主を構成員とする株主総会および取締役を設置しなければならない（会295条1項・326条1項）。株式会社制度は，株主総会において取締役を選任して，取締役に会社の運営をさせるものである。そのため，株式会社にとって，株主総会と取締役は必置機関となる。

#### （2）取締役会設置義務

公開会社には，取締役会の設置が必要である（会327条1項1号）。その理由は，①公開会社では株式の譲渡が自由であるため，株主が頻繁に変動することが想定されること，②株式の譲渡により容易に株主関係から離脱できるため，会社経営に対する関心も相対的に希薄であることから，株主に代わって，会社の業務に関する意思決定および業務執行者の監視・監督を行う機関である取締役会が必要である，と考えられたのである。

監査役会設置会社，監査等委員会設置会社および指名委員会等設置会社にも取締役会の設置が必要である（会327条1項2号・3号・4号）。監査役会設置会社の取締役会設置義務の根拠は，監査役会が設置される場合には，取締役会の存在がその均衡上必要であると考えられたことによる。他方，監査等委員会設置会社および指名委員会等設置会社は，取締役会の存在を前提に，監査等委員会などの委員会制度が構築されているため，これらの会社において取締役会は必須の機関とされた。

#### （3）監査役設置義務

取締役会設置会社の場合には，監査等委員会設置会社・指名委員会等設置会社の形態を選択した場合を除き，監査役（監査役会を含む）の設置が必要である（会327条2項）。取締役会を設置すると，株主総会の権限が制約される（会295条1項・2項）。そのため，株主の業務執行権限が実質的に弱まることから，業務執行に対する監査を行う監査役の設置が不可欠となるのである。ただし，取締役会設置会社であっても，公開会社でない会社（監査役会設置会社および会計監査人設置会社を除く）については，株主が，直接，業務執行をコントロールすることが

できるので，①会計参与を置く場合，監査役を置かなくてよく（会327条 2 項但書），②監査役を置く場合も，監査役の権限を会計監査に限定すること（会389条 1 項）も認められている。

### （4）監査役会設置義務

監査等委員会設置会社・指名委員会等設置会社以外の大会社で公開会社である会社は，監査役会の設置が必要である（会328条 1 項）。大会社かつ公開会社である会社は，株主が多数となり，株主の属性も頻繁に変動することから，株主による会社経営への監視は弱まるおそれがある。そこで，業務執行および会計に関する監査を強化する趣旨で，監査役会の設置が義務づけられた。

### （5）会計監査人設置義務

大会社と監査等委員会設置会社・指名委員会等設置会社では，会計監査人を置くことが必要である（会327条 5 項・328条 1 項・ 2 項）。大会社において会計監査人の設置が義務づけられるのは，大会社の経済規模との関係からその計算関係が複雑になるため，専門家である会計監査人の監査により，大会社の計算書類の適正さを確保させる趣旨である。また，監査等委員会設置会社・指名委員会等設置会社において会計監査人の設置が義務づけられるのは，これらの会社における内部統制システムを機能させるために，会計監査人による監査が不可欠と考えられたからである。

## 4　監査役会設置会社，監査等委員会設置会社および指名委員会等設置会社

東京証券取引所第一部に株式を上場している企業は，監査役会，監査等委員会または指名委員会等を設置する必要がある（東証上場規程437条 1 項 2 号）。そのため，いわゆる上場企業は，監査役会設置会社，監査等委員会設置会社または指名委員会等設置会社のいずれかの会社形態をとることになる。

①監査役会設置会社とは，「監査役会を置く株式会社又はこの法律の規定により監査役会を置かなければならない株式会社」（会 2 条10号）である。②監査等委員会設置会社とは，「監査等委員会を置く株式会社」（会 2 条11号の 2 ）である。③指名委員会等設置会社とは，「指名委員会，監査委員会及び報酬委員会（以下「指名委員会等」という。）を置く株式会社」である（会 2 条12号）。

上記の株式会社形態は，取締役で構成する取締役会の機能に違いをもたらす。監査役会設置会社の場合，取締役会の機能は，①マネジメント（広範な経営に関する意思決定権限）と②モニタリング（経営者の評価と監督）である。このことから，取締役会を主宰する者（多くの場合，代表取締役兼社長である）は，役員報酬

の決定や役員選任議案の決定に，事実上影響を与えることができる。

　これに対して，指名委員会等設置会社における取締役会の主な機能は，指名委員会等が設置されていること，経営に関する意思決定権限を執行役に大幅に委任すること（なお，会416条1項1号参照）から，モニタリングに特化することになる。

　監査等委員会設置会社における取締役会の機能は，監査役会設置会社と指名委員会等設置会社の中間的なものとなる。監査役会設置会社と同様に，広範な経営に関する意思決定権限を取締役会に残せば，取締役会の機能は，①マネジメントと②モニタリングとなる。他方，法令の要件を満たせば，広範な意思決定権限を取締役に委任できることから，指名委員会等設置会社に類似して，取締役会の機能をモニタリングに純化させることもできる。もっとも，監査等委員会設置会社は，指名委員会等設置会社と異なり，取締役選任議案を決定する指名委員会も報酬を決定する報酬委員会もないので，取締役会を主宰する者に，役員報酬の決定や役員選任議案の決定に対する事実上の影響力が残存していることに留意しなければならない。これを抑止するために，監査等委員会が意見を述べることができる制度となっている（後述）。

　このように，会社法は，監査役（会）設置会社，監査等委員会設置会社，指名委員会等設置会社の三つの制度を用意している。そして，それぞれの会社の事情に適合した制度を選択させることにより，より良いコーポレート・ガバナンスの実現を目指すものである＊。

　　＊コーポレートガバナンス・コードの意義：コーポレートガバナンス・コード（以下，「CGコード」とする）は，東京証券取引所に株式を上場している株式会社（以下，「上場会社」とする）が実効的なコーポレート・ガバナンスを実現するための諸原則を定めている。CGコードは，コーポレート・ガバナンスを，「会社が，株主をはじめ顧客・従業員・地域社会等の立場を踏まえた上で，透明・公正かつ迅速・果断な意思決定を行うための仕組み」と位置づけている。
　　　CGコードが定める基本原則は，①株主の権利・平等性の確保，②株主以外のステークホルダーとの適切な協働，③適切な情報開示と透明性の確保，④取締役会等の責務，⑤株主との対話の五つである。
　　　CGコードは，上場会社に，CGコードの各原則を実施すること，または（各原則を実施しない場合には）実施しない理由を説明すること（comply or explain）を求めるものである。即ち，CGコードは，一律に基準の遵守を強制しない点に特徴がある。

　本書では，監査役（会）設置会社を念頭に以下の記述を行う。また，監査等委員会設置会社についてはⅥで，指名委員会等設置会社についてはⅦで概説することとする。

# Ⅱ　株主総会

## 〈本節のポイント〉

　本節では，株主総会の意義を確認し，株主総会の招集・運営・決議の各手続を概観する。また，株主総会の決議に瑕疵があった場合の法的対応も確認することとする。

## 1　意義と権限

### （1）意　義

　株主総会とは，株式会社の構成員である株主によって組織される会議体であり，株式会社の意思決定機関である。常設の機関ではないので，招集する必要がある。

### （2）取締役会の有無による株主総会権限の差異

　株主総会は，この法律に規定する事項および株式会社の組織，運営，管理その他株式会社に関する一切の事項について決議をすることができる（会295条1項）。もっとも，取締役会設置会社，すなわち，取締役会を置く株式会社又はこの法律の規定により取締役会を置かなければならない株式会社（会2条7号）において，例外的な規定が定められていることに留意しなければならない。取締役会設置会社においては，株主総会は，この法律に規定する事項および定款で定めた事項に限り，決議をすることができる（同条2項）。つまり，取締役会設置会社の場合，株主総会の権限が縮小される。その理由は，①取締役会の設置を義務づけられる公開会社の場合には，株式の譲渡により容易に株主関係から離脱できるため，会社経営に対する関心も相対的に希薄であること，②取締役会を設置している非公開会社の場合には，株主は経営の専門家である取締役に経営を委ね，経営に直接関与する意識が低いと考えられることである。

　取締役会設置会社における法令に定められた株主総会の決議事項の主な具体例として，①資本金減少（会447条），②定款変更（会466条），事業譲渡（会467条）などがある。また，取締役に対するコントロールに関する事項として，①取締役の選任権（会329条）と②解任権（会339条）がある。

　会社法295条によれば，取締役会を設置していない会社（非公開会社）の株主総会は，株式会社に関する一切の事項について決議をすることができるが，取締役会設置会社の株主総会は，この法律に規定する事項および定款で定めた事項のみ，決議することができることになる。

## （3）取締役会設置会社における株主総会権限の拡張

　取締役会設置会社は，①法令および定款で定めた事項以外の決議をすることができるのか，また，②法令で取締役会の権限と定められた事項を株主総会の権限とすることができるのか，ということが問題となる。上記①については，法令・定款で認められた株主総会の決議事項ではないので，勧告的決議という形をとる。勧告的決議は，法令・定款で認められていない事項を決議するため，何らかの法的拘束力を持つものではない（手続的瑕疵があっても争うことはできない）。しかし，勧告的決議により，多数の株主意思が明らかになるとすれば，取締役は事実上尊重する必要もあろう。

　上記②について，非公開会社が取締役会を任意設置した場合には，株主総会の権限を拡張することは可能である（最決平成29・2・21民集71巻2号195頁参照）。また，公開会社の場合においても，会社法295条2項は，本来，無制限である株主総会の権限を，会社の管理・運営上の便宜から制限する規定だと位置づければ，法令で取締役会の権限と定められた事項を株主総会の権限とすることもできると解する余地がある。

## （4）株主総会の目的である事項以外の「事項」の決議の可否について

　取締役会設置会社において，株主総会は，株主総会の目的である事項（会298条1項2号）以外の事項について，原則として，決議をすることができない（会309条5項）。このような制約により，取締役会設置会社の株主が議題を確認して欠席した株主総会で，招集通知に記載されていない事項について決議するという「不意打ち」を防止する趣旨である。このことによって，株主も議題について十分な準備の機会が与えられることになる。

　取締役会設置会社において，招集通知に議題として記載されていない事項を決議した場合，招集通知に会議の目的である事項の記載が欠けていた点で，招集手続に法令違反があることになるから，取消事由（会831条1項1号）に該当すると解されている（招集通知に記載がなかった議題である取締役の解任決議について，最判昭和31・11・15民集10巻11号1423頁）。

　なお，取締役会非設置会社の場合には，上記のような制約はない。


## 2　招集手続
## （1）招集手続の意義

　株主総会の招集手続は，一般に，①会社が招集の決定を行い，②招集権者が招集通知を発出し，かつ，計算書類・事業報告等を提供する，というプロセスをたどる。株主総会の招集手続の趣旨は，「全株主に対し，会議体としての機関であ

る株主総会の開催と会議の目的たる事項を知らせることによつて，これに対する出席の機会を与えるとともにその議事及び議決に参加するための準備の機会を与えることを目的とする」ところにある（最判昭和60・12・20民集39巻8号1869頁）。つまり，株主は，招集通知により，株主総会の開催日・場所や議題を知り，議案に対する判断の準備を行うことになる。

　上記のように，招集手続の趣旨は，株主の利益保護である。そのため，総会ごとに全株主がこの利益を放棄することができるので，招集手続の省略が可能である（会300条）。また，招集通知は，あくまで株主に出席と準備の機会を与えるものであるから，招集通知は議決権行使の前提要件ではない。たとえば，株主総会の招集通知を受けなかったとしても，株主は，当該株主総会に出席して議決権を行使することができる。

　なお，招集手続に瑕疵があれば，当該株主総会決議は，株主総会決議取消しの訴えの対象となる（会831条1項1号）。

### （2）招集権者

#### ① 原則（取締役による招集）

　株主総会は，招集権限を有する者が法定の手続に従って招集する。取締役会設置会社の場合，取締役会が招集の決定を行うことから（会298条4項），取締役会が招集権者である（指名委員会等設置会社の場合，この決定権限を執行役に委任することはできない。会416条4項4号）。そして，この決定を代表取締役（指名委員会等設置会社の場合は代表執行役）が執行する形で招集を行う（会296条3項）。

　なお，取締役会非設置会社であり，かつ，取締役が2名以上いる場合には，取締役の過半数で招集の決定を行う（会348条2項）。

#### ② 少数株主による招集

　総株主の議決権の100分の3（これを下回る割合を定款で定めた場合はその割合）以上の議決権を6ヶ月（これを下回る期間を定款で定めた場合はその期間）前から引き続き有する株主は，株主総会の目的である事項（議題）および招集の理由を示して，代表取締役（取締役会非設置会社では取締役）に臨時株主総会の招集を請求することができる（会297条1項）。なお，非公開会社においては上記の6ヶ月間の持株要件が不要となる（同条2項）。

　次に，①上記の請求後，遅滞なく招集の手続が行われないとき，または，②少数株主の請求の日から8週間以内の日を会日とする臨時株主総会の招集通知が発せられないときは，請求を行った株主は，裁判所の許可を得て，自ら臨時株主総会を招集することができる（同条4項）。

　なお，臨時株主総会の議題を承認するために特別決議（会309条2項）が必要な

場合には，定款により特別決議の定足数が緩和されたときでも，臨時株主総会を招集した少数株主のみの議決権数だけでは，定足数を満たせない可能性がある。定足数を満たせなければ，少数株主が招集した臨時株主総会において，決議が成立しないリスクがあることには留意すべきである。

### ③　裁判所による招集

総会検査役の報告に基づく場合（会307条），および，業務の執行に関する検査役の報告に基づく場合（会359条）において，裁判所は，取締役に対して株主総会の招集を命ずることがある。

## （3）招集の決定と通知

### ①　取締役会非設置会社の場合

（ⅰ）通知の決定　　取締役会非設置会社において株主総会を招集する場合には，取締役は，①株主総会を開催する日時・場所，②株主総会の目的である事項，③株主に書面もしくは電磁的方法による議決権行使を認めるときはその旨，④法務省令（施規63条）で定める事項を決定する（会298条1項各号）。取締役会非設置会社では，招集通知に記載されていない議題であっても，株主総会において審議し決議することができる（会309条5項の反対解釈）。

（ⅱ）通知の方法　　取締役会非設置会社であって株主に書面もしくは電磁的方法による議決権の行使を認めない場合，株主総会の招集通知は書面でしなくてもよい（会299条2項の反対解釈。電磁的方法による必要もない）。この場合，招集通知は電話や口頭で行ってもよいことになる（その内容としては，株主総会を開催する日時および場所が含まれていなければならない）。

（ⅲ）招集通知の発出　　公開会社でない会社で，かつ，取締役会非設置会社である場合，株主総会を招集するには，書面投票等（会298条1項3号・4号）を定めたときを除き，取締役は，株主総会の日の1週間（これを下回る期間を定款で定めた場合にあっては，その期間）前までに，株主に対してその通知を発しなければならない（会299条1項）。①書面投票等（会298条1項3号・4号）を定めた場合または，②株式会社が取締役会設置会社である場合には，書面による通知が必要である（会299条2項）。

また，取締役は，書面による通知の発出に代えて，政令（会社法施行令2条）で定めるところにより，株主の承諾を得て，電磁的方法により通知を発することができる（会299条3項前段）。これにより，当該取締役は，前述の書面による通知を発したものとみなされる（同項後段）。

株主総会において決議をすることができる事項の全部につき議決権を行使することができない株主に対しては，通知は不要である（会298条2項括弧書）。もっ

とも，一定の事項で議決権行使できない株主（例：会175条 2 項）に対しても，質問の機会を与える観点から，招集通知を欠くことはできないと解されている。なお，意思表示についての民法の到達主義の原則が修正され，会社が招集通知を発送すれば，その通知が通常到達すべきであったときに到達したものとみなされる（会126条）。

### ② 取締役会設置会社の場合

（ⅰ）招集通知の決定　　取締役会設置会社において株主総会を招集する場合には，①株主総会を開催する日時・場所，②株主総会の目的である事項，③株主に書面もしくは電磁的方法による議決権行使を認めるときはその旨，④法務省令（施規63条）で定める事項（会298条 1 項各号）を取締役会が決定する（同条 1 項・4 項）。「株主総会の場所」（同条 1 項 1 号）について，本店所在地などの限定はなされていない。上記②の「株主総会の目的である事項」（同条 1 項 2 号）とは，「議題」のことである。たとえば，取締役選任決議の場合，議題とは「取締役選任の件」であり，議案とは，具体的な候補者 A（株主総会参考書類には，氏名，生年月日，略歴などを記載しなければならない。施規74条参照）のことである。

（ⅱ）通知の方法　　取締役会設置会社の場合には，書面による通知が必要となる（会299条 2 項 2 号）。また，取締役は，書面による通知（同項）の発出に代えて，政令（会社法施行令 2 条）で定めるところにより，株主の承諾を得て，電磁的方法により通知を発することができる（会299条 3 項前段）。これにより，当該取締役は，前述の書面による通知を発したものとみなされる（同項後段）。招集通知にはこれらの事項を記載・記録しなければならない（同条 4 項）。

留意すべきは，取締役会設置会社の場合，招集通知に記載されていない議題について株主総会において決議することはできない点である（会309条 5 項）。換言すれば，取締役会設置会社では，原則として，株主総会の決議事項は招集通知に記載した事項に限定される（同条 5 項・298条 1 項 2 号）。そのため，取締役会設置会社における議案提出権（会304条）はすでに株主総会の議題とされている事項に関するものに限られることになる。

そして，取締役会設置会社の場合は，株主総会の招集に関する事項の取締役会による決定に基づいて，代表取締役が招集する（会296条 3 項）。

（ⅲ）招集通知の発出　　株主総会を招集するには，取締役は，株主総会の日の 2 週間（書面投票等〔会298条 1 項 3 号・ 4 号〕を定めたときを除き，取締役会設置会社である公開会社でない会社の場合にあっては，株主総会の日の 1 週間）前までに，株主に対してその通知を発しなければならない（会299条 1 項）。

その他の点は，取締役会非設置会社と同様である。

### ③　招集手続が不要な場合

　例外として，招集手続を省略できる場合がある。すなわち，議決権のない株主を除き株主全員の同意があるときは，招集通知手続を省略して株主総会を開催することができる（会300条本文）。ただし，株主総会に出席しない株主に書面または電磁的方法による議決権行使を認めるときは招集手続を省略できない（同条但書）。省略できるのは，①招集通知の発出（会299条）と②計算書類・事業報告の提供（会437条。連結計算書類について，会444条6項）である。

　なお，一人会社（株主が1人の会社）では，当該株主が同意すれば，招集手続なしに，いつでもどこででも株主総会を開催できると考えられている（最判昭和46・6・24民集25巻4号596頁）。

### ④　招集通知の発出と同時に提供される書類等

　（ⅰ）計算書類・事業報告等　　取締役会設置会社においては，定時総会の招集通知の発出の際に，貸借対照表・損益計算書・株主資本等変動計算書・個別注記表・事業報告，監査報告がある場合には監査報告，および，会計監査報告がある場合には会計監査報告を提供しなければならない（会437条，施規133条，計規133条）。

　（ⅱ）議決権行使書面と株主総会参考書類　　株主に書面による議決権行使を認める場合には，招集通知の発出に際して議決権行使書面（施規66条）および議決権の行使において参考となるべき事項を記載した書類（株主総会参考書類）を交付しなければならない（会301条1項）。株主総会参考書類には議案等を記載しなければならない（施規73条以下を参照）。

### ⑤　電子提供措置

　株式会社は，取締役が株主総会の招集の手続を行うときは，「株主総会参考書類等」の内容である情報について，電子提供措置（電磁的方法により株主が情報の提供を受けることができる状態に置く措置であって，法務省令で定めるものをいう。要するに，会社のウェブサイトに掲載する方法）をとる旨を定款で定めることができる（会325条の2）。「株主総会参考書類等」とは，①株主総会参考書類，②議決権行使書面，③計算書類および事業報告（会437条），④連結計算書類（会444条6項）である。電子提供の対象は法定されており，①総会の日時および場所等（会298条1項各号），②株主総会参考書類および議決権行使書面に記載すべき事項，③議案の要領（会305条1項）等がある（会325条の3第1項）。

　振替株式を発行する会社は，電子提供措置（会社法325条の2）をとる旨を定款で定めなければならない（社債等振替159条の2第1項）。要するに，上場会社の発行する株式は振替株式であるから，上場会社は，すべて，電子提供措置の利用を

義務づけられることになる。

　電子提供措置期間は，電子提供措置開始日（株主総会の日の 3 週間前の日または招集通知を発した日のいずれか早い日）から株主総会の日後 3 ヶ月を経過する日までの間である。

　なお，株主は，電子提供措置事項を記載した書面の交付を請求することができる（会325条の 5 ）。

### （4）株主提案権

#### ①　株主の議題提案権

　公開会社である取締役会設置会社の場合，総株主の議決権の100分の 1 （定款でこれを下回る割合を定めたときはその割合）以上の議決権または300個（定款でこれを下回る個数を定めたときはその個数）以上の議決権を 6 ヶ月（定款でこれを下回る期間を定めたときはその期間）前から引き続き有する株主は，株主総会の会日から 8 週間（定款でこれを下回る期間を定めたときはその期間）前までに，一定の事項を株主総会の会議の目的とすることを代表取締役に請求することができる（会303条 2 項）。

　なお，取締役会非設置会社においては，当該事項につき議決権を有する株主は，議案提案権を単独株主権として行使できる（会303条 1 項）。また，非公開会社である取締役会設置会社においては 6 ヶ月間の持株要件が不要となる（同条 3 項）。

　請求する事項は，当該株主が議決権を行使できる事項に限られる（同条 1 項）。この議題提案権の趣旨は，取締役が招集する総会において，少数株主にも「議題」を提案する権利を認めることにある。これは，少数株主による総会招集制度を簡易化したものと評価されている。仮に，取締役が株主から適法に提案された「議題」を無視した場合には，議題に対する決議がないため，株主総会決議取消しの訴えの対象とはならない。

#### ②　株主の議案提出権

　株主は，株主総会の議題の範囲内において，株主総会の会場で，いつでも議案を提出することができる（会304条本文）。なお，提出する議案は当該株主が議決権を行使できる事項に限られる（同条括弧書）。本条は，会議体の運営上当然のことを確認した規定である。

　もっとも，（ア）法令もしくは定款に違反する議案，また，（イ）実質的に同一の議案であって株主総会において総株主（当該議案について議決権を行使できない株主を除く）の議決権の10分の 1 （定款でこれを下回る割合を定めたときはその割合）以上の賛成を得られなかった日から 3 年を経過していない議案は提出することができない（同条但書）。

　また，取締役会設置会社の株主が株主提案を行う場合において，当該株主が提出しようとする議案の数が10を超えるときは，10を超える数に相当することとなる数の議案については，議案要領通知請求を拒絶することができる（会305条4項）。なお，①役員等の選任に関する議案については，当該議案の数にかかわらず，これを1個の議案とみなす（同項1号）。②役員等の解任に関する議案については，当該議案の数にかかわらず，これを1個の議案とみなす（同項2号）。③会計監査人を再任しないことに関する議案については，当該議案の数にかかわらず，これを1個の議案とみなす（同項3号）。④定款の変更に関する2個以上の議案については，当該2個以上の議案について異なる議決がされたとすれば当該議決の内容が相互に矛盾する可能性がある場合には，これらを1個の議案とみなす（同項4号）。10を超える数に相当することとなる数の議案は，取締役がこれを定めることになる（同条5項）。

　ただし，請求をした株主が当該請求と併せて当該株主が提出しようとする2個以上の議案の全部または一部につき議案相互間の優先順位を定めている場合には，取締役は当該優先順位に従い，これを定めるものとする（会305条5項但書）。

### ③　「議案の要領」の通知請求権

　公開会社である取締役会設置会社の場合，株主（持株要件は前述の議題提案権と同様）は，取締役に対し，株主総会の日の8週間（定款でこれを下回る期間を定めたときはその期間）前までに，その株主が提出する議案の要領を株主に通知することを請求することができる（会305条1項但書）。本制度の実質的な意義は，株主参考書類に提案株主の議案が掲載されることにより，会社の費用で，提案株主の議案を他の株主に知らしめるところにある。なお，取締役会非設置会社においては単独株主権となる（同項）。また，非公開会社である取締役会設置会社においては，6ヶ月の持株要件が不要となる（同条2項）。

　本条における「議案」は，304条但書と同様に，法令もしくは定款に違反する場合や実質的に同一の議案につき株主総会において，総株主（当該議案について議決権を行使することができない株主を除く）の議決権の10分の1（これを下回る割合を定款で定めた場合にあっては，その割合）以上の賛成を得られなかった日から3年を経過していない場合には，適用しない（同条4項）。

　本条の通知請求権を行使する株主は，本条の要件をいつまで満たしておく必要があるのか，という問題がある。この点については明文の定めがないからである。無責任な提案を防止するため，特段の事情がない限り，株主総会終結のときまで満たしておく必要があると解するのが論理的であろう。

## 3　総会の運営

### （1）総　説

　株主総会の議事運営は，原則として，定款や会議体の一般原則である慣例に従ってなされる。株主総会は，一般的に，次のような流れで行われる。まず，議長が定足数の充足を確認して，その開会を宣言することにより成立し，議事に入る。次に，報告事項について報告し，質疑応答を行う。そして，審議事項については，議案の提案者がその趣旨説明等をした後，質疑応答がなされる。審議が尽くされたと判断されたのち，決議することとなる。また，株主総会の延期や続行の決議（会317条）も可能である。なお，株主総会の延期とは，総会の成立後議事に入らないで総会を後日に延期することである（延期の決議に基づいて後日開催される総会を「延会」という）。また，株主総会の続行とは，議事に入ったが審議が終わらないまま総会を後日に継続することである（続行の決議に基づいて後日開催される総会を，「継続会」という）。

### （2）議　長

　株主総会の議長は，当該株主総会の秩序を維持し，議事を整理する（会315条1項）。多くの会社では，総会の議長には社長である取締役がこれに当たり，社長に事故があるときは，取締役会においてあらかじめ定められた順序に従い他の取締役がこれに代わる旨，定款で定めるのが通例である。定款の定めがない場合は，会議体の一般原則により，総会で選任する。

　議長は，総会の審議が公正に行われるように，審議の順序を定め，出席株主の発言の機会ができるだけ公平になるよう発言を整理する。そして，議案の合理的判断のために，審議を尽くした上で，採決に入る。総会の秩序維持の観点から，不規則発言等により議事を妨害する株主がいれば，その発言を制止することもできる。そして，株主総会の議長は，その命令に従わない者その他当該株主総会の秩序を乱す者を退場させることができる（会315条2項）。

　議事の円滑化を図るために従業員株主が動員されることがある。この関係で，従業員株主に予定どおりの席を確保するため，これらの者だけを別の入口から会場に入場させ，優先的に座席を占めさせることができるのか，という問題がある。この点について，判例（最判平成8・11・12集民180号671頁）は，「株式会社は，同じ株主総会に出席する株主に対しては合理的な理由のない限り，同一の取扱いをすべきである。……（中略）……被上告会社が従業員株主らを他の株主よりも先に会場に入場させて株主席の前方に着席させる措置を採ることの合理的な理由に当たるものと解することはできず，被上告会社の右措置は，適切なものではなかったといわざるを得ない」とする。

### （3）役員の説明義務

#### ①　説明義務の位置づけ

　会議の一般原則に従えば，審議の際に，議題・議案の提案者がその趣旨説明を行う。取締役会設置会社の株主総会においては，取締役会が議題・議案を提案するのが通常であるから，議題・議案の趣旨説明は，議長である代表取締役が行うこととなる。株主から会議の目的たる特定の事項について説明を求められた場合，取締役，会計参与，監査役および執行役は当該事項について必要な説明をしなければならない（会314条本文）。本条が規定する説明義務は株主の求めに応じて説明するものであるが，これは，明文の規定がなくても，会議の運営上，当然に認められるものである。そのため，本条の実質的意義は，会社が説明を拒絶できる事由を明確に定めた点にある。

　条文の文言から明らかなように，説明義務は，総会において説明を求められてはじめて生ずる（東京高判昭和61・2・19判時1207号120頁）。そのため，株主は，後述するように株主総会の会議の目的事項に関して，取締役等に対する質問事項を事前に会社に通知しておくことができるが，株主が総会において実際に質問をしなければ，取締役等に説明の義務は生じない。なお，あらかじめ提出された質問に対し質問者を明らかにせず一括回答の方法で説明することも認められている（なお，一括回答の適法性につき，東京高判昭和61・2・19判時1207号120頁〔最判昭和61・9・25金法1140号23頁の原審〕）。

#### ②　説明義務における説明の程度

　説明義務は会議の目的たる事項の判断に必要な情報を得るためのものであるから，平均的株主が合理的な判断をするのに必要な情報が提供される程度の内容であれば足りると解される（東京地判平成16・5・13金判1198号18頁参照）。つまり，平均的株主が合理的な判断をするのに必要な情報が提供される程度の説明を行った後であれば，審議を打ち切り採決に入ってよいことになる。

　他方，取締役等の説明が客観的にみてその程度に達していないにもかかわらず，採決手続に入るときには，説明義務違反になる。説明義務違反の議事運営がなされた場合には，株主総会決議取消事由（会831条1項1号）となる。

#### ③　説明義務の例外

　説明を拒否できる場合は，（ア）その事項が総会の目的事項（決議事項または報告事項）に関しないものである場合（会314条但書），（イ）説明することにより株主共同の利益を著しく害する場合（同条但書），（ウ）株主が説明を求めた事項について説明をするために調査をすることが必要である場合（施規71条1号），（エ）株主が説明を求めた事項について説明をすることにより株式会社その他の者（当

該株主を除く）の権利を侵害することとなる場合（同条 2 号），（オ）株主が当該株主総会において実質的に同一の事項について繰り返して説明を求める場合（同条 3 号），（カ）株主が説明を求めた事項について説明をしないことにつき正当な理由がある場合（同条 4 号）である。

　上記（ウ）について，株主が総会の日より相当の期間前に当該事項を会社に対して通知した場合には，説明をするために調査をすることを理由に説明を拒むことはできない（同条 1 号イ）。したがって，取締役等が調査を理由に説明を拒絶できないようにするために，株主は，事前に質問事項を通知しておけばよいことになる。

#### ④　議事録

　株主総会の議事については，書面または電磁的記録をもって議事録を作成しなければならない（会318条 1 項。詳細は施規72条参照）。議事録の趣旨は，その記載により事実関係を明確にすることである。決議の省略・報告の省略が認められ，株主総会自体の開催がなされなかった場合も，議事録を作成しなければならない（会318条 1 項，施規72条 4 項）。議事録は，本店に総会の日から10年間，支店に 5 年間備え置き，株主，親会社社員，会社債権者の閲覧・謄写に供される（会318条 2 ～ 5 項）。

### 4　議決権の行使
#### （1）「一株一議決権の原則」の意義とその例外
##### ①　一株一議決権の原則

　株式会社においては，一株一議決権の原則がとられている。つまり，株主は，原則として，株主総会において，その有する株式 1 株につき 1 個の議決権を有する（会308条 1 項）。これは，多く出資した者が，それに比例して，会社の運営に対する発言権が大きくなるという仕組みである。

##### ②　例　外

　「一株一議決権の原則」の例外として，次のものがある。

　（ⅰ）株式会社がその総株主の議決権の 4 分の 1 以上を有することその他の事由を通じて株式会社がその経営を実質的に支配することが可能な関係にあるものとして法務省令（施規67条）で定める株主は，議決権を有しない（会308条 1 項括弧書）。つまり，株式が相互保有されている一定の場合に，議決権行使が制限されるのである。たとえば，A 株式会社が B 株式会社の総株主の議決権の 4 分の 1 に当たる株式を有し，かつ，B 株式会社が A 株式会社の株式を有する場合，B 株式会社は，A 株式会社の株主総会において議決権を行使することができない。

仮に議決権行使ができるとすると，株式の持合いがなされた場合に，相互の経営者が自己の保身を図るため，経営者にとって有利な議決権行使を相互に行う可能性がある。本条は，このような議決権行使の歪曲化という弊害を除去するものである。

（ⅱ）議決権を行使できる事項について定款で制限された種類株式については，当該事項について議決権を行使することができない（会108条1項3号）。議決権のまったくない無議決権株式も発行できる。

（ⅲ）株式会社は，自己株式については，議決権を有しない（会308条2項）。自己株式に議決権を認めると，取締役による会社支配の手段として利用されるからである。

（ⅳ）単元未満株式にも議決権は認められない（同条1項但書）。そのため，単元株式制度を採用している会社では，一単元一議決権という法形式になる。

（ⅴ）非公開会社では，議決権について，株主ごとに異なる取扱いを行う旨を定款で定めることができる（会109条2項）。

### （2）議決権行使ができない場合

類型的に議決権の行使ができない場合がある。

（ⅰ）譲渡制限株式を株式会社が買い取る場合について，当該買取りに関する事項（会140条1項）を定める株主総会において，譲渡等承認請求者（会139条2項括弧書）である株主は，譲渡等承認請求者以外の株主の全部が当該株主総会において議決権を行使することができない場合を除いて，株主総会において議決権を行使することができない（会140条3項）。

（ⅱ）株式会社が特定の株主から当該株式会社の株式を有償で取得する場合について，当該特定の株主は，当該取得に関する事項（会156条1項）を定める株主総会において，当該特定の株主以外の株主の全部が当該議案について議決権を行使することができない場合を除いて，議決権を行使することができない（会160条4項）。

（ⅲ）株式会社が定款の定め（会174条）に基づいて当該株式会社の譲渡制限株式の相続人等に対し，当該譲渡制限株式を当該株式会社に売り渡すことを請求する場合について，当該売渡しに関する事項（会175条1項）を定める株主総会において，売渡請求される株主は，売渡請求される株主以外の株主の全部が当該株主総会において議決権を行使することができない場合を除いて，株主総会において議決権を行使することができない（同条2項）。

### （3）「共有株式」と議決権行使

### ①　「共有株式」に関する会社法の規律内容

　株式が 2 人以上の者によって「共有」（株式は有体物でないため，正確には「準共有」である）に属する場合について，会社法は次のような規律を用意する。

　（ⅰ）共有者は，当該株式についての権利を行使する者 1 人を定め，株式会社に対し，その者の氏名または名称を通知しなければ，当該株式についての権利を行使することができない（会106条本文）。ただし，同条の趣旨は会社の事務処理上の便宜を図ることにあるから，株式会社が当該権利を行使することに同意した場合は，権利行使も可能である（同条但書）。

　（ⅱ）共有者は，株式会社が株主に対してする通知または催告を受領する者 1 人を定め，当該株式会社に対し，その者の氏名または名称を通知しなければならない（会126条 3 項）。会社はこの定められた者に対してのみ，通知・催告をなせば足りる（同項）。共有者の通知がない場合には，株式会社が株式の共有者に対してする通知または催告は，そのうちの 1 人に対してすれば足りる（同条 4 項）。

### ②　議決権の行使方法

　上記のように，株式の共有者は，議決権についても，権利行使者を定める必要がある。ここで，権利行使者を定める方法が問題となる。判例（最判平成27・2・19民集69巻 1 号25頁）は，「共有に属する株式についての議決権の行使は，当該議決権の行使をもって直ちに株式を処分し，または株式の内容を変更することになるなど特段の事情のない限り，株式の管理に関する行為として，民法252条本文により，各共有者の持分の価格に従い，その過半数で決せられるもの」と解している。このことを前提にすると，仮に，権利行使者による権利行使について逐一他の共有者との合意が必要である旨の取決めがなされていても，権利行使者として定められた者は，自らの判断で株主としての権利行使ができる（最判昭和53・4・14民集32巻 3 号601頁〔有限会社の事例〕）。権利行使者を定めた以上，共有者間の意思の不一致は内部関係にとどまり，対外的に主張できないからである。

　なお，権利行使者が定まっていない状態であっても，「特段の事情」がある場合には，会社の同意がなくとも，各共有者は，権利の行使が可能となることがある（最判平成 2・12・4 民集44巻 9 号1165頁）。

### （4）議決権の不統一行使

　株主は，その有する議決権を統一しないで行使することができる（会313条 1 項）。取締役会設置会社において，議決権の不統一行使をなす株主は，会社の事務処理上の便宜の観点から，株主総会の日の 3 日前までに，取締役会設置会社に対してその有する議決権を統一しないで行使する旨およびその理由を通知しなけ

ればならない（同条2項）。

　他方，上記のような議決権の不統一行使が認められると，会社は投票集計の煩
雑さ等の事務処理上の負担を強いられる。そこで，株式会社は，議決権の不統一
行使をなす株主が「他人のために株式を有する者」でないときは，その議決権を
統一しないで行使することを拒むことができる（同条3項）。「他人のために株式
を有する者」の例として，株式の信託を受ける者などがあげられる。

### （5）書面による議決権行使（書面投票）

#### ①　書面による議決権行使が義務づけられる類型

　株主総会の招集に際し，取締役会（取締役会非設置会社においては取締役）は，
株主に，書面による議決権行使または電磁的方法による議決権行使を認めること
ができる（会298条1項3号・4号）。当該株主総会における決議事項の全部につ
き議決権を行使できない株主を除き，議決権を有する株主の数が1,000人以上の
ときは，必ず書面による議決権行使を認めなければならない（同条2項。ただし，
金融商品取引所〔金商2条16項〕に上場している株式を発行する株式会社であって，当
該株主総会における決議事項のいずれかにつき議決権を有する株主の全員に対し議決権
行使のための委任状を交付する場合には，書面による議決権の行使を認める必要はない。
会298条2項但書，施規64条）。

#### ②　書面による議決権行使の方法

　株主総会に出席しない株主に書面による議決権行使を認める場合，代表取締役
は，その旨を記載した書面による株主総会の招集通知（会299条4項）とともに，
議決権の行使について参考となるべき事項を記載した書類（株主総会参考書類）
および議決権を行使するための書面（議決権行使書面）を交付しなければならな
い（会301条1項）。議決権行使書面には，株主の氏名・名称とその議決権数が記
載され，議案ごとに株主が賛否を記載する欄が設けられる（施規66条1項）。株主
参考書類の交付が必要となる理由は，書面による議決権行使を行う株主に情報提
供する趣旨である（総会に出席しないため，このような情報提供がないと，議案を知
り得るすべがないことになる）。

　書面による議決権行使は，議決権行使書面に必要な事項を記載して株主総会の
日の直前の営業日の営業時間終了時までに会社に提出しなければならない（会
311条1項，施規69条。電磁的方法による場合も同様である。施規70条）。書面によっ
て行使した議決権の数は出席した株主の議決権の数に算入される（会311条2項）。

　ところで，会社法298条1項3号は，「株主総会に出席しない株主」が議決権行
使書面によって議決権を行使できる旨を規定している。そのため，たとえば，株
主は，議決権行使書面によって議決権を行使した場合でも，株主総会に出席する

ことも可能であり，当該総会において議決権を行使することができると解されている。同様に，議決権行使書面を会社に提出した場合であっても，代理人を株主総会に出席させ，代理人によってその議決権を行使することもできる。

### ③　総会当日に会社提案に対する修正動議が出された場合

総会当日に会社提案に対する修正動議が出された場合，書面投票の取扱いが問題となる。まず，修正動議が出された場合でも，書面投票は定足数に参入すべきである（このように解さないと，決議が不成立となるおそれがある）。次に，修正案に対する書面投票における賛否の取扱いである。争いはあるが，書面投票を行った株主は修正動議を知り得ない以上，書面投票は「棄権」と扱うべきであろう。

### ④　議決権行使書面の閲覧等

株主は，株式会社の営業時間内は，いつでも，提出された議決権行使書面の閲覧または謄写の請求をすることができる（会311条4項前段）。この場合においては，株主は，当該請求の理由を明らかにしてしなければならない（同項後段）。会社は，拒絶事由がない限り，議決権行使書面の閲覧または謄写の請求を拒絶することができない（同条5項本文）。

## （6）電磁的方法による議決権行使（電子投票）

株式会社は，書面による議決権行使と同様に，電磁的方法による議決権行使も認めることができる（会298条1項4号）＊。書面による議決権行使と電磁的方法による議決権行使とを，重畳的もしくは選択的に採用することができる。

なお，取締役会は，書面による議決権行使と電磁的方法による議決権行使のいずれもすることができる旨を定めた場合には，これらの重複行使において，同一の議案に対する議決権の行使の内容が異なるものであるときにおける当該株主の議決権の行使の取扱いに関する事項を定めることができる（施規63条4号ロ）。

＊株主総会と適切な権利行使のための環境整備：コーポレートガバナンス・コード（以下，「CGコード」とする）の基本原則1（株主の権利・平等性の確保）は，上場会社に対して，①株主の権利の確保や適切な権利行使のための環境整備，②株主の平等性確保，③少数株主や外国人株主への配慮を求めている。

　　たとえば，株主総会における権利行使について，CGコード原則1－2は，「上場会社は，株主総会が株主との建設的な対話の場であることを認識し，株主の視点に立って，株主総会における権利行使に係る適切な環境整備を行うべきである。」とする。そのため，株主総会は単なる「儀式」でなく，実質的な議論が行われ，会社の基本方針の決定が行われる会議と位置づけられる。このことに資するため，CGコードでは，株主が総会議案の十分な検討ができるように，招集通知の早期発送に努めるべきこと（補充原則1－2②）や，議決権の電子行使を可能とするための環境作りとして，議決権電子行使プラットフォームの利用等（補充原則1－2④）などが推奨されている。

## （7）議決権の代理行使

　株主は，代理人によってその議決権を行使することができる（会310条1項前段。なお，代理権行使の手続等の詳細は，本条2項以下を参照）。株主に議決権行使の機会を確保する趣旨である。そのため，定款により，議決権の代理行使を禁止することは認められない。もっとも，株主総会を招集する際に，取締役会（取締役会非設置会社では取締役）は，代理人の資格，代理人の数，その他代理人による議決権の行使に関する事項を定めることができる（会298条1項5号，施規63条5号）。ところで，代理人を株主である者に限るとする定款上の定めの効力が問題となっている。判例（最判昭和43・11・1民集22巻12号2402頁，最判昭和51・12・24民集30巻11号1076頁）は，総会が株主以外の者により攪乱されることを防止するという合理的な理由に基づく相当程度の制限であることを根拠に，定款の定めにより，株主総会に出席できる代理人の資格を制限する定款の定めは有効と解している。

　さらに，上記のような定款上の定めがある会社において，法人株主がその従業員を法人の代表として株主総会に出席させることは，総会が株主以外の者により攪乱されるおそれはないから，許されると解されている（最判昭和51・12・24民集30巻11号1076頁）。

## （8）委任状勧誘

　そもそも，議決権の代理行使を行う場合，当該株主または代理人は，代理権を証明する書面を株式会社に提出しなければならない（会310条1項後段）。この「代理権を証明する書面」が委任状である。会社や株主は，他の株主に対して「議決権代理行使に関する委任状」の勧誘をすることができる。委任状に署名または記名・捺印して会社に返送することにより，委任状に署名した株主は，保有する株式について，株主総会への出席と議決権の行使を勧誘者に委任したことになる。

　なお，金融商品取引所に上場されている株式の発行会社の株主総会においては，当該会社またはそれ以外の者が議決権の代理行使を勧誘する場合については，金融商品取引法194条および「上場株式の議決権の代理行使の勧誘に関する内閣府令」により，勧誘者が被勧誘者に提供する委任状用紙には，決議事項の各項目について被勧誘者が賛否を明記できるようなものでなければならない，と定めている（上場株式の議決権の代理行使の勧誘に関する内閣府令43条）。

## 5　株主総会の決議

### （1）決議の種類

決議の要件として，定足数の要件と多数決の要件とがある。

## ① 普通決議

　法令・定款に別段の定めがある場合を除き，株主総会の決議は「普通決議」という方法によって行われる。「普通決議」の定足数は，議決権を行使することができる株主の議決権の過半数を有する株主の出席である（会309条1項）。そして，「普通決議」を可決するためには，その出席株主の議決権の過半数の賛成が必要である（同項）。定款によって別段の定めをすることが認められている。ただし，役員を選任し，または解任する株主総会の決議の定足数は，議決権を行使することができる株主の議決権の過半数（3分の1以上の割合を定款で定めた場合にあっては，その割合以上）を有する株主が出席することが必要である（会341条）。つまり，定款の定めによって定足数を下げる場合でも，議決権を行使することができる株主の議決権の3分の1という割合が下限となる。

　他方，多数決の要件についても，定款の別段の定めにより，要件を引き上げることは可能である。

## ② 特別決議

　会社法309条2項所定の事項に関する株主総会の決議は「特別決議」という方法によって行われる。「特別決議」の定足数は，議決権を行使することができる株主の議決権の過半数を有する株主の出席である（会309条2項）。「特別決議」を可決するための要件は，その出席株主の3分の2以上の賛成である。309条2項によれば，上記定足数については，定款で議決権を行使することができる株主の議決権の3分の1まで軽減することができる。多数決の要件については，定款で引き上げることが認められ，また，一定数以上の株主の賛成を要する等を定款で定めることもできる。

## ③ 特殊な決議

　会社法309条3項・4項所定の事項に関する株主総会の決議は，特別決議以上に厳重な決議方法（特殊な決議）が要求される。特殊な決議は2種類ある。まず，①株式全部の譲渡を制限する定款変更の場合や譲渡制限のない株式を発行していた公開会社の株主に対価として譲渡制限株式を交付する企業再編の場合は，議決権を行使することができる株主の半数以上（議決権を行使できる株主の頭数という要件となっていることに注意。なお，定款でその割合の引上げは可能である）で，かつ，当該株主の議決権の3分の2（定款でその割合の引上げは可能である）以上の賛成が必要とされる（会309条3項）。上記の特殊な決議が要求される理由は，いずれも，譲渡制限株式に変更されることは，投下資本の回収手段が制限されることを意味するので，既存株主にとって重大な不利益変更になるからである。

　次に，②非公開会社において，株主ごとに異なる権利内容を設ける場合の定款

変更の場合は，総株主の半数以上（定款でその割合の引上げは可能）で，かつ，総株主の議決権の4分の3（定款でその割合の引上げは可能）以上の賛成が必要とされる（同条4項）。

### （2）採決の方法

採決の方法について，会社法は規定していない。株主総会決議は，定款に別段の定めがない限り，議案に対する賛成の議決権数が決議に必要な数に達したことが明白になったときに成立すると解されている（挙手，起立，投票等の採決の手続をとることを要しない旨判示した判決として，最判昭和42・7・25民集21巻6号1669頁）。

### （3）決議・報告の省略

取締役または株主が，株主総会の目的である事項について提案をした場合において，当該提案につき株主（当該事項について議決権を行使することができるものに限る）の全員が，書面または電磁的記録により同意の意思表示をしたときは，当該提案を可決する旨の株主総会の決議があったものとみなすことができる（会319条1項）。この場合，定時株主総会の目的である事項のすべてについての提案を可決する旨の株主総会の決議があったものとみなされた場合には，そのときに当該定時株主総会が終結したものとみなされる（同条5項。なお，会社法319条1項の書面等の備置き，謄写・閲覧について，同2項ないし4項参照）。この制度は，総会を開催しないで，株主総会決議の効力を認めるものである。

また，取締役が株主の全員に対して株主総会に報告すべき事項を通知した場合において，当該事項を株主総会に報告することを要しないことにつき株主の全員が，書面または電磁的記録により同意の意思表示をしたときは，当該事項の株主総会への報告があったものとみなすことができる（会320条）。このため，報告も決議も，会議体である総会を開催することなく，行うことができる。

## 6　株主総会決議の瑕疵
### （1）総　説
#### ①　株主総会決議の瑕疵を争う訴訟の制度を理解する視点

株主総会の決議に瑕疵がある場合について，会社法は，「会社の組織に関する訴え」（第7編第2章第1節）の一類型として株主総会決議を争う訴訟の制度を設けている。この制度において，認容判決の効力が及ぶ者の範囲については，決議の効力の画一的な確定の要請に基づいて，第三者にも及ぶという特徴がある（会838条。対世的効力）。また，株主総会決議を争う訴訟制度の一つである「株主総会決議取消しの訴え」においては，瑕疵の主張をなし得る方法，提訴権者，提訴

期間が制限されている。

　②　**株主総会決議の瑕疵の種類と訴訟類型**

　株主総会決議の瑕疵を争う訴訟類型には，株主総会等の決議の不存在確認の訴え（会830条1項。以下，「株主総会決議不存在確認の訴え」とする），株主総会等の決議の無効確認の訴え（同条2項。以下，「株主総会決議無効確認の訴え」とする），株主総会等の決議の取消しの訴え（会831条。以下，「株主総会決議取消しの訴え」とする）の三つがある。株主総会決議取消しの訴えと株主総会決議不存在確認の訴えは主に手続の瑕疵に関するものであるのに対して（取消しと不存在との区別は瑕疵の程度を基準とする），株主総会決議無効確認の訴えは内容の瑕疵に関するものであることに違いがある。なお，株主総会決議取消しの訴えは形成訴訟であるから，取消判決がなされるまでは，当該決議は有効として扱われる。

## （2）株主総会決議の不存在

　株主総会決議の不存在とは，①外形的に決議が存在しない場合（物理的不存在）と，②手続的瑕疵が著しくて，何らかの決議はあっても，それが株主総会決議と法的に評価できない場合（法的不存在）とを指す。上記①の例としては，議事録は作成されているが，総会を開催した事実がまったくない場合がある。また，上記②の例として，全部または大部分の株主に招集通知が発せられなかった場合（最判昭和33・10・3民集12巻14号3053頁。本件は，発行済株式総数5,000株，株主数9名の株式会社において，株主の1人である代表取締役が，たんに，自己の実子である2名の株主に口頭で株主総会招集の通知をしただけで，他の6名の株主〔その持株2,100株〕には招集の通知を行わなかった事例である）や，取締役会の決議を経ることなく，代表取締役以外の取締役が招集した場合（最判昭和45・8・20集民100号373頁）があげられる。

　本来，株主総会決議が不存在である場合，当該決議は当初から不存在であることから，誰でも，いつでも，どのような方法によっても，その不存在を主張することができる。しかし，会社の法律関係の画一的確定の要請に応じるために，会社法は，株主総会決議不存在確認の訴えという制度を定めている（会830条1項）。株主総会決議が不存在であることを確認する判決が確定すると，対世的効力が生じる（会838条）。

　株主総会決議不存在確認の訴えは確認訴訟であるから，訴えには確認の利益が必要である。取締役の選任に係る株主総会決議に，一度不存在事由があると，その後連鎖的に取締役の地位が否定されることになる（最判平成2・4・17民集44巻3号526頁）。また，取締役等を選任する株主総会決議の不存在確認の訴えが提起され，その係属中に，任期満了などで後任者の選任決議が行われた場合でも，判

例（最判平成11・3・25民集53巻3号580頁）は，後の決議がいわゆる全員出席総会において行われたなどの特段の事由がない限り，先行の決議についても存否の確認の利益が認められるとした。

### （3）株主総会決議の無効

株主総会の決議内容に法令違反がある場合，株主総会決議無効確認の訴えを提起することができる（会830条2項）。本来は，株主総会決議の内容が法令に違反するとき，その決議は当然かつ絶対的に無効であり，その無効は，いつでも，誰でも，どのような方法によっても主張できる。しかし，集団的法律関係の画一的処理が望ましいため，株主総会決議無効確認の訴えという制度が認められている。株主総会決議の無効を確認する判決が確定すると，対世的効力が生じることとなる（会838条）。

### （4）株主総会決議の取消し

株主総会決議の取消しの訴え（会831条）は，①招集の手続・決議の方法の法令・定款違反または著しい不公正，②決議の内容の定款違反，③特別利害関係を有する者の議決権行使による著しく不当な決議の場合，株主等は，株主総会等の決議の日から3ヶ月以内に，訴えをもって当該決議の取消しを請求することができる（同条1項）。

留意すべきは，ある議案を否決する株主総会決議によって新たな法律関係が生ずることはないし，当該決議を取り消すことによって新たな法律関係が生ずるものでもないことから，ある議案を否決する株主総会決議の取消しを請求する訴えは不適法であると解されている（最判平成28・3・4民集70巻3号827頁）。

#### ① 取消事由

（ⅰ）招集の手続・決議の方法の法令・定款違反または著しい不公正，（ⅱ）決議の内容の定款違反，（ⅲ）特別利害関係を有する者の議決権行使による著しく不当な決議の場合，株主等（後述の「訴訟当事者」を参照）は，株主総会等の決議の日から3ヶ月以内に，訴えをもって当該決議の取消しを請求することができる（会831条1項）。

上記（ⅰ）における招集手続の法令違反の例として，株主総会の招集通知に漏れがある場合や招集通知期間が不足している場合がある。また，招集手続の著しい不公正の例として，参加することが著しく困難な場所で株主総会を開催する場合がある。そして，決議方法の法令違反の例として，説明義務（会314条）に違反する場合がある。なお，取締役会設置会社において，招集通知に議題として記載されていない事項を決議した場合は（会309条5項参照），取消事由（招集手続の法令違反）と解されている（招集通知に記載がなかった議題である取締役の解任決議

について，最判昭和31・11・15民集10巻11号1423頁）。このような決議の瑕疵は，不存在事由ではなく，取消事由，即ち，招集通知に会議の目的である事項の記載が欠けていた招集手続の瑕疵の一種と理解されているのである。

　上記（ⅱ）は決議内容に関する瑕疵であるが，定款は会社の自治に委ねられている事項であるため，決議内容が法令違反の場合よりも瑕疵の程度は軽いため，取消事由とされている。決議内容の定款違反の例として，定款所定の定員を超える取締役の選任がある。

　上記（ⅲ）は決議に特別の利害関係を有する者にも議決権の行使を認めて，その結果が著しく不当であった場合に決議取消しの対象とするものであり，多数決濫用に対処する規定である。本条の「特別利害関係人」とは，ある株主総会決議について，他の株主とは共通しない固有の利害関係を有している者を意味する。例として，退職慰労金を支給する決議において支給を受ける者が株主として議決権を行使する場合（浦和地判平成12・8・18判時1735号133頁）がある。

　留意すべきは，取消事由の性質によって，株主決議取消しの訴えの対象となる決議の範囲が異なる点である。つまり，ある取消事由は，その取消事由が密接に関連した決議についてのみ影響を与える。たとえば，株主が，法定の行使期限までに，適法に，株主総会の目的である事項（例：取締役選任に関する議題）につき当該株主が提出しようとする議案の要領を株主総会の招集の通知に記載することを請求したにもかかわらず，当該議案の要領が株主総会の招集の通知に記載されなかった場合，当該事項と関連しない株主総会の目的である事項（例：剰余金の処分に関する議題）に関する決議の取消事由とならない。

②　原告適格を有する者

　早期に法律関係を確定する趣旨から，株主総会決議の取消しの訴えを提起できる者は制限されている。まず，原告適格を有するのは，「株主等」である（会831条1項柱書前段）。すなわち，「株主等」は，「株主，取締役又は清算人（監査役設置会社にあっては株主，取締役，監査役又は清算人，指名委員会等設置会社にあっては株主，取締役，執行役又は清算人）」を意味する（会828条2項1号括弧書）。そして，株主総会等が創立総会または種類創立総会である場合にあっては，株主等以外に，設立時株主，設立時取締役または設立時監査役にも，原告適格がある。

　次に，株主総会決議の取消しの訴えの対象となる決議の取消しにより，株主（当該決議が創立総会の決議である場合にあっては，設立時株主）または取締役（監査等委員会設置会社にあっては，監査等委員である取締役またはそれ以外の取締役），監査役もしくは清算人（当該決議が株主総会または種類株主総会の決議である場合にあっては，取締役，監査役または清算人としての権利義務を有する者を含み，当該決議

が創立総会または種類創立総会の決議である場合にあっては設立時取締役〔設立しよう
とする株式会社が監査等委員会設置会社である場合にあっては，設立時監査等委員であ
る設立時取締役またはそれ以外の設立時取締役〕または設立時監査役を含む）となる
者も，原告適格を有する（会831条1項柱書後段）。これは，株主総会決議の取消
しによって，地位が復活する者にも原告適格を与える趣旨である。

　これに関連して，株主総会決議の取消しの訴えを提起した後に，相続・合併・
会社分割があった場合，当該訴訟の継続が問題になる。相続や合併のような一般
承継が生じる場合には，原告株主の相続人等は原告たる地位を承継する（民訴
124条1項）。他方，取消しの訴えを提起した後に，任意に株式の譲渡が行われた
場合，当該株式の譲受人はその地位を承継できない，と解されている（なお，有
限会社の事例につき，最大判昭和45・7・15民集24巻7号804頁）。

　ところで，一部の株主に招集通知漏れがあった場合に，招集手続に瑕疵がな
かった他の株主も株主総会決議の取消しの訴えを提起できるか，という問題があ
る。たとえば，株主Bには招集通知漏れがあったが，株主Aには招集通知が
あった場合において，Aが，Bへの招集手続の法令違反を根拠に，株主総会決議
の取消しの訴えを提起できるか，という問題である。この場合，株主Aは，自
己に対する株主総会の招集手続に瑕疵がない場合であっても，他の株主であるB
に対する招集手続に瑕疵があることを理由として，株主総会決議の取消しの訴え
を提起することができる，と解されている（最判昭和42・9・28民集21巻7号1970
頁）。その根拠は，株主総会決議の取消しの訴えの趣旨は株主総会決議の手続的
公正を確保することにあるところ，ある特定の株主のみに手続的瑕疵であっても，
手続的公正が害されているという点ではすべての株主が影響を受けていることに
求められている。

### ③　被　告

　被告は，株主総会決議の取消しの訴えの対象となる株主総会決議を行った株式
会社である（会834条1項17号）。

### ④　訴訟の手続

　（ⅰ）提訴期間の制限　　株主総会決議の取消しの訴えは，主に手続的瑕疵を問
題にするものである。そのため，その瑕疵は比較的軽微といえるので，提訴期間
は決議の日から3ヶ月以内に制限されている（会831条1項）。この期間内に決議
取消しの訴えが提起されなければ，無効または不存在の場合を除き決議の効力を
争うことができない。

　（ⅱ）提訴期間と取消事由の追加や訴えの変更　　取消訴訟の係属中に3ヶ月の提
訴期間が経過した後，当該訴訟において，取消事由を追加することの可否につい

て，争いがある。判例は，①決議取消しの訴えの制度は，瑕疵ある決議の効力を早期に明確にしようとしていること，②3ヶ月経過後に取消事由の追加主張を許すと，会社としては決議が取り消されるか否か予測が立てにくく，決議の執行が不安定になることを理由として，3ヶ月経過後は取消事由の追加はできない，とした（最判昭和51・12・24民集30巻11号1076頁）。つまり，3ヶ月以内に出した準備書面に記載した取消事由しか主張できないことになる。

　また，提訴期間との関係で，株主総会決議無効確認の訴えが決議の日から3ヶ月以内に提起されていたが，主張されている事由が取消事由にすぎなかった場合，決議無効確認の訴えを決議取消しの訴えに変更することは可能か，という問題も生じる。判例は，この場合，決議取消しの主張が出訴期間経過後になされたとしても出訴期間内に決議取消しの訴えが提起されたものと同様に扱ってよいものとする（最判昭和54・11・16民集33巻7号709頁。本件は，計算書類が監査役の監査を経ていなかったという瑕疵が争われた事例である）。

　（ⅲ）訴えの利益　　株主総会決議取消しの訴えは，法定の要件が満たされる限り，訴えの利益が存在するのが原則である。なぜなら，形成訴訟であるからである。しかし，最判昭和45・4・2民集24巻4号223頁は，取締役選任決議に対する取消訴訟の係属中に，取締役が任期満了で退任し，その後の決議で取締役が新たに選任された場合には，特別の事情がない限り，訴えの利益はなくなる，とした（なお，特別の事情について，最判令和2・9・3民集74巻6号1557頁参照）。他方，最判昭和58・6・7民集37巻5号517頁は，計算書類承認に関する株主総会決議の取消訴訟の係属中に，その後の決算期の計算書類の承認がなされても，当該計算書類につき承認の再決議がなされた等の特別の事情がない限り，決議取消しの訴えの利益は失われない，とする。

　上記最判昭和45年と上記最判昭和58年の関係性が問題となる。取締役選任決議に対する取消訴訟の係属中に，取締役が任期満了で退任し，その後の決議で取締役が新たに選任された場合であっても，取締役選任決議の取消しを認容する判決が確定したときは，既往に遡って無効となる。そうであるならば，取締役選任決議に対する取消訴訟の係属中に，取締役が任期満了で退任し，その後の決議で取締役が新たに選任された場合も，瑕疵が後続決議に連鎖すると考えるほうが自然であろう。

　（ⅳ）裁量棄却　　決議に取消事由がある場合でも，改めてやり直させるまでもない瑕疵であるときに，裁判所が原告の請求を棄却することを認めるものを裁量棄却という（会831条2項）。株主総会等の招集の手続または決議の方法が法令または定款に違反するときであっても，裁判所は，その違反する事実が重大でなく，

かつ，決議に影響を及ぼさないものであると認めるときは，決議取消しの訴えに係る請求を棄却することができる（同項）。つまり，株主総会決議に取消事由がある場合でも，改めて株主総会決議をやり直すまでもない軽微な瑕疵であり，結果に影響がないときには，裁量棄却が認められることになる。

裁量棄却が認められる要件は，第一に，瑕疵は，招集手続または決議の方法の法令・定款違反でなければならない。第二に，①その違反する事実が重大でなく，かつ，②決議の結果に影響を及ぼさない場合でなければならない。つまり，瑕疵が重大でない，ということがポイントになる。裁量棄却される典型的な例としては，非株主が議決権行使をしたが（決議方法の法令違反），数の数え間違えと同視できる程度の微量の議決権行使であり，かつ，結果にも影響ない場合があげられる。

（ⅴ）その他の手続　訴訟は本店の所在地を管轄する地方裁判所の専属管轄に属する（会835条1項）。また，原告が株主であって取締役・監査役・清算人・執行役でない場合，会社がその者の悪意を疎明すれば，裁判所は相当の担保を提供するよう命じることができる（会836条1項・3項）。なお，数個の訴えが同時に係属するとき，弁論・裁判は併合される（会837条）。

### ⑤　判決の効果

（ⅰ）対世的効力　株主総会決議の取消判決が確定した場合，判決の効力は訴えの当事者以外の第三者にも及ぶ（会838条。対世的効力）。このため，他の株主も第三者も決議が有効であったとして争うことはできない。

これに対して，原告敗訴の場合，判決の効力は当事者以外の第三者には及ばない（会838条の反対解釈）。なお，会社の組織に関する訴えを提起した原告が敗訴した場合において，原告に悪意または重大な過失があったときは，原告は，被告に対し，連帯して損害を賠償する責任を負う（会846条）。

（ⅱ）遡及効　株主総会決議の取消判決が確定すると，その決議の効力は決議の時点に遡って無効となると解されている。なぜなら，会社の組織に関する訴えに関して，認容判決の効力が将来に向かって無効である旨を規定する会社法839条は，株主総会決議の取消しの訴えを規定する会社法831条を除外しているからである。

もっとも，遡及効を認めても，それに基づいてなされた行為が必ずしも無効になるわけではないことに注意しなければならない。取消事由のある決議で選任された者が代表取締役として行った取引については，不実登記に関する会社法908条2項や表見代表取締役に関する会社法354条に基づいて，その取引の安全が図られるべきである。

# Ⅲ　種類株主総会

**〈本節のポイント〉**

> 　ここでは，種類株主間の利害調整機能などを有する種類株主総会制度について概観することとする。

## 1　意　義

　会社が複数の種類株式を発行した場合，異なる種類の株主間において利害の調整が必要となることなどから，種類株主総会制度が設けられている。種類株主総会は，会社法が規定する事項および定款で定めた事項に限り，決議をすることができる（321条）。

## 2　種類株式総会の決議が必要な類型
### （1）法定の決議事項

　会社法が定める種類株主総会の決議事項は，大別すると次のようになる。①ある種類の株式の内容として，譲渡制限株式または全部取得条項付種類株式とする定款の定めを設ける場合（会111条2項），②（種類株式発行会社における）譲渡制限株式を発行する募集事項の決定やその委任の場合（会199条4項・200条4項），③（種類株式発行会社における）譲渡制限株式を交付する新株予約権の募集事項の決定やその委任の場合（会238条4項・239条4項），④（種類株式発行会社における）株式の種類の追加にかかる定款変更等によりある種類の株式の種類株主に損害を及ぼすおそれがある場合（会322条），⑤拒否権付種類株式における拒否権行使に関する決定（会323条），⑥種類株主総会により取締役・監査役を選任・解任できる株式を設けた場合における当該選任・解任（会347条），⑦（種類株式発行会社における）合併等の組織再編において，譲渡制限株式等が交付される場合（会795条4項・816条の3第3項），⑧（種類株式発行会社における）合併等の組織再編において，譲渡制限株式等が対価として割当てられる場合（会783条3項・804条3項）である。

　上記①の趣旨は，ある種類株式を譲渡制限株式や全部取得条項付種類株式とする定款変更が当該種類株式を有する株主（当該種類株式を収得の対価する株主を含む）の不利益となるから，種類株主総会の決議を求めるものである。なお，譲渡制限株式とする場合には，当該種類株主総会の決議は特殊な決議（会324条3項1

号）となる。他方，全部取得条項付種類株式とする場合には，当該種類株主総会の決議は特別決議となる（会324条2項1号）。

　上記②の趣旨は，募集株式となる譲渡制限株式の種類株主にとって，募集株式の発行により持分比率が低下するおそれという不利益があるので，当該種類株主の種類株主総会決議を求めるものである。

　上記③の趣旨も，上記②と同様である。

　上記④の趣旨は，定款変更等の可否について，損害を被るおそれのある種類株主の多数決に委ねるものである。詳細は，前述2.(6)②(ii)を参照。

　上記⑤の趣旨は，拒否権付種類株式における拒否権行使の可否について，拒否権付種類株式の種類株主の多数決に委ねるものである。

　上記⑥の趣旨は，種類株主総会ごとに取締役や監査役の選解任（例：A種類株式の種類株主総会において取締役2名を選任し，B種類株式の種類株主総会において取締役1名を選任するなど）を可能とするものである。

　上記⑦は，譲渡制限株式等の交付が譲渡制限株式を有する種類株主にとって持分比率の低下という不利益となるから，種類株主総会の決議を求めるものである。これらの場合の種類株主総会決議は，特別決議である（会324条2項6号・7号）。

　上記⑧は，譲渡制限株式等の割当てが当該割当てを受ける種類の株式（譲渡制限株式を除く）の種類株主にとって株式譲渡の制限という不利益となるから，種類株主総会の決議を求めるものである。これらの場合の種類株主総会決議は，特殊な決議である（会324条3項2号）。

### （2）定款で定めた決議事項

　上記（1）以外の事項でも，定款に定めることによって，種類株主総会の決議事項とすることもできる（会321条）。定款自治の観点から，種類株主総会の決議事項を拡張することを認める趣旨である。

　定款の定めにより，種類株主総会の決議事項とすることができる事項としては，たとえば，譲渡制限種類株式に関する当該譲渡の承認があげられる（会139条1項）。これは，ある譲渡制限株式の譲渡や取得の承認を当該種類株主総会に委ねるものである。

## 3　決議の種類
### （1）普通決議

　原則は，普通決議である。すなわち，種類株主総会の決議は，定款に別段の定めがある場合を除き，その種類の株式の総株主の議決権の過半数を有する株主が出席し，出席した当該株主の議決権の過半数をもって行う（会324条1項）。

### （2）特別決議

　会社法324条 2 項が列挙する類型において，特別決議が必要となる。すなわち，当該種類株主総会において議決権を行使することができる株主の議決権の過半数（ 3 分の 1 以上の割合を定款で定めた場合にあっては，その割合以上）を有する株主が出席し，出席した当該株主の議決権の 3 分の 2 （これを上回る割合を定款で定めた場合にあっては，その割合）以上に当たる多数をもって行わなければならない（会324条 2 項前段）。なお，この場合においては，当該決議の要件にくわえて，一定の数以上の株主の賛成を要する旨その他の要件を定款で定めることも可能である（同項後段）。

### （3）特殊な決議

　会社法324条 3 項が列挙する類型において，特殊決議が必要となる。すなわち，当該種類株主総会において議決権を行使することができる株主の半数以上（これを上回る割合を定款で定めた場合にあっては，その割合以上）であって，当該株主の議決権の 3 分の 2 （これを上回る割合を定款で定めた場合にあっては，その割合）以上に当たる多数をもって行わなければならない（会324条 3 項）。

# Ⅳ　取締役・取締役会・代表取締役

**〈本節のポイント〉**

> 　ここでは，最も一般的な株式会社形態である監査役設置会社を念頭に置いて，取締役・取締役会・代表取締役を検討することとする。監査役設置会社における取締役会は，業務執行の意思決定機能（マネジメント機能）と取締役の監督機能（モニタリング機能）の両方を併せ持つことに特徴がある点に留意してほしい。

## 1　取締役

### （1）取締役の意義

　会社が事業活動を行う場合には，事業活動に関する意思決定を行い，決定された事項を執行する必要がある。事業活動に関する意思決定は，業務の決定（会348条 2 項参照）あるいは業務執行の決定（会362条 2 項 1 号）と称される。また，決定された事項を実際に行うことは，業務の執行（会348条 1 項参照）と称される。

　取締役会非設置会社で，取締役が 1 人の場合，業務の決定も業務の執行も，当該取締役が行う。他方，監査役が設置されている取締役会設置会社の場合，重要な事業活動に関する意思決定は取締役会が行い（会362条），代表取締役や業務執

行取締役が業務の執行を行う。また，社外取締役は，業務の執行は原則として行わず，経営陣をモニタリングすることにその役割がある。このように，取締役の概念は多様性がある。

### （2）取締役の資格，員数，任期

#### ① 資　格

取締役の資格について，会社法331条1項1号ないし4号は，取締役の欠格事由を定めている。1号によれば，法人は取締役になれない。そして，3号と4号は刑罰を受けたことによる欠格を定めている。とくに3号（会社法や金融商品取引法等の違反）は，それら以外の法令に規定された4号と異なり，罰金刑でも，執行猶予中の者でも欠格事由に該当し，また刑の終了等の後も2年間の待機期間が求められている。

任期中に欠格事由が生じると，その者は当然に退任する。また，欠格事由該当者であるということを知らずに選任してしまった場合，その選任決議は決議の内容の法令違反（会830条2項）として無効になる。

欠格事由以外には，法令による取締役の資格要件は定められていないが，定款で取締役の資格を制限することはできる。しかし，公開会社については，定款の定めで，取締役が株主であることを要する旨を定めることはできない（会331条2項）。公開会社については，所有と経営の分離を行い，会社経営に適した人材を取締役とすることができるようにする趣旨である。

#### ② 員　数

取締役会設置会社では，取締役は3人以上必要である（会331条5項）。取締役会設置会社以外の会社では，このような制約がないので，取締役は1人でもよい。いずれの場合も，定款で最低員数や定員を定めることができる。

#### ③ 任　期

取締役の任期は，「選任後2年以内に終了する事業年度のうち最終のものに関する定時総会の終結の時まで」が原則である（会332条1項）。取締役の任期を定める趣旨は，取締役の業績評価を行う機会を株主に保障するためである。このことから，定款または株主総会の決議によって，その任期を短縮することは差し支えない（同条但書）。

例外は，①（監査等委員会設置会社・指名委員会等設置会社を除く）公開会社以外の会社の場合，②監査等委員会設置会社・指名委員会等設置会社の場合，③会計監査人設置会社で定款に「分配特則規定」（計規155条）を定めた場合である。

第一に，（監査等委員会設置会社・指名委員会等設置会社を除く）公開会社以外の会社の場合である。この場合は，定款により任期を選任後10年以内に終了する事

業年度のうち最終のものに関する定時株主総会の終結のときまで伸長することが可能である（会332条2項）。全株式譲渡制限会社である公開会社でない会社では，所有と経営が一致している場合が多いと想定される。この場合，株主は経営に直接関与できるため，1年〜2年の頻度で取締役が株主の信任を得ているのか確認する必要はないためである。

　第二に，監査等委員会設置会社・指名委員会等設置会社の場合である。監査等委員会設置会社における監査等委員以外の取締役の任期も，選任後1年以内に終了する事業年度のうち最終のものに関する定時株主総会の終結のときまでである（会332条3項。なお，監査等委員である取締役の任期は，原則に戻る。同条3項括弧書参照）。指名委員会等設置会社の取締役の任期は，選任後1年以内に終了する事業年度のうち最終のものに関する定時株主総会の終結のときまでである（同条6項）。

　第三に，会計監査人設置会社で定款により剰余金配当等の決定につき取締役会の承認があれば定時総会の承認を求めることを要しない旨を定めた場合の取締役の任期も選任後1年以内に終了する事業年度のうち最終のものに関する定時株主総会の終結のときまでである（会459条1項）。剰余金の配当決定について，毎年，株主の信認を得ることを求める趣旨である。

### ④　終任事由

　取締役は，任期が満了すれば，退任する。解任（会339条），資格の喪失（会331条1項3号・4号）も終任事由となる。また，取締役は，取締役と会社との関係には委任に関する規定が適用されることから（会330条），取締役はいつでも辞任できる（民651条1項）。委任に関する規定が適用されることから，当該取締役の死亡（民653条1号）も終任事由となる。

### （3）取締役の欠員（取締役の権利義務を有する者と一時取締役）

　取締役の終任の結果，法令・定款に定める最低員数を欠くことがある（このような場合にあらかじめ備えるため，補欠の役員を選任する場合がある。会329条3項）。補欠の役員の定めがないとき，または補欠の役員で埋め合わせることができない事態も想定される。遅滞なく後任の取締役を選任しなければならないのは当然である（会976条22号参照）が，後任取締役を選任するためには，株主総会を適法に開催する必要がある。そのための制度として，まず，任期満了または辞任によって退任した取締役は，後任者の就任まで引き続き取締役の権利義務を有するものとされている（会346条1項）。ただし，株主らの利害関係人からの請求があり，裁判所がその必要を認めるときは，裁判所は一時的に取締役の職務を行うべき者（一時取締役）を選任することができる（会346条2項・3項）。なお，一時取締役

の権限は，職務執行者と異なり，取締役と同じであることに注意すべきである。

## （4）職務執行停止・職務代行者制度

　取締役解任の訴えや取締役の選任決議の無効，不存在または取消しの訴えが提起された場合，訴えの提起のみにより当該取締役の職務執行が停止するものではないから，当該取締役の職務執行による不都合な結果を甘受せざるを得ない（取締役の選任決議の取消しが判決による遡及効があっても，当該「取締役」と第三者との行為の有効性は別途判断せざるを得ない点に留意）。このような不都合を回避するために，本案（取締役解任の訴え，取締役の選任決議の無効，不存在または取消しの訴えのいずれか）の管轄裁判所は，当事者の申立てにより，仮処分をもって取締役の職務執行を停止し，さらにその職務代行者を選任することができる（民保23条2項）。そして，職務の執行を停止し，もしくはその職務を代行する者を選任する仮処分命令またはその仮処分命令を変更し，もしくは取り消す決定がされたときは，その本店の所在地において嘱託登記される（会917条1号，民保56条参照）。

　職務代行者の権限は，仮処分命令に別段の定めがあるときを除き，会社の常務に属する行為に限られる（会352条1項参照）。常務とは，当該会社において日常行われるべき通常の業務で，たとえば，定時総会の招集や計算書類の承認等である。臨時株主総会の招集（最判昭和50・6・27民集29巻6号879頁）など常務に属さない行為を行うには，本案裁判所の許可を得なければならない（同条1項）。取締役職務代行者がこれに違反して常務に属さない行為を行ったとき，それは無効であるが，会社は善意の第三者に対しては責任を負わなければならない（同条2項）。

　仮処分決定は本案判決が確定したときに，その効力を失う。なお，職務の執行を停止された取締役が辞任し，後任の取締役が選任されても，仮処分を取り消す判決があるまでは仮処分は効力を失わず，代行者の権限も消滅しない（最判昭和45・11・6民集24巻12号1744頁）。

## （5）取締役の選任

### ① 選任決議

　株式会社においては，必ず取締役を置かなければならない（会326条1項）。取締役の選任は，原則として，株主総会決議により行う（会329条1項）。例外は，非公開会社であり，かつ，指名委員会等設置会社でない会社において，取締役の選解任についての種類株式（会108条1項9号）の発行がなされているときである（この場合には，当該種類株式の定款の定めに従って取締役の選解任などが行われる。会347条）。

　株主総会における取締役の選任決議は定款に特別の定めがない限り，普通決議

と同様に，出席株主の議決権の過半数で行う（会309条１項参照）。留意しなけれ
ばならない点は，定足数について特別の定めがあることである。取締役選任決議
の定足数を満たすためには，少なくとも議決権を行使できる株主の議決権の３分
の１以上の議決権を有する株主が出席することが必要である（会341条）。つまり，
選任決議の定足数を定款により変更する場合にも，その下限が法定されているの
である。

　選任決議の際に，あらかじめ補欠の取締役を定めることが認められる（会329
条３項，施規96条）。補欠の取締役とは，辞任・死亡等により取締役が欠けた場合
または会社法・定款で定めた定員数を欠くことになる場合に備えるものである。
補欠の取締役選任決議は，取締役の欠員という条件が付された取締役の選任決議
と位置づけることができるので，通常の選任決議に関する場合と同様の規制が適
用されることになる。

### ②　累積投票制度

　２人以上の取締役の選任を目的とする株主総会において，株主（取締役の選任
について議決権を行使することのできる株主に限る）は，定款に別段の定めがない
とき，会社に対して累積投票によるべきことを請求できる（会342条１項・２項）。
累積投票によるときは，取締役の選任の決議については，株主は，その有する株
式１株（単元株式数を定款で定めている場合にあっては，一単元の株式）につき，当
該株主総会において選任する取締役の数と同数の議決権を有する（同条３項前段）。
この場合においては，株主は，１人のみに投票し，または２人以上に投票して，
その議決権を行使することができる（同項後段）。そして，投票の最多数を得た
者から順次取締役に選任されたものとする（同条４項）。つまり，少数派株主は
自らが推す１名の候補者に全議決権を集中することにより，少数派株主の意向を
反映する取締役を選任することも可能となる。

　なお，累積投票制度を定款により排除する会社が多いとされている。

### ③　選任の効果

　取締役選任決議は会社内部における意思決定である。選任決議に基づいて，会
社は，当該決議で選任された者との間の任用契約を締結することになる。この契
約により，当該決議で選任された者は，取締役に就任するのである。なお，取締
役の氏名は登記事項である（会911条３項13号）。

## （6）取締役の解任

### ①　解任決議

　株式会社は，原則として，株主総会の決議により，いつでも取締役を解任する
ことができる（会339条１項。例外は，非公開会社であり，かつ，指名委員会等設置会

社でない会社において，取締役の選解任についての種類株式が発行された場合であり，当該種類株主総会の決議によって解任する。会347条）。解任決議の要件は，選任決議の場合と同様であり，株主総会の普通決議で行うことができる（会341条。定足数を定款で変更する場合の下限も同様である）。なお，累積投票で選任された取締役を解任する場合には，株主総会の特別決議による必要がある（会342条6項・309条2項7号）。

　正当な理由なしに任期満了前に解任したときは，会社は解任によって生じた損害を賠償しなければならない（会339条2項）。この規定の趣旨は，一方で株主に解任の自由を与えることによって株主による取締役に対する監督の実効性を確保し，他方で取締役の経済的安定を図ることによって経営に専念させることにある。本条の「正当な理由」には，取締役による法令・定款違反行為，取締役における心身の故障（最判昭和57・1・21判時1037号129頁）などがある。なお，経営判断の失敗が「正当な理由」に該当するか否かについては争いがあるが，経営判断を委縮させることから，経営判断の失敗は「正当な理由」に当たらないと解すべきであろう。

### ②　解任の訴え

　役員の職務の遂行に関し不正の行為または法令・定款違反の重大な事実があるにもかかわらず，当該役員を解任する旨の議案が株主総会において否決されたときまたは当該役員を解任する旨の株主総会の決議が会社法323条の規定によりその効力を生じないときは，（ⅰ）6ヶ月前から引き続き（非公開会社の場合はこの保有期間要件は不要である。854条2項），（ⅱ）総株主の議決権の100分の3以上（定款で緩和可）または，発行済株式総数の100分の3以上（定款で緩和可）を有していた株主は，当該株主総会の日から30日以内にその取締役の解任を裁判所に請求できる（会854条1項）。本条は，株主総会で解任決議を否決された株主に，解任の適否について司法審査の機会を与える趣旨である。

　株主総会で解任決議が否決されたことが訴訟要件であるから，解任の訴えの濫用は一定程度制限することができる。なお，解任の訴えの被告は，当該株式会社と解任を求められた役員（取締役）である（会855条）。

## 2　社外取締役
### （1）業務執行取締役

　業務執行取締役とは，①代表取締役（会363条1項1号），②代表取締役以外の取締役であって，取締役会の決議によって取締役会設置会社の業務を執行する取締役として選定されたもの（同項2号），③（代表取締役から一部の行為を委任され

るなど）当該株式会社の業務を執行したその他の取締役である（会2条15号括弧書）。

### （2）社外取締役

#### ①　意　義

社外取締役とは，株式会社の取締役であって，次に掲げる要件のいずれにも該当するものをいう（会2条15号）。すなわち，（ⅰ）当該株式会社またはその子会社の業務執行取締役（株式会社の会社法363条1項各号に掲げる取締役および当該株式会社の業務を執行したその他の取締役をいう）もしくは執行役または支配人その他の使用人（以下，「業務執行取締役等」とする）でなく，かつ，その就任の前10年間当該株式会社またはその子会社の業務執行取締役等であったことがないこと（会2条15号イ），（ⅱ）その就任の前10年内のいずれかのときにおいて当該株式会社またはその子会社の取締役，会計参与（会計参与が法人であるときは，その職務を行うべき社員）または監査役であったことがある者（業務執行取締役等であったことがあるものを除く）にあっては，当該取締役，会計参与または監査役への就任の前10年間当該株式会社またはその子会社の業務執行取締役等であったことがないこと（会2条15号ロ），（ⅲ）当該株式会社の親会社等（自然人であるものに限る）または親会社等の取締役もしくは執行役もしくは支配人その他の使用人でないこと（会2条15号ハ），（ⅳ）当該株式会社の親会社等の子会社等（当該株式会社およびその子会社を除く）の業務執行取締役等でないこと（会2条15号ニ），（ⅴ）当該株式会社の取締役もしくは執行役もしくは支配人その他の重要な使用人または親会社等（自然人であるものに限る）の配偶者または二親等内の親族でないこと（会2条15号ホ）である。

#### ②　社外取締役の選任義務

監査役会設置会社（公開会社であり，かつ，大会社であるものに限る）であって，有価証券報告書を内閣総理大臣に提出しなければならないものは，社外取締役を置かなければならない（会327条の2）*。

　＊独立社外取締役：上場会社は，一般株主保護のため，独立役員を1名以上確保しなければならない（東証上場規程436条の2第1項）。この独立役員とは，一般株主と利益相反が生じるおそれのない社外取締役または社外監査役である（東証上場規程436条の2第1項括弧書）。一般株主と利益相反が生じるおそれがある場合とは，たとえば，当該会社から役員報酬以外に多額の金銭その他の財産を得ているコンサルタント，会計専門家または法律専門家等があげられる（東証「上場管理等に関するガイドライン」Ⅲ5.（3）の2b）。
　　上場規程によれば，上場会社は，取締役である独立役員を少なくとも1名以上確保するよう努めなければならない（東証上場規程445条の4）とされている。これに対して，コーポレートガバナンス・コード（以下，「CGコード」とする）【原則4-8】は，プライム市場上場会社は独立社外取締役を少なくとも3分の1以上選任すべきであり，その他の市

場の上場会社においては2名以上選任すべきであるとしている。CGコード【原則4-8】を実施できない場合には，「コーポレート・ガバナンス報告書」において，実施しない理由を説明する必要がある（東証上場規程419条）。

### ③ 業務執行と社外取締役の要件

　株式会社と業務執行取締役との利益が相反する状況にあるとき，ある社外取締役が，当該株式会社の業務を行うことにより，株主の利益を保護することができる。他方，当該社外取締役が業務執行を行うと，業務執行取締役に該当するため，当該社外取締役としての資格を失う。このような不都合を回避する観点から，一定の要件の下，社外取締役が業務執行を行ったとしても，業務執行取締役に該当しないとする適用除外を設ける意義がある。

　株式会社（指名委員会等設置会社を除く）が社外取締役を置いている場合において，当該株式会社と取締役との利益が相反する状況にあるとき，その他取締役が当該株式会社の業務を執行することにより株主の利益を損なうおそれがあるときは，当該株式会社は，その都度，取締役の決定（取締役会設置会社にあっては，取締役会の決議）によって，当該株式会社の業務を執行することを社外取締役に委託することができる（会348条の2第1項）。これにより委託された業務の執行は，株式会社の業務の執行（会2条15号イ）に該当しないものとされる（会348条の2第2項）。つまり，会社と業務執行取締役との利益が相反する状況にあるとき，社外取締役が業務執行取締役の指揮命令によらずに，会社の業務執行を行うことは，社外取締役の社外性をはく奪する「業務の執行」に該当しないことを明らかにしたものである。

　なお，社外取締役が業務執行取締役の指揮命令により当該委託された業務を執行したときは，上記適用除外の適用がない（同条2項但書）。

## 3　取締役会非設置会社における取締役

　取締役会非設置会社では，各取締役が代表権を有するのが原則となる（会349条1項・2項：各自代表の原則）。この取締役は，取締役会がないことから，株主総会からのコントロールを受ける。その他の事象は，基本的に，取締役会設置会社の取締役と類似する。

## 4　報酬の規制
### （1）意　義

「取締役の報酬，賞与その他の職務執行の対価として株式会社から受ける財産上の利益」（報酬等）は，定款または株主総会の決議によって定める（会361条1

項）。退職慰労金は，職務執行の対価であり報酬の後払いと解されており，これも361条の報酬等に含まれる。

　本来，取締役の報酬の決定は，会社の業務執行の一つである。しかし，取締役が自らの報酬を決定すれば高額となるおそれがある（お手盛りの危険性）。つまり，報酬決定についても，取締役が会社の利益を犠牲にして，自己の利益を優先すれば，会社と取締役の利益衝突が生じるのである。このため，報酬の規制も取締役の忠実義務から生じた政策的規定と解することができる。

　本書では，叙述の順序を考慮して，本章で報酬の規制を概観することとする（詳細は，後述Ⅷ③（iii）（169頁以下を参照））。

## （2）方　法

　報酬等の内容によって，決定方法が異なる。報酬等の内容が金銭である場合には，①報酬等のうち額が確定しているものについては，その額を決定する（会361条1項1号），または，②報酬等のうち額が確定していないもの（例：売上に応じて報酬を算定する業績連動型報酬）については，その具体的な算定方法を決定する（同項2号）こととなる。

　報酬等の内容が金銭でない場合には，上記①または②以外に定めるべき事項がある。報酬等が㋐募集株式もしくは㋑募集新株予約権，または㋒これらと引換えにする払込みに充てるための金銭である場合には，当該募集株式の数の上限や当該募集新株予約権の数の上限等を決定する（会361条1項3〜5号）。なお，㋒は，募集株式・募集新株予約権の払込みとして㋒の金銭債権を現物出資する方法や，㋒の金銭債権を払込債務と相殺する方法がとられる。これは，形式的には報酬内容は金銭のようにみえるが，実際には，金銭が支払われることなく，募集株式・募集新株予約権が発行される。そのため，報酬等の実質的内容は募集株式や募集新株予約権となるので，決定される事項は，取締役が引き受ける当該募集株式の数の上限や当該募集新株予約権の数の上限等となる。

　第1項各号に掲げる事項を定め，またはこれを改定する議案を株主総会に提出した取締役は，当該株主総会において，当該事項を相当とする理由を説明しなければならない。

　上記㋐〜㋒以外の報酬等の内容が金銭でないもの（例：社宅）については，その具体的な内容を決定する（会361条1項6号）。第1項各号に掲げる事項を定め，またはこれを改定する議案を株主総会に提出した取締役は，当該株主総会において，当該事項を相当とする理由を説明しなければならない（同条4項）。具体的な金額が示されていなくても，株主が当該報酬の妥当性を判断できるようにするためである。

　また，株主総会で決議する場合には，各取締役の報酬を決めることはしないで，株主総会決議では総額だけを決め，各取締役への配分は取締役会に任せることとなる。

　①監査役会設置会社（公開会社であり，かつ，大会社であるものに限る）である有価証券報告書提出会社（金商24条1項）や②監査等委員会設置会社の取締役会は，取締役（監査等委員である取締役を除く）の報酬等の内容として定款または株主総会の決議による会社法361条1項各号に掲げる事項についての定めがある場合には，取締役の個人別の報酬等の内容が定款または株主総会の決議により定められていない限り，当該定めに基づく取締役の個人別の報酬等の内容についての決定に関する方針として法務省令（施規98条の5）で定める事項を決定しなければならない（会361条7項）。指名委員会等設置会社には，本条7項は適用されない。その理由は，指名委員会等設置会社には，取締役の個人別の報酬等の内容を決定する報酬委員会が設置されるからである（会404条3項）*。

　＊任意の指名・報酬委員会：コーポレートガバナンス・コード（以下，「CGコード」とする）は，取締役会等の責務に関連して，【原則4‐10】は，会社法に法定されていない「任意の仕組み」の活用を推奨する。CGコード補充原則4‐10①によれば，より具体的には，上場会社が監査役会設置会社または監査等委員会設置会社であり，かつ，独立社外取締役が取締役会の過半数に達していない場合には，経営陣幹部・取締役の指名（後継者計画を含む）・報酬等について適切な関与・助言を与える「指名委員会・報酬委員会」を設置することを推奨しているのである。これらの委員会は，任意の組織であり，取締役会の下に独立社外取締役を主要な構成員とする（取締役会から）独立した委員会である。このような任意の指名・報酬委員会に，指名委員会等設置会社における指名委員会や報酬委員会に類似する機能を果たさせることにより，独立社外取締役が取締役会の過半数に達していない監査役会設置会社や監査等委員会設置会社の役員選任議案や報酬の決定機能を補う趣旨である。

## 5　取締役会設置会社における取締役会
### （1）取締役会の意義
　取締役会は，すべての取締役で組織する（会362条1項）。つまり，取締役会は，取締役全員を構成員とする組織体である。取締役会設置会社では，取締役は3人以上必要である（会331条4項）。
### （2）監査役設置会社における取締役会の職務
　以下，監査役設置会社を前提に，取締役会について，説明することとする。監査役設置会社における取締役会は，①取締役会設置会社の業務執行の決定，②取締役の職務の執行の監督，③代表取締役の選定および解職という職務を行う（会362条2項）。

### ①　取締役会設置会社の業務執行の決定

　取締役会は，法令・定款により株主総会の決議事項とされた事項（会295条2項）を除いて，会社の業務執行につき決定する権限を有する。業務執行の決定に関連して，取締役会で必ず定めなければならない専決事項が一般的に定められている（会362条4項）。これらの事項については取締役全員の協議により適切な意思決定がなされることが期待されている。そのため，定款の定めによっても取締役に委任することはできない。

　取締役会の専決事項の例として，（i）重要な財産の処分および譲受け（会362条4項1号），（ii）多額の借財（会362条4項2号）がある。（i）重要な財産の処分および譲受けにおける重要性の判断については，判例（最判平成6・1・20民集48巻1号1頁）によれば，「当該財産の価額，その会社の純資産に占める割合，当該財産の保有目的，処分行為の態様および会社における従来の取扱い等の事情を総合的に考慮して判断すべきもの」とされる。処分には，財産の社外流出を伴う行為が該当するので，貸付けや出資も含まれる。また，（ii）多額の借財における「多額」の判断についても，上記（i）を参考に，当該借財の額，それが会社の総資産・経営利益等に占める割合，借財の目的，会社における慣行等を総合的に考慮する必要がある（東京地判平成9・3・17判時1605号141頁）。なお，借財には，金銭の借入れのみならず，実質的に金銭債務を負担することになる保証契約なども含まれる。

　大会社の取締役会は，「取締役の職務の執行が法令及び定款に適合することを確保するための体制その他株式会社の業務並びに当該株式会社及びその子会社から成る企業集団の業務の適正を確保するために必要なものとして法務省令で定める体制の整備」について決定しなければならない（会362条4項6号・5項）。構築される体制の水準は，通常想定される不正行為を防止し得る程度の管理体制であれば足りる（最判平成21・7・9集民231号241頁）。内部統制システムの整備には費用がかかる以上，経営上の専門的知見から，費用対効果を見極めて，構築する必要があるからである。

　換言すれば，どのような内部統制システムを構築すべきかについて，取締役に広い裁量がある。したがって，構築内容が著しく不合理でない限り，取締役は，内部統制システムの構築に関して，責任（善管注意義務違反）を問われない。

### ②　取締役の職務の執行の監督

　取締役会の監督権限は，監査役とは異なり，取締役の職務の執行が法令・定款に違反するか否かという範囲に限定されず，それが会社経営上妥当なものかどうかという局面にも及ぶことに特徴がある。代表取締役および代表取締役以外の取

締役であって，取締役会の決議によって取締役会設置会社の業務を執行する取締
役として選定されたものは，取締役会設置会社の業務を執行することになる（会
363条1項）。これらの取締役は，3ヶ月に1回以上，自己の職務の執行の状況を
取締役会に報告しなければならない（同条2項）。

　ところで，各取締役は他の取締役の職務執行を監視する義務を負う。このよう
な監視義務は，取締役会の構成員であることから導き出すことができる。このよ
うな監視義務のため，業務執行取締役の不正な業務執行等を知った取締役は，取
締役会に報告しなければならない。

### ③　代表取締役の選定および解職

　取締役会は，選定・解職権を通じて，代表取締役への監督権限の実効性を確保
する。

　後述するように，決議について特別の利害関係を有する取締役（以下，「特別利
害関係人」とする）は議決に加わることはできない（会369条2項）。判例（最判昭
和44・3・28民集23巻3号645頁）によれば，一切の私心を去って会社に対して負
う忠実義務に従って公正に議決権を行使することを期待できないので，代表取締
役の解職に関する取締役会の決議について，解職の対象者である代表取締役は，
特別利害関係人に当たるとする。そのため，解職の対象者である代表取締役は議
決に加わることができない。他方，代表取締役の選定の場合には，候補者である
取締役は，特別利害関係人に当たらないと解されている。その理由は，（ⅰ）全
取締役が代表取締役の候補者になり得ること，（ⅱ）各取締役が代表取締役選定
に関して議決権を行使することは，業務執行の決定への参加であり，会社との利
害対立はないことに求められている。

### （3）招集権者と招集手続

#### ①　招集権者

　取締役会は，各取締役が招集する。ただし，取締役会を招集する取締役を定款
または取締役会で定めたときは，その取締役が招集する（会366条1項）。多くの
場合，招集権者を定款や取締役会規則で定めている。

　招集権者でない取締役も，取締役会の招集を請求することができ（同条2項），
一定の場合には，自ら招集することもできる（同条3項）。また，監査役（会383
条2項・3項）や取締役会設置会社（監査役設置会社，監査等委員会設置会社および
指名委員会等設置会社を除く）の株主（会367条）も，一定の場合に，取締役会の招
集ができる。

#### ②　招集手続

　取締役会を招集するには，取締役会の日の1週間前までに各取締役に対して

（監査役設置会社の場合には，各監査役に対しても）招集通知を発しなければならない（会368条1項）。この期間は定款の定めにより短縮することができる（同項）。

　取締役・監査役には取締役会出席義務があること，取締役会は経営環境の変化に即応して臨機応変に意思決定をすべきことから，株主総会と異なり，招集通知は書面によらずとも電子メールなどでもよいし，会議の目的を特定することも必要とされていない。

### （4）決　議

#### ①　決議の要件

　取締役会の決議は，議決に加わることができる取締役の過半数（これを上回る割合を定款で定めた場合にあっては，その割合以上）が出席し，その過半数（これを上回る割合を定款で定めた場合にあっては，その割合以上）をもって行う（会369条1項）。取締役会決議について特別の利害関係を有する取締役は，議決に参加することができない（同条2項）。取締役の議決権は，自己の利益のために行使するのでなく会社の利益のために行使しなければならないことが求められるからである。特別利害関係人の典型的な例は，会社と利益相反取引を行う取締役である。

　定足数として，議決に加わることのできる取締役の過半数の出席が必要である。定足数は，討議・議決の全過程を通じて維持されなければならない（最判昭和41・8・26民集20巻6号1289頁）。多数決による決議が成立するためには，（定足数を満たす）出席取締役の過半数の賛成が必要である。

#### ②　決議の省略・報告の省略

　取締役会決議の省略は，定款の定めにより認められている。取締役会設置会社は，取締役が取締役会の決議の目的である事項について提案をした場合において，当該提案につき取締役（当該事項について議決に加わることができるものに限る）の全員が書面または電磁的記録により同意の意思表示をしたとき（監査役設置会社にあっては，監査役が当該提案について異議を述べたときを除く）は，当該提案を可決する旨の取締役会の決議があったものとみなす旨を定款で定めることができる（会370条）。

　取締役会への報告は会議の場で行うのが原則である。しかし，取締役，会計参与，監査役または会計監査人が取締役（監査役設置会社にあっては，取締役および監査役）の全員に対して取締役会に報告すべき事項を通知したときは，当該事項を取締役会へ報告することを要しない（会372条1項）。

#### ③　決議の瑕疵

　取締役会決議の手続に瑕疵がある場合について，株主総会決議の場合と異なり，会社法上特別の訴えの制度は設けられていない。取締役会決議の内容が法令・定

款に違反する場合も同様である。それゆえ，取締役会決議の手続に瑕疵がある場合や取締役会決議の内容が法令・定款に違反する場合，当該決議はすべて無効である。そして，無効の一般原則から，利害関係人はいつでもその無効を主張することができることとなり，必ずしも訴えの方法によらなくてもよく，（確認の利益が認められる限り）決議無効確認の訴えによることもできる。

　特に問題となるのが，一部の取締役に対する招集通知漏れと取締役会決議の効力である。判例（最判昭和44・12・2民集23巻12号2396頁）は，「取締役会の開催にあたり，取締役の一部の者に対する招集通知を欠くことにより，その招集手続に瑕疵があるときは，特段の事情がないかぎり，右瑕疵のある招集手続に基づいて開かれた取締役会の決議は無効になると解すべきであるが，この場合においても，その取締役が出席してもなお決議の結果に影響がないと認めるべき特段の事情があるときは，右の瑕疵は決議の効力に影響がないものとして，決議は有効になると解するのが相当である」とした。なお，上記「特段の事情」は，株主総会の場合と異なり，取締役会では取締役の出席・発言が重要であるから，狭く解するべきであろう。

　また，物理的に取締役会決議が存在しない場合や，法律上取締役会決議が存在したと評価できない場合には，当該決議は不存在となる。

### （5）議事録

　議事について法務省令で定めるところにより議事録を作成し，出席した取締役・監査役は署名または記名捺印することを要する（会369条3項・4項）。この議事録は法律関係を明確にするだけで，決議の効力と直接の関係はないことに留意すべきである。もっとも，取締役が決議に反対した場合であっても，議事録に異議をとどめておかないと決議に賛成したものと推定される（同条5項）。

　議事録は，10年間本店に備え置かれる（会371条1項）。監査役設置会社または指名委員会等設置会社の株主，会社債権者および親会社株主等の親会社社員は，裁判所の許可を得て議事録の閲覧謄写を請求することができる（同条2～6項）。

## 6　特別取締役
### （1）意　義

　執行役に広い範囲で業務執行の決定まで委任できる指名委員会等設置会社以外の取締役会設置会社では，取締役会構成員の人数が多い場合，適宜，取締役会を開催することは極めて困難であり，経営の機動性に欠ける。これに対応するため，取締役会の構成員のうち3名以上の取締役を特別取締役としてあらかじめ選定しておき，取締役会で決定しなければならない事項のうちで重要な財産の処分・譲

受けと多額の借財（会362条4項1号・2号）について，特別取締役による取締役
会決議をすることができる制度である（会373条1項・2項）。特別取締役の議決
の定めをした会社は，①その旨（特別取締役を採用した旨），②特別取締役の氏名
および，③取締役のうち社外取締役であるものについて社外取締役である旨を登
記しなければならない（会911条3項21号）。

### （2）要件と特則

特別取締役による取締役会決議が認められる要件は，①取締役の数が6人以上
であること，②1人以上の社外取締役がいることである（会373条1項）。もっと
も，条文上，特別取締役に社外取締役が含まれる必要はない（なお，指名委員会
等設置会社の場合には，特別取締役による取締役会決議は認められない〔同項括弧書〕。
監査等委員会設置会社にあっては，重要な業務執行の決定を取締役に委任した場合また
は委任することができる旨の定款の定めがある場合は，本条の適用が除外される〔同項
括弧書〕）。

特別取締役の会議でも，監査役は原則として出席義務を負うが，監査役の互選
によって監査役の中から特にその取締役会に出席する監査役を定めることもでき
る（会383条1項但書。ただし，この場合でも，招集通知は全監査役に送付されること
になる点に注意。会373条2項・368条1項）。特別取締役の互選で定めた者は，決議
後，遅滞なく，決議の内容を特別取締役以外の取締役に報告しなければならない
（同条3項）。また，決議の省略はできない（同条4項）。

## 7　代表取締役
### （1）意　義

代表取締役は，会社の業務執行機関であり（会363条1項1号），かつ，対外的
に会社を代表する機関である（会349条1項）。代表取締役は，株式会社の業務に
関する一切の裁判上または裁判外の行為をする権限を有する（同条4項）。つまり，
代表取締役の対外的な業務執行行為は，会社を代表する行為となり，当該行為の
効果が会社に帰属することになる。なお，株式会社は，代表取締役その他の代表
者（例：代表取締役の職務代行者）がその職務を行うについて第三者に加えた損害
を賠償する責任を負う（会350条）。

### （2）選定・終任

取締役会設置会社では，取締役会は，取締役の中から代表取締役を選定しなけ
ればならない（会362条3項。また，同条2項3号も参照）。取締役会設置会社以外
の株式会社は，定款，定款の定めに基づく取締役の互選または株主総会の決議に
よって，取締役の中から代表取締役を定めることができる（会349条3項）。

代表取締役の任期は法定されていない。代表取締役は取締役としての資格を前提とするから（会362条3項），取締役の任期が原則として代表取締役の任期になる。取締役の地位を失えば代表取締役としての地位を失う。また，取締役会はその決議により代表取締役を解職することができる（会362条2項3号。もっとも，取締役会の決議で，取締役の地位まで奪うことはできない。取締役の解任は株主総会の専決事項であるからである）。

代表取締役の選定・終任は登記事項である（会911条3項14号：選定の場合，会915条1項：終任の場合）。

なお，終任により代表取締役の欠員が生じた場合は，任期満了または辞任による退任者は原則として後任者の就任まで引き続き代表取締役の権利義務を有する（会351条1項）。必要があれば一時代表取締役が選任できる（同条2項）。また，代表取締役の職務執行停止・職務代行者選任の仮処分（民保23条2項）も認められる。

### （3）権　限

代表取締役は業務執行機関である。代表取締役は，株主総会または取締役会で決められた事項を執行する。また，取締役会から授権された事項については自ら意思決定し，執行する。

代表取締役の代表権の範囲は，会社の業務に関する一切の裁判上・裁判外の行為に及ぶ（会349条4項。例外は，会社・取締役間の訴訟である。会364条・386条）。このように，代表取締役の代表権は，包括的なものである。

また，会社が代表取締役の代表権に内部的制限を加えても，善意の第三者に対抗することはできない（会349条5項）。これは，代表取締役の対外的な業務執行について，取引の安全を確保する趣旨である。これにより，取締役会の決議で，代表取締役が一定金額を超える取引を行う場合には取締役会の承認を要すると定めていても，この内部的制限を知らなかった善意の第三者に対してそのような制限を会社が主張することはできない。

### （4）権限の濫用等

#### ①　権限の濫用

権限の濫用とは，代表取締役の権限の範囲内で，当該権限を自己または第三者のために用いる行為である（たとえば，代表取締役が，自己の借金の返済に充てるために会社を代表して銀行から金員の貸付けを受けて，会社に無断で，当該金員を自己の債務の返済に充てるような行為である）。権限濫用行為は，会社に対する背信行為であるから，会社に対する任務懈怠に基づく損害賠償責任を発生させ，当該取締役解任の正当な理由（会339条2項）となる。しかし，権利濫用行為の対外的効果

は，当該行為が客観的には代表権限内に属する行為であるから，取引の安全を考慮して，原則として有効と解されている。判例（最判昭和38・9・5民集17巻8号909頁）も，「株式会社の代表取締役が，自己の利益のために表面上会社の代表者として法律行為をなした場合において，相手方が右代表取締役の真意を知りまたは知り得べきものであったときは，民法93条但書の規定を類推し，右の法律行為はその効力を生じない」とする。判例の見解によれば，代表取締役の真意を過失によって知ることができなかった相手方は保護されないことになる。

　ところで，代表取締役の権利濫用について，平成29年（2017年）に改正された民法107条が類推適用されるとするならば，代表取締役が自己または第三者のために行為を行うことについて，相手方が悪意または不知であったことに過失がある場合には，当該行為の効果は会社に帰属しないこととなろう。

### ②　法定の決議を欠く行為の効力

　株主総会または取締役会の決議が必要な業務執行事項であるのに，代表取締役がそのような決議に基づかずに，あるいは，当該決議が無効・不存在であるのに，当該行為を行う類型がある（当該行為は，本来，法定の決議がなければできないものであるから，権限濫用行為とは異なる）。法定の決議を欠く行為の効力は，決議を要求する法の趣旨と取引安全の要請とを比較衡量して個別に判断する他ない。

　募集株式の発行や募集社債の発行等のように，画一的にその効力を定めることを要する集団的行為は，取引の安全の要請が高いことから，法定の決議を欠く場合であっても効力に影響がないと解されている。

　これに対して，代表取締役が取締役会の決議を経ないでした対外的な個々的取引の効力について，原則として有効と解されている。判例（最判昭和40・9・22民集19巻6号1656頁）は，取締役会の決議を欠いた重要な財産の処分行為について，「株式会社の一定の業務執行に関する内部的意思決定をする権限が取締役会に属する場合には，代表取締役は，取締役会の決議に従つて，株式会社を代表して右業務執行に関する法律行為をすることを要する。しかし，代表取締役は，株式会社の業務に関し一切の裁判上または裁判外の行為をする権限を有する点にかんがみれば，代表取締役が，取締役会の決議を経てすることを要する対外的な個々的取引行為を，右決議を経ないでした場合でも，右取引行為は，内部的意思決定を欠くに止まるから，原則として有効であつて，ただ，相手方が右決議を経ていないことを知りまたは知り得べかりしときに限つて，無効である」と解している。この判決によれば，過失のある相手方は保護されないため，相手方は，相応の調査義務を負うことになる。

## 8　表見代表取締役
### （1）意　義
　株式会社は，代表取締役以外の取締役に社長，副社長その他株式会社を代表する権限を有するものと認められる名称を付した場合には，当該取締役がした行為について，善意の第三者に対してその責任を負う（会354条）。本来，取締役会設置会社において，代表取締役以外の取締役には代表権はない。しかも，代表取締役の氏名および住所は登記事項である（会911条3項14号）。そのため，取引の相手方は，登記簿をみれば，当該取締役の代表権の有無を知ることができる。そうであれば，会社法908条1項により，代表取締役の氏名が登記されていれば，取引の相手方はみな「悪意」となり，会社法354条の適用を受ける善意の第三者は実際には存在しないようにもみえる。

　しかし，社長，副社長その他株式会社を代表する権限を有するものと認められる名称を取締役に付すことも少なくない。このため，会社が代表取締役以外の取締役にこのような名称を与え，かつ，取引の相手方が特に疑って登記をみるべきであるという事情がない場合には，上記名称への信頼の保護が登記制度よりも優先すべきことになる。このような見地から，会社法354条などの外観保護規定は，会社法908条1項の例外として位置づけられる。つまり，本条は，代表取締役であるかのような名称を会社から与えられた表見代表取締役にも，会社を代表する権限があると，登記簿を閲覧するまでもなく信じた第三者の外観への信頼を保護しようとするものである。

　保護される第三者の主観的要件について，判例（最判昭和52・10・14民集31巻6号825頁）は，表見代表取締役が代表権を欠いていることについて，善意であり，かつ，無重過失である必要があるとしている。

　また，取締役ではない者に，名称を付与した場合についても，判例（最判昭和35・10・14民集14巻12号2499頁）は，取締役以外の者に代表権限を有すると認めるべき名称を付与した場合に，表見代表取締役の規定を類推適用している。

　なお，取引行為でない訴訟行為については，354条は適用されない（最判昭和45・12・15民集24巻13号2072頁）。

### （2）「株式会社を代表する権限を有するものと認められる名称」の意義
　平成17年改正前商法262条には，「専務取締役」，「常務取締役」も会社を代表するものと認められる名称である旨が明示されていたが，会社法では削除されている。そのため，「専務取締役」，「常務取締役」の肩書きを付与した場合に，会社法354条の規定が適用されるのか，が問題となる。外観を保護する本条の趣旨から，「専務取締役」，「常務取締役」の肩書きを付与した場合も，個別具体的な事

情も考慮して，代表権があると信じることに合理的な根拠があれば，会社法354条の規定が類推適用されると解すべきであろう。

### （3）会社の帰責性

判例（最判昭和42・4・28民集21巻3号796頁）によれば，会社による名称の「付与」という要件は，名称の使用を他の取締役が黙認していたという場合もこれに含まれる。黙認した取締役が代表取締役であるべきか否かも問題となる。取締役会設置会社の場合，各取締役は取締役会の招集権限もあることから，代表権の有無を問わず取締役が1人でも知っていれば帰責性があると解すべきである。

# V　監査役・監査役会等

**〈本節のポイント〉**

> 監査役は，取締役会に出席する義務はあるが，取締役会の議決権はない。そのため，経営判断を行うことはないが，業務執行を監査することになる。また，監査役は，会計監査人の選任議案を提案することができ，一定の事由がある場合には，会計監査人を解任することもできる。
> 監査役会は，社外監査役がその構成員の過半数を占める機関である。これにより，独任制である監査役が，組織的な監査を行うことになる。

### 1　監査役
### （1）監査役の意義

監査役は，取締役（会計参与設置会社の場合には，取締役および会計参与）の職務の執行を監査する。監査役は，業務監査と会計監査を行うのが原則である。

### （2）資格と任期
#### ①　資格と兼職禁止

欠格事由などは取締役と同様である（会335条1項参照）。また，監査役には，兼任禁止規制がある。すなわち，監査役は，株式会社もしくはその子会社の取締役もしくは支配人その他の使用人または当該子会社の会計参与（会計参与が法人であるときは，その職務を行うべき社員）もしくは執行役を兼ねることができない（会335条2項）*。本条の趣旨は，①自己監査や②監査役が従属的地位に陥ることを防止して，監査の公正さを確保することにある**。

＊監査役と顧問弁護士：会社の顧問弁護士が当該会社の監査役を兼職できるかについて，判例（最判平成元・9・19集民157号627頁）は，①監査役選任決議の効力が発生する時点ま

でに兼任が禁止される地位を辞任していれば，兼任禁止規定に触れることにはならないし，②監査役に選任された者が就任を承諾したときは，監査役との兼任が禁止される従前の地位を辞任したものと解すべきであるとして，正面から答えていない。

顧問弁護士は会社を依頼者とするため，依頼者としての会社の意思決定を取締役が行うとすると，取締役の職務執行を監査する監査役の職務と利害が衝突する可能性がある。このような利害衝突が生じると，事実上，監査役は職務を行えない。顧問弁護士と監査役の兼職は避けるべきであろう。

なお，弁護士の資格を有する監査役が会社の訴訟代理人になることについて，最判昭和61・2・18民集40巻1号32頁は，監査役の兼任禁止規定が，弁護士の資格を有する監査役が特定の訴訟事件につき会社から委任を受けてその訴訟代理人となることまでを禁止するものではないとする。

＊＊「横滑り監査役」による監査の効力について：「横滑り監査役」とは，取締役の地位にあった者が，取締役退任直後に，監査役に就任することをいう。「横滑り監査役」には自己監査という問題が伴う。たとえば，ある会社の1事業年度が4月1日（例：令和2年4月1日）から翌年の3月31日（例：令和3年3月31日）とする。当該会社が株主総会を6月（例：令和3年6月25日）に開催した場合，当該株主総会で取締役であったAが監査役に選任されると，Aは監査役として，自分が取締役であった期間（例：令和3年4月1日から令和3年6月25日まで）を，監査役として監査することになる。これは自己監査である。このような自己監査が適法か，という問題が生じるのである。この点について，会社法が監査役の欠格事由として取締役であったことを定めていない以上，このような監査も容認されると解されている（最判昭和62年4月21日商事1110号79頁参照）。

### ②　任　期

監査役の任期は，選任後4年以内に終了する事業年度のうち最終のものに関する定時株主総会の終結のときまでとする（会336条1項）。公開会社でない株式会社において，定款によって，同項の任期を選任後10年以内に終了する事業年度のうち最終のものに関する定時株主総会の終結のときまで伸長することも可能である（同条2項）。また，定款によって，任期の満了前に退任した監査役の補欠として選任された監査役の任期を退任した監査役の任期の満了するときまでとすることを妨げない（同条3項。なお，定款の変更による監査役の任期満了については同条4項を参照）。

### （3）設置義務

取締役会設置会社（指名委員会等設置会社を除く）は，監査役を置かなければならない（会327条2項本文。ただし，公開会社でない会計参与設置会社については，この限りでない。同条2項但書）。つまり，指名委員会等設置会社でない公開会社については，取締役会と並んで，監査役の設置が義務づけられる。取締役会を設置した場合には株主総会の権限が制約されるので（会295条1項・2項），株主の取締役に対する直接的なコントロールが弱まることになる。このため，取締役会の職務を監査するために，監査役の設置が必要となるのである。

会計監査人設置会社（指名委員会等設置会社を除く）は，監査役を置かなければ

ならない（会327条3項）。大会社は会計監査人が必要であるところ（会328条），会計監査人は，独立した職業的専門家の立場から計算書類の監査を行い，もって計算書類の適正さを図ることを役割としている。この会計監査人の役割を有効に機能させるためには，会計監査人の経営陣からの独立性を確保する必要がある。そこで，会計監査人の独立性確保のために，監査役の設置が必要となるのである。

### （4）権　限

#### ①　監査（会計監査と業務監査）

監査役は，取締役（会計参与設置会社にあっては，取締役および会計参与）の職務の執行を監査する（会381条1項前段）。原則として，監査役は，会計監査と業務監査を行う。

この監査は，（ⅰ）業務執行の法令・定款違反（適法性監査）または，（ⅱ）著しい不当性の有無を監査するものであり，（ⅲ）取締役の裁量的判断の適否の監査をするものではないとされる（通常，上記（ⅱ）と（ⅲ）を含めて「妥当性監査」という場合がある）。

仮に，複数の監査役がいる場合であっても，各監査役が独立して監査権限を行使する（独任制）。

#### ②　監査報告

監査役は，法務省令で定めるところにより，監査報告を作成しなければならない（会381条1項後段）。

#### ③　調査権

監査役は，いつでも，取締役および会計参与ならびに支配人その他の使用人に対して事業の報告を求め，または監査役設置会社の業務および財産の状況の調査をすることができる（会381条2項）。

#### ④　子会社調査権

監査役は，その職務を行うため必要があるときは，監査役設置会社の子会社に対して事業の報告を求め，またはその子会社の業務および財産の状況の調査をすることができる（会381条3項。なお，拒絶できる場合について，本条4項も参照）。

#### ⑤　監査役の選任議案に関する同意（会343条）

監査役の「選任・終任等」を参照。

#### ⑥　会計監査人の選任権（会344条）および解任権（会340条）

（ⅰ）会計監査人の選任・解任議案提案権（会344条）　　監査役設置会社においては，株主総会に提出する会計監査人の選任および解任ならびに会計監査人を再任しないことに関する議案の内容は，監査役（監査役会）が決定する（会344条）。

（ⅱ）監査役等による会計監査人の解任（会340条）　　監査役は，会計監査人が①

職務上の義務に違反し，または職務を怠ったとき，②会計監査人としてふさわしくない非行があったとき，③心身の故障のため，職務の執行に支障があり，またはこれに堪えないときのいずれかに該当するときは，その会計監査人を解任することができる（会340条1項）。上記の解任は，監査役が2人以上ある場合には，監査役の全員の同意によって行わなければならない（同条2項）。上記の方法により会計監査人を解任したときは，監査役（監査役が2人以上ある場合にあっては，監査役の互選によって定めた監査役）は，その旨および解任の理由を解任後最初に招集される株主総会に報告しなければならない（同条3項）。

　監査役会設置会社においては，会計監査人に上記①ないし③の事由が生じた場合，監査役会は，監査役全員の同意によって，当該会計監査人を解任することができる（会340条4項）＊。

＊監査役設置会社以外における会計監査人の解任：監査等委員会設置会社においては，会計監査人に上記①ないし③の事由が生じた場合，監査委員会は，監査等委員会の委員全員の同意によって，当該会計監査人を解任することができる（会340条5項）。
　　指名委員会等設置会社においては，会計監査人に上記①ないし③の事由が生じた場合，監査委員会は，監査委員会の委員全員の同意によって，当該会計監査人を解任することができる（同条6項）。

#### ⑦　差止請求権

　監査役は，取締役が監査役設置会社の目的の範囲外の行為その他法令もしくは定款に違反する行為をし，またはこれらの行為をするおそれがある場合において，当該行為によって当該監査役設置会社に著しい損害が生ずるおそれがあるときは，当該取締役に対し，当該行為をやめることを請求することができる（会385条1項）。

### （5）監査役の義務

#### ①　善管注意義務

　監査役も役員である（会329条1項括弧書）。そして，株式会社と監査役との関係は，委任に関する規定に従う（会330条）。したがって，会社に対して，善管注意義務を負う。

#### ②　取締役に対する報告義務

　監査役は，取締役が不正の行為をし，もしくは当該行為をするおそれがあると認めるとき，または法令もしくは定款に違反する事実もしくは著しく不当な事実があると認めるときは，遅滞なく，その旨を取締役（取締役会設置会社にあっては，取締役会）に報告しなければならない（会382条）。

### ③　取締役会への出席義務

　監査役は，取締役会に出席し，必要があると認めるときは，意見を述べなければならない（会383条1項本文）。

### ④　株主総会への報告義務

　監査役は，取締役が株主総会に提出しようとする議案，書類その他法務省令で定めるものを調査しなければならない。この場合において，法令もしくは定款に違反し，または著しく不当な事項があると認めるときは，その調査の結果を株主総会に報告しなければならない（会384条）。

### （6）監査役の責任

　監査役も役員である（会329条1項括弧書）。つまり，監査役は，その職務を行うことについて会社に対して善管注意義務を負うことになる。そのため，会社に対する責任（会423条）や第三者に対する責任（会429条）を負うことがある。

### （7）会社代表

　①監査役設置会社が取締役（取締役であった者を含む）に対し，または取締役が監査役設置会社に対して訴えを提起する場合には，当該訴えについては，監査役が監査役設置会社を代表する（会386条1項）。また，②監査役設置会社が訴えの提起の請求（会847条1項。取締役の責任を追及する訴えの提起の請求に限る）を受ける場合，③監査役設置会社が訴訟告知（会849条3項。取締役の責任を追及する訴えに係るものに限る），④監査役設置会社が通知および催告（会850条2項。取締役の責任を追及する訴えに係る訴訟における和解に関するものに限る）を受ける場合も，監査役が監査役設置会社を代表する（会386条2項）。

### （8）会計監査権限のみを有する監査役の場合

　会計監査権限のみを有する監査役の場合，監査報告，調査権，子会社調査権は，会計に関する事項に限定される*。また，業務監査権がないため，不正行為の報告義務，取締役会への出席義務，株主総会への報告義務もない。差止請求権や会社代表に関する規定の適用もない。

　　*　「監査役設置会社」という用語：本来，「監査役設置会社」とは，「監査役を置く株式会社（その監査役の監査の範囲を会計に関するものに限定する旨の定款の定めがあるものを除く。）又はこの法律の規定により監査役を置かなければならない株式会社」をいう（会2条9号）。つまり，監査役を置いていても，監査役の監査の範囲を会計に関するものに限定する旨の定款の定めがある会社は含まれない。換言すれば，「監査役設置会社」における監査役の権限は，①会計監査と②業務監査に関する権限を有するのである。
　　　もっとも，会社法38条3項2号における「監査役設置会社」や会社法911条3項17号における「監査役設置会社」は，「監査役設置会社（監査役の監査の範囲を会計に関するものに限定する旨の定款の定めがある株式会社を含む。）」と規定されている。上記会社法2条9号の例外である。

### （9）選任・終任等

　監査役の選任は，株主総会の普通決議で行う（会329条1項）。取締役は，監査役がある場合において，監査役の選任に関する議案を株主総会に提出するには，監査役（監査役が2人以上ある場合にあっては，その過半数）の同意を得なければならない（会343条1項）。監査役は，取締役に対し，監査役の選任を株主総会の目的とすること，または監査役の選任に関する議案を株主総会に提出することを請求することができる（同条2項）。監査役会設置会社においては，取締役が監査役の選任に関する議案を提出する場合は監査役会による同意が必要となる（同条3項）。また，監査役会は，取締役に対して，監査役の選任に関する議案の提出を請求することができる（同条3項）。

　監査役を解任するためには，株主総会の特別決議が必要である（会309条2項7号・343条4項）。監査役は，株主総会において，監査役の選任もしくは解任または辞任について意見を述べることができる（会345条1項・4項）。監査役を辞任した者は，辞任後最初に招集される株主総会に出席して，辞任した旨およびその理由を述べることができる（同条2項・4項）。

### （10）報酬等

　監査役の報酬等は，定款にその額を定めていないときは，株主総会の決議によって定める（会387条1項）。監査役が2人以上ある場合において，各監査役の報酬等について定款の定めまたは株主総会の決議がないときは，当該報酬等は，上記報酬等の範囲内において，監査役の協議によって定める（同条2項）。なお，監査役はその独任制が前提となるので，この場合の「協議」とは全員一致を意味すると解されている。監査役は，株主総会において，監査役の報酬等について意見を述べることができる（同条3項）。

　なお，費用については会社法388条を参照。

## 2　監査役会設置会社

### （1）監査役会設置会社の意義

　監査役会設置会社とは，「監査役会を置く株式会社又はこの法律の規定により監査役会を置かなければならない株式会社」をいう（会2条10号）。監査役会設置会社においては，監査役は，3人以上で，そのうち半数以上は，社外監査役でなければならない（会335条3項）。監査役会は，監査役の独任制を前提としつつ，複数の監査役による組織的な監査を可能にする制度である。

　「社外監査役」とは，株式会社の監査役であって，次に掲げる要件のいずれにも該当するものをいう（会2条16号）。すなわち，①その就任の前10年間当該株式

会社またはその子会社の取締役，会計参与（会計参与が法人であるときは，その職務を行うべき社員）もしくは執行役または支配人その他の使用人であったことがないこと（同号イ），②その就任の前10年内のいずれかのときにおいて当該株式会社またはその子会社の監査役であったことがある者にあっては，当該監査役への就任の前10年間当該株式会社またはその子会社の取締役，会計参与もしくは執行役または支配人その他の使用人であったことがないこと（同号ロ），③当該株式会社の親会社等（自然人であるものに限る）または親会社等の取締役，監査役もしくは執行役もしくは支配人その他の使用人でないこと（同号ハ），④当該株式会社の親会社等の子会社等（当該株式会社およびその子会社を除く）の業務執行取締役等でないこと（同号ニ），⑤当該株式会社の取締役もしくは支配人その他の重要な使用人または親会社等（自然人であるものに限る）の配偶者または二親等内の親族でないこと（同号ホ）である。

　なお，監査役会は，監査役の中から常勤の監査役を選定しなければならない（会390条3項）。「常勤」とは，常時，監査に対応できることを意味するので，常勤監査役はフルタイムで監査役の職務を行うこととなる。

### （2）監査役会の運営

　監査役会は，すべての監査役で組織する（会390条1項）。監査役会は，各監査役が招集する（会391条）。監査役会を招集するには，監査役は，監査役会の日の1週間（これを下回る期間を定款で定めた場合にあっては，その期間）前までに，各監査役に対してその通知を発しなければならない（会392条1項）。監査役会は，監査役の全員の同意があるときは，招集の手続を経ることなく開催することができる（同条2項）。

　監査役会の決議は，監査役の過半数をもって行う（会393条1項）。監査役会の議事については，法務省令で定めるところにより，議事録を作成し，議事録が書面をもって作成されているときは，出席した監査役は，これに署名し，または記名押印しなければならない（同条2項）。監査役会の決議に参加した監査役であって議事録に異議をとどめないものは，その決議に賛成したものと推定される（同条4項）。監査役会設置会社は，監査役会の日から10年間，議事録をその本店に備え置かなければならない（会394条1項。なお，閲覧・謄写について，同条2～4項）。

### （3）権限等

　監査役会は，①監査報告の作成，②常勤の監査役の選定および解職，③監査の方針，監査役会設置会社の業務および財産の状況の調査の方法その他の監査役の職務の執行に関する事項の決定という職務を行う（会390条2項）。監査役の独任

制は，監査役会が設置された場合にも貫徹され，上記③の決定は，監査役の権限の行使を妨げることはできない（同項但書）。

監査役は，監査役会の求めがあるときは，いつでもその職務の執行の状況を監査役会に報告しなければならない（同条4項）。取締役，会計参与，監査役または会計監査人が監査役の全員に対して監査役会に報告すべき事項を通知したときは，当該事項を監査役会へ報告することを要しない（会395条）。

## 3　会計監査人
### （1）会計監査人の意義
会計監査人とは，計算書類等の監査，すなわち，会計監査をする者である。会計監査人は，公認会計士または監査法人でなければならない（会337条1項）。会計監査人に選任された監査法人は，その社員の中から会計監査人の職務を行うべき者を選定し，これを株式会社に通知しなければならない（同条2項）。なお，欠格事由について，会社法337条3項を参照。員数については特に法定されていない。会計監査人の任期は，選任後1年以内に終了する事業年度のうち最終のものに関する定時株主総会の終結のときまでとする（会338条1項）。会計監査人は，定時株主総会（同項）において別段の決議がされなかったときは，当該定時株主総会において再任されたものとみなされる（同条2項）。なお，会計監査人設置会社が会計監査人を置く旨の定款の定めを廃止する定款の変更をした場合には，会計監査人の任期は，当該定款の変更の効力が生じたときに満了する（同条3項）。

### （2）会計監査人の設置
会計監査人を置くことはすべての株式会社において可能である。他方，監査等委員会設置会社および指名委員会等設置会社は，会計監査人を置かなければならない（会327条5項）。監査等委員会設置会社や指名委員会等設置会社においては，監査等委員会・監査委員会は内部統制システムを前提として監査を行うことから，財務報告の信頼性を確保する観点から会計監査人の存在が不可欠である。そのため，監査等委員会設置会社および指名委員会等設置会社の場合には，会計監査人は必置となったのである。

大会社は会計監査人を置かなければならない（会328条）。大会社に会計監査人設置義務を課す理由は，大会社は一般に，計算関係が複雑になり，また，会社債権者等も多数に上ることから，会社の会計処理の適正さを担保するため，会計監査人を置くことを義務づけたものである。

監査等委員会設置会社・指名委員会等設置会社以外の会社で，会計監査人を置いた場合は，監査役を置かなければならない（会327条3項）。この場合の監査役

は，業務監査権限を有する者でなければならない（会389条1項）。

## （3）選任・解任

　会計監査人は，株主総会の決議によって選任する（会329条1項）。会計監査人は，いつでも，株主総会の決議によって解任することができる（会339条1項）。

　監査役設置会社においては，株主総会に提出する会計監査人の選任および解任ならびに会計監査人を再任しないことに関する議案の内容は，監査役（監査役が複数の場合にはその過半数，監査役会設置会社では監査役会）が決定する（会344条）。

　また，監査等委員会設置会社の場合には，株主総会に提出する会計監査人の選任および解任ならびに会計監査人を再任しないことに関する議案の内容は，監査等委員会が決定する（会399条の2第3項2号）。

　そして，指名委員会等設置会社の場合には，株主総会に提出する会計監査人の選任および解任ならびに会計監査人を再任しないことに関する議案の内容は，監査委員会が決定する（会402条2項2号）。

　いずれも，監査を受ける業務執行者に対する会計監査人の独立性を確保する趣旨である。

## （4）権　限

　①計算書類等の監査，②会計監査報告，③会計帳簿の閲覧等，④子会社調査権である。

　①計算書類等の監査とは，計算書類（会435条2項）およびその附属明細書，臨時計算書類（会441条1項）ならびに連結計算書類（会444条1項）を監査することである（会396条1項前段）。

　②会計監査報告は，会計監査人が，法務省令で定めるところにより，会計監査報告を作成しなければならない（同項後段，施規110条，計規126条）。

　③会計帳簿の閲覧等について，会計監査人は，いつでも，会計帳簿またはこれに関する資料に係る閲覧および謄写をし，または取締役および会計参与ならびに支配人その他の使用人に対し，会計に関する報告を求めることができる（会396条2項）。なお，指名委員会等設置会社の場合，執行役に対しても報告を求めることができる（同条6項）。

　④子会社調査権について，会計監査人は，その職務を行うため必要があるときは，会計監査人設置会社の子会社に対して会計に関する報告を求め，または会計監査人設置会社もしくはその子会社の業務および財産の状況の調査をすることができる（同条3項）。なお，子会社は，正当な理由があるときは，同項の報告または調査を拒むことができる（同条4項）。

## （5）報　酬

　取締役は，会計監査人の報酬等を定める場合は，①監査役設置会社の場合は監査役の同意（監査役が2人以上ある場合にあっては，その過半数の同意），②監査役会設置会社の場合は監査役会の同意，③指名委員会等設置会社の場合は監査委員会の同意が必要である（会399条）。

## （6）義　務

### ①　善管注意義務

　株式会社と会計監査人との関係は，委任に関する規定に従う（会330条）。つまり，会計監査人は，その職務を行うことについて会社に対して善管注意義務を負うことになる。そのため，会社に対する責任（会423条）や第三者に対する責任（会429条）を負うことがある。

### ②　不正行為の報告

　会計監査人は，その職務を行うに際して取締役（指名委員会等設置会社の場合は「取締役または執行役」）の職務の執行に関し不正の行為または法令もしくは定款に違反する重大な事実があることを発見したときは，遅滞なく，これを，①監査役設置会社の場合は監査役に，②監査役会設置会社の場合は監査役会に，③指名委員会等設置会社の場合は監査委員会に，報告しなければならない（会397条1項・3項・4項）。

　監査役は，その職務を行うため必要があるときは，会計監査人に対し，その監査に関する報告を求めることができる（同条2項）。指名委員会等設置会社の場合，「監査委員会が選定した監査委員会の委員」は，その職務を行うため必要があるときは，会計監査人に対し，その監査に関する報告を求めることができる（同条3項）。

### ③　定時株主総会における会計監査人の意見の陳述

　計算書類等（会396条1項）が法令または定款に適合するかどうかについて会計監査人が，①監査役設置会社の場合は監査役と，②監査役会設置会社の場合は「監査役会または監査役」と，③指名委員会等設置会社の場合は「監査委員会またはその委員」と意見を異にするときは，会計監査人（会計監査人が監査法人である場合にあっては，その職務を行うべき社員）は，定時株主総会に出席して意見を述べることができる（会398条1項・3項・4項）。

　定時株主総会において会計監査人の出席を求める決議があったときは，会計監査人は，定時株主総会に出席して意見を述べなければならない（同条2項）。

## 4　会計参与

### （1）意　義

　会計参与とは，取締役（指名委員会等設置会社では，執行役）と共同して，計算書類等を作成する者である。専門的知見から，取締役・執行役と共同して，計算書類を作成することにより，計算書類の信頼性向上を図る役割がある。計算書類に関与する点に着目して，本節で取り扱うこととする。

### （2）資格等

#### ①　資　格

　会計参与は，公認会計士もしくは監査法人または税理士もしくは税理士法人でなければならない（会333条1項）。会計参与に選任された監査法人または税理士法人は，その社員の中から会計参与の職務を行うべき者を選定し，これを株式会社に通知しなければならない（同条2項）。なお，「株式会社又はその子会社の取締役，監査役若しくは執行役又は支配人その他の使用人」などの法定の欠格事由がある者は，会計参与になれない（同条3項）。

#### ②　員　数

　員数について，法令上の制約はない。

#### ③　任　期

　取締役の任期に関する規定（会332条）が準用されていることから（会334条），取締役と同様である。

#### ④　報　酬

　指名委員会等設置会社以外の会計参与設置会社の場合は，会計参与の報酬等は，定款にその額を定めていないときは，株主総会の決議によって定める（会379条1項）。会計参与が2人以上ある場合において，各会計参与の報酬等について定款の定めまたは株主総会の決議がないときは，当該報酬等は，前項の報酬等の範囲内において，会計参与の協議によって定める（同条2項）。なお，会計参与（会計参与が監査法人または税理士法人である場合にあっては，その職務を行うべき社員）は，株主総会において，会計参与の報酬等について意見を述べることができる（同条3項）。

　指名委員会等設置会社であり，かつ，会計参与設置会社の場合は，会社法379条1項および2項の規定にかかわらず，報酬委員会が，執行役等（会計参与設置会社の場合は会計参与を含む概念である。会404条2項1号括弧書）の個人別の報酬等の内容を決定する（同条3項）。

## （3）権限等

### ① 計算書類等の作成

会計参与は，取締役（執行役）と共同して，計算書類（会435条2項）およびその附属明細書，臨時計算書類（会441条1項）ならびに連結計算書類（同項）を作成する（会374条1項前段・6項）。

### ② 会計参与報告の作成

会計参与は，法務省令で定めるところにより，会計参与報告を作成しなければならない（会374条1項後段，施規102条）。

### ③ 会計帳簿の閲覧等

会計参与は，いつでも，「会計帳簿またはこれに関する資料」の閲覧および謄写をし，または取締役（執行役）および支配人その他の使用人に対して会計に関する報告を求めることができる（会374条2項・6項）。

### ④ 調査権

会計参与は，その職務を行うため必要があるときは，会計参与設置会社の子会社に対して会計に関する報告を求め，または会計参与設置会社もしくはその子会社の業務および財産の状況の調査をすることができる（会374条3項）。

### ⑤ 株主総会での意見陳述

書類（会374条）の作成に関する事項について会計参与が取締役（執行役）と意見を異にするときは，会計参与（会計参与が監査法人または税理士法人である場合にあっては，その職務を行うべき社員）は，株主総会において意見を述べることができる（会377条）。

### ⑥ 費用請求

会計参与がその職務の執行について会計参与設置会社に対して，（ⅰ）費用の前払いの請求，（ⅱ）支出した費用および支出の日以後におけるその利息の償還の請求，（ⅲ）負担した債務の債権者に対する弁済（当該債務が弁済期にない場合にあっては，相当の担保の提供）の請求をしたときは，当該会計参与設置会社は，当該請求に係る費用または債務が当該会計参与の職務の執行に必要でないことを証明した場合を除き，これを拒むことができない（会380条）。

## （4）義　務

### ① 職務に関する義務

まず，会計参与も，会社に対して善管注意義務を負う（会330条，民644条）。また，会計参与は，その職務を行うにあたっては，欠格事由のある者（会333条3項2号・3号）を使用してはならない（会374条5項）。

### ②　不正行為の報告

会計参与は，その職務を行うに際して取締役（指名委員会等設置会社の場合は，執行役または取締役）の職務の執行に関し不正の行為または法令もしくは定款に違反する重大な事実があることを発見したときは，遅滞なく，これを株主（監査役設置会社にあっては監査役，監査役会設置会社にあっては監査役会，指名委員会等設置会社にあっては監査委員会）に報告しなければならない（会375条）。

### ③　取締役会への出席義務

取締役会設置会社の会計参与（会計参与が監査法人または税理士法人である場合にあっては，その職務を行うべき社員）は，計算書類およびその附属明細書，臨時計算書類ならびに連結計算書類の承認をする取締役会に出席しなければならない（会376条1項前段）。なお，この場合において，会計参与は，必要があると認めるときは，意見を述べなければならない（同条1項後段）。このため，会計参与設置会社において，上記の取締役会を招集する者は，当該取締役会の日の1週間（これを下回る期間を定款で定めた場合にあっては，その期間）前までに，各会計参与に対してその通知を発しなければならない（同条2項）。会計参与設置会社において，上記の取締役会を招集の手続を経ることなく開催するときは，会計参与の全員の同意を得なければならない（同条3項）。

### ④　会計参与による計算書類等の備置き

会計参与は，（i）各事業年度に係る計算書類およびその附属明細書ならびに会計参与報告については，定時株主総会の日の1週間（取締役会設置会社にあっては，2週間）前の日（株主総会の省略〔会319条1項〕の場合にあっては，その提案があった日）から5年間，（ii）臨時計算書類および会計参与報告については，臨時計算書類を作成した日から5年間，法務省令で定めるところにより，当該会計参与が定めた場所に備え置かなければならない（会378条1項，施規103条）。なお，計算書類等の会計参与に対する閲覧請求権については，378条2項および3項を参照。

# Ⅵ　監査等委員会設置会社

**〈本節のポイント〉**

　　監査等委員会設置会社は，監査役会設置会社と指名委員会等設置会社の中間的形態である。そのため，監査役会設置会社の監査役を監査等委員である取締役に変更しただけで，取締役に業務執行の決定を大幅に委任しない場合には，監査等委員会

設置会社の取締役会は，監査役会設置会社の取締役会と同様に，マネジメント機能とモニタリング機能を併せ持つことになる。他方，取締役に業務執行の決定を大幅に委任する場合には，監査等委員会設置会社の取締役会は，モニタリング機能に特化し，指名委員会等設置会社の取締役会と類似してくることになる。

## 1　意　義

　監査等委員会設置会社とは，監査等委員会を置く株式会社をいう（会2条11号の2）。監査等委員会設置会社になるためには，その旨を定款によって定めなければならない（会326条2項）。

　監査等委員会は，すべての監査等委員で組織する（会399条の2第1項）。監査等委員は，取締役でなければならない（同条2項）。監査等委員会設置会社においては，監査等委員である取締役は，3人以上で，その過半数は，社外取締役でなければならない（会331条6項）。すなわち，監査等委員会のメンバーの過半数は社外取締役で占めることになる（もっとも，会社法331条6項から，「監査等委員会設置会社の取締役会の過半数が社外取締役でなければならない」ということが論理的に導かれるわけではないことに留意が必要である）。

　そして，監査等委員会設置会社の取締役会は，取締役（監査等委員である取締役を除く）の中から代表取締役を選定しなければならない（会399条の13第3項）。監査等委員である取締役が除外される理由は，監査等委員である取締役は，代表取締役のような業務執行取締役を兼ねることができないからである（会331条3項）。つまり，監査等委員会設置会社には，最低3名の監査等委員である取締役と，最低1名の代表取締役を置く必要がある＊。

　＊監査役会設置会社，監査等委員会設置会社および指名委員会等設置会社の比率：日本取締役協会による調査（日本取締役協会「上場企業のコーポレート・ガバナンス調査〔2021年8月1日〕」）によれば，令和3年（2021年）において，東京証券取引所第一部上場企業のうち，監査役会設置会社の占める割合は62.6％，監査等委員会設置会社の占める割合は34.2％，指名委員会等設置会社の占める割合は3.2％であった。また，平成27年（2015年）以降，監査等委員会設置会社の占める割合は毎年増加し，監査役会設置会社の占める割合は毎年減少する傾向がうかがえる（なお，指名委員会等設置会社の占める割合は，増減はあるもののほぼ一定している）。このことから，監査役会設置会社から監査等委員会設置会社への移行が進んでいることが推測される。

## 2　監査等委員会設置会社の機関構成

　監査等委員会設置会社とは，監査等委員会を置く株式会社をいう（会2条11号の2）。そのため，当然のことながら，①監査等委員会設置会社は，監査等委員会を必置することが必要となる。次に，②監査等委員会設置会社は，取締役会設

置会社でなければならない（会327条1項）。そして，③監査等委員会設置会社は，監査役を置いてはならない（同条4項）。また，④監査等委員会設置会社は，会計監査人を置かなければならない（同条5項）。

## 3　監査等委員である取締役の選任等の特徴

### （1）選任方法の特徴

監査等委員会設置会社においては，取締役の選任は，監査等委員である取締役とそれ以外の取締役とを区別してしなければならない（会329条2項）。なお，監査等委員である取締役の選任・解任は株主総会決議によらなければならない（同条1項・339条・341条）。監査等委員である取締役の解任は，株主総会の特別決議によらなければならない（会309条2項7号）。

### （2）資　格

監査等委員である取締役は，監査等委員会設置会社もしくはその子会社の業務執行取締役もしくは支配人その他の使用人または当該子会社の会計参与（会計参与が法人であるときは，その職務を行うべき社員）もしくは執行役を兼ねることができない（会331条3項）。

### （3）任　期

監査等委員でない取締役の任期は，選任後1年以内の最終の事業年度に関する定時株主総会の終結のときまでである（会332条3項）。これに対して，監査等委員である取締役の任期は，選任後2年以内の最終の事業年度に関する定時株主総会の終結のときまでである。会社法332条3項括弧書が「監査等委員を除く。」としていることから，会社法332条1項の本則に戻ることになる。定款や総会決議で短縮することはできない（同条4項）。

### （4）報酬等

監査等委員会設置会社においては，報酬等は，監査等委員である取締役とそれ以外の取締役とを区別して定めなければならない（会361条2項）。そして，監査等委員である各取締役の報酬等について定款の定めまたは株主総会の決議がないときは，当該報酬等は，報酬等（同条1項）の範囲内において，監査等委員である取締役の協議によって定める（同条3項）。

## 4　取締役会の権限

監査等委員会設置会社の取締役会の権限は，大会社であり，かつ，監査役会設置会社である取締役会の権限と類似している（会399条の13第1項ないし4項。比較せよ：399条の13第3項・4項と362条3項・4項）。しかし，次のような特徴があ

る。

### （1）取締役会の招集

監査等委員会設置会社においては，招集権者の定めがある場合であっても，監査等委員会が選定する監査等委員は，取締役会を招集することができる（会399条の14）。

### （2）監査等委員会設置会社の取締役の過半数が社外取締役である場合

監査等委員会設置会社の取締役の過半数が社外取締役である場合には，当該監査等委員会設置会社の取締役会は，その決議によって，重要な業務執行（会399条の13第4項但書各号に掲げる事項を除く）の決定を取締役に委任することができる（同条4項）。

### （3）定款の定めがある場合

監査等委員会設置会社は，取締役会の決議によって重要な業務執行（会399条の13第4項但書各号に掲げる事項を除く）の決定の全部または一部を取締役に委任することができる旨を定款で定めることができる（会399条の13第6項）。

## 5　監査等委員会の役割
### （1）監査等委員会の職務

監査等委員会の職務は，①取締役（会計参与設置会社にあっては，取締役および会計参与）の職務の執行の監査および監査報告の作成，②株主総会に提出する会計監査人の選任および解任ならびに会計監査人を再任しないことに関する議案の内容の決定，③監査等委員会が選定する監査等委員が，(a)株主総会において，監査等委員である取締役以外の取締役の選任もしくは解任または辞任について監査等委員会の意見を述べる場合（会342条の2第4項）および(b)株主総会において，監査等委員である取締役以外の取締役の報酬等について監査等委員会の意見を述べる場合（会361条6項）における監査等委員会の意見の決定である（会399条の2第3項）。なお，計算書類については，監査等委員会が監査を行う（会436条2項1号）。

監査等委員会による調査権限については，各監査役の独任制を前提とする監査役会とは異なる規定が置かれている。すなわち，監査等委員会が選定する監査等委員は，いつでも，取締役（会計参与設置会社にあっては，取締役および会計参与）および支配人その他の使用人に対し，その職務の執行に関する事項の報告を求め，または監査等委員会設置会社の業務および財産の状況の調査をすることができる（会399条の3第1項）。また，監査等委員会が選定する監査等委員は，監査等委員会の職務を執行するため必要があるときは，監査等委員会設置会社の子会社に対

して事業の報告を求め，またはその子会社の業務および財産の状況の調査をすることができる（会399条の 3 第 2 項。なお，報告・調査の対象となる子会社は，正当な理由があるときは，当該報告または調査を拒むことができる。399条の 3 第 3 項）。監査等委員会が選定する監査等委員は，上記の報告の徴収または調査に関する事項についての監査等委員会の決議があるときは，これに従わなければならない（同条 4 項）。このように，報告徴収・調査について，監査役会とは異なり，監査等委員会が主導することになる。

　もっとも，取締役の不正行為等を発見した場合には迅速な対応が必要であり，会議体である監査等委員会による審議には適さない。このような場合には，監査等委員は，取締役会への報告義務を負う（会399条の 4 ）。また，監査等委員は，取締役が株主総会に提出しようとする議案等について法令定款違反等の事項があると認めるときは，その旨を株主総会に報告しなければならない（会399条の 5 ）。そして，違法行為の停止・未然防止の観点から，監査等委員による取締役の行為の差止め（会399条の 6 ）も可能である。

　なお，監査等委員会設置会社と取締役との間の訴えにおける会社の代表等については，会社法399条の 7 を参照。

### （2）意見陳述権

#### ①　選任等に関する意見

　監査等委員である取締役は，株主総会において，監査等委員である取締役の選任もしくは解任または辞任について意見を述べることができる（会342条の 2 第 1 項）。また，監査等委員である取締役を辞任した者は，辞任後最初に招集される株主総会に出席して，辞任した旨およびその理由を述べることができる（同条 2 項）。そして，監査等委員会が選定する監査等委員は，株主総会において，監査等委員である取締役以外の取締役の選任もしくは解任または辞任について監査等委員会の意見を述べることができる（同条 4 項）。

#### ②　報酬に関する意見

　監査等委員である取締役は，株主総会において，監査等委員である取締役の報酬等について意見を述べることができる（会361条 5 項）。また，監査等委員会が選定する監査等委員は，株主総会において，監査等委員である取締役以外の取締役の報酬等について監査等委員会の意見を述べることができる（同条 6 項）。

### （3）利益相反取引の承認に関する特殊な効果

　監査等委員以外の取締役と会社間の利益相反取引について，当該取引につき監査等委員会の承認を受けたときは，任務懈怠の推定規定（会423条 3 項）は適用されない（同条 4 項）。

# Ⅶ　指名委員会等設置会社

〈本節のポイント〉

> 　指名委員会等設置会社は，社外取締役が過半数を占める指名委員会，監査委員会および報酬委員会を有する株式会社形態である。指名委員会等設置会社は，執行役に業務執行の決定を大幅に委任することが当該制度選択の前提になっているため，取締役会はモニタリング機能に特化することになる。

## 1　意　義

　指名委員会等設置会社とは，指名委員会，監査委員会および報酬委員会を置く株式会社をいう（会2条12号）。指名委員会等設置会社は，会社の業務のうち執行と監督を分離している点に特徴がある。すなわち，監督は三つの委員会を設置する取締役会に行わせることにより，経営監督機能を強化する一方で，業務執行の決定を大幅に執行役に委任することにより，経営の効率化も図る制度である。

## 2　指名委員会等設置会社の機関構成

　法制度の特徴としては，以下の点があげられる。①指名委員会等設置会社は，取締役会設置会社でなければならない（会327条1項4号）。②指名委員会等設置会社では，社外取締役が各委員会の委員の過半数を占める必要がある（会400条3項）。③指名委員会等設置会社は，業務執行機関としての役割を担う執行役を必ず置かなければならない（会402条1項）。④指名委員会等設置会社の取締役が業務執行を行うことはできない（会415条）。監督と執行を制度的に分離する趣旨である。⑤執行役は取締役を兼ねることができる（会402条6項）。⑥指名委員会等設置会社は，監査役を置くことができない（会327条4項）。⑦株式会社は，大会社（会2条6号）でない場合でも，指名委員会等設置会社を選択できるが，会計監査人を置かなければならない（会327条5項）。

## 3　指名委員会等設置会社における取締役の任期等

### （1）任　期

　指名委員会等設置会社における取締役の任期は，選任後1年以内に終了する事業年度のうち最終のものに関する定時総会の終結のときまでと短くなっている（会332条3項）。つまり，指名委員会等設置会社の取締役は，毎年最低1回は，株

主の信任を得なければならないのである。

## （2）兼任禁止

　指名委員会等設置会社の取締役は，当該指名委員会等設置会社の支配人その他の使用人を兼ねることができない（会331条 3 項）。

## 4　指名委員会等設置会社における取締役会

### （1）取締役会の職務

　取締役会の職務は，①指名委員会等設置会社の業務執行の決定と，②執行役等の職務執行の監督がある（会416条 1 項 1 号・2 号）。指名委員会等設置会社の業務執行の決定には，イ）経営の基本方針，ロ）監査委員会の職務の執行のため必要なものとして法務省令で定める事項，ハ）執行役が 2 人以上ある場合における執行役の職務の分掌および指揮命令の関係その他の執行役相互の関係に関する事項，ニ）会社法417条 2 項の規定による取締役会の招集の請求を受ける取締役，ホ）執行役の職務の執行が法令および定款に適合することを確保するための体制その他株式会社の業務ならびに当該株式会社およびその子会社からなる企業集団の業務の適正を確保するために必要なものとして法務省令で定める体制の整備が含まれる（会416条 1 項 1 号イ～ホ）。

　指名委員会等設置会社の取締役会は，上述の会社法416条 1 項 1 号イ～ホに列挙された事項を自ら決定しなければならない（同条 2 項）。そのため，指名委員会等設置会社の取締役会は，これらの列挙事項に係る職務の執行を取締役に委任することができない（会416条 3 項）。

### （2）執行役への委任

　指名委員会等設置会社の取締役会は，その決議によって，指名委員会等設置会社の業務執行の決定を執行役に委任することができる（会416条 4 項本文）。このように，取締役会は，業務執行の決定を大幅に執行役に委任できることから，モニタリング機能に特化することができる。

　もっとも，会社法416条 4 項但書に列挙された事由（例：譲渡制限株式に関する承認・決定〔会136条・137条 1 項・140条 4 項〕）に係る決定は，執行役に委任することができない（会416条 4 項但書）。これらは，特に重要な業務執行であるから，取締役会に決定権限を留保したものである。

## 5　指名委員会・監査委員会・報酬委員会

### （1）委員会の構成

　各委員会は，委員 3 人以上で組織する（会400条 1 項）。各委員会の委員は，取

締役の中から，取締役会の決議によって選定する（同条2項）。また，各委員会の委員は，いつでも，取締役会の決議によって解職することができる（会401条1項）。

各委員会の委員の過半数は，社外取締役でなければならない（会400条3項）。これは，各委員会における監督機能を強化するため，業務執行機関からの独立性を確保するものである。とりわけ，監査の独立性を確保する観点から，監査委員会の委員（以下，「監査委員」とする）は，指名委員会等設置会社もしくはその子会社の執行役もしくは業務執行取締役または指名委員会等設置会社の子会社の会計参与（会計参与が法人であるときは，その職務を行うべき社員）もしくは支配人その他の使用人を兼ねることができない（会400条4項）。

各委員会の委員の員数（定款で4人以上の員数を定めたときは，その員数）が欠けた場合には，任期の満了または辞任により退任した委員は，新たに選定された委員（一時委員の職務を行うべき者を含む）が就任するまで，なお委員としての権利義務を有する（会401条2項）。解職や辞任等により，各委員会の委員の員数が欠けた場合，裁判所は，必要があると認めるときは，利害関係人の申立てにより，一時委員の職務を行うべき者を選任することができる（同条3項）。

### （2）委員会の運営

#### ①　委員会の招集について

委員会は，当該委員会の各委員が招集する（会410条）。委員会を招集するには，その委員は，委員会の日の1週間（これを下回る期間を取締役会で定めた場合にあっては，その期間）前までに，当該委員会の各委員に対してその通知を発しなければならない（会411条1項）。例外として，委員会は，当該委員会の委員の全員の同意があるときは，招集の手続を経ることなく開催することができる（同条2項）。

委員会に出席するのは各委員である。もっとも，執行役等（執行役および取締役をいい，会計参与設置会社にあっては，執行役，取締役および会計参与をいう。404条2項1号）は，委員会の要求があったときは，当該委員会に出席し，当該委員会が求めた事項について説明をしなければならない（会411条3項）。

#### ②　決議について

委員会の決議は，議決に加わることができるその委員の過半数が出席し，その過半数をもって行う（会412条1項）。なお，取締役会の決議でこれらの要件を厳格にすることも可能である（同項括弧書）。

決議について特別の利害関係を有する委員は，議決に加わることができない（同条2項）。委員会の議事については，法務省令で定めるところにより，議事録を作成し，議事録が書面をもって作成されているときは，出席した委員は，これ

に署名し，または記名押印しなければならない（同条3項）。委員会の決議に参加した委員であって第3項の議事録に異議をとどめないものは，その決議に賛成したものと推定する（同条5項）。

指名委員会等設置会社は，委員会の日から10年間，議事録をその本店に備え置かなければならない（会413条1項）。指名委員会等設置会社の取締役は，議事録を閲覧および謄写をすることができる（同条2項）。

### ③　議事録

また，指名委員会等設置会社の株主は，その権利を行使するため必要があるときは，裁判所の許可を得て，議事録の閲覧または謄写の請求をすることができる（会413条3項）。指名委員会等設置会社の債権者が委員の責任を追及するため必要があるときおよび親会社社員がその権利を行使するため必要があるときも，裁判所の許可を得て議事録の閲覧または謄写の請求ができる（同条4項）。裁判所は，上記の請求に係る閲覧または謄写をすることにより，当該指名委員会等設置会社またはその親会社もしくは子会社に著しい損害を及ぼすおそれがあると認めるときは，上記の許可をすることができない（同条5項）。

### ④　報　告

執行役，取締役，会計参与または会計監査人が委員の全員に対して委員会に報告すべき事項を通知したときは，当該事項を委員会へ報告することを要しない（会414条）。なお，委員会の決議については，取締役会に認められている決議の省略（会370条）はできない。

## （3）各委員会の職務と権限

各委員会は，法定された権限の範囲内で決定を行うことができる。各委員会の決定を取締役会の決議により修正または破棄することはできない。

### ①　指名委員会

指名委員会は，株主総会に提出する取締役（会計参与設置会社にあっては，取締役および会計参与）の選任および解任に関する議案の内容を決定する（会404条1項）。指名委員会等設置会社においても，株主総会が，取締役の選任および解任を行うが，選任および解任に関する総会提出議案については，取締役会ではなく，指名委員会でその内容を決定することとなるのである。

### ②　監査委員会

監査委員会は，①執行役等の職務の執行の監査および監査報告の作成，②株主総会に提出する会計監査人の選任および解任ならびに会計監査人を再任しないことに関する議案の内容の決定をその職務とする（会404条2項）。

（ⅰ）監査委員会が選定する監査委員の権限　　監査委員会が選定する監査委員は，

いつでも，執行役等および支配人その他の使用人に対し，その職務の執行に関する事項の報告を求め，または指名委員会等設置会社の業務および財産の状況の調査をすることができる（会405条1項）。監査委員会が選定する監査委員は，監査委員会の職務を執行するため必要があるときは，指名委員会等設置会社の子会社に対して事業の報告を求め，またはその子会社の業務および財産の状況の調査をすることができる（同条2項）。選定された監査委員は，405条1項・2項に係る報告の徴収または調査に関する事項についての監査委員会の決議があるときは，これに従わなければならない（同条4項）。このように，調査権限は，各監査委員の権限ではない。このことから，独任制を採用する監査役（会390条2項但書）とは異なる。

指名委員会等設置会社が取締役等を訴える場合または取締役等が指名委員会等設置会社を訴える場合で，かつ，監査委員が当該訴訟の当事者でない場合，監査委員会が選定する監査委員が指名委員会等設置会社を代表する（会408条1項2号。なお，監査委員が当該訴えに係る訴訟の当事者である場合は，取締役会が定める者〔株主総会が当該訴えについて指名委員会等設置会社を代表する者を定めた場合にあっては，その者〕が会社を代表する。会社法408条1項1号）。

なお，指名委員会等設置会社と執行役または取締役との間の訴えにおける会社の代表等について，会社法408条参照。

（ⅱ）**各監査委員の権限**　執行役・取締役の不正行為等を発見した場合には，迅速な対応が必要であり，監査委員会による審議には適さない。このような場合には，監査委員は，取締役会への報告義務（会406条）を負う。また，監査委員は，違法行為の停止および未然防止の観点から，監査委員会の決定を待つことなく，執行役または取締役が指名委員会等設置会社の目的の範囲外の行為その他法令もしくは定款に違反する行為をし，またはこれらの行為をするおそれがある場合において，当該行為によって当該指名委員会等設置会社に著しい損害が生ずるおそれがあるときは，当該執行役または取締役に対し，当該行為をやめることを請求することができる（会407条1項。なお，裁判所が仮処分をもって会社法407条1項の執行役または取締役に対し，その行為をやめることを命ずるときは，担保を立てさせないものとされる。同条2項）*。

＊指名委員会等設置会社と内部統制システム：指名委員会等設置会社の取締役会は，「株式会社……業務の適正を確保するために必要なものとして法務省令で定める体制の整備」について決定すべきものとされている（会416条1項1号ホ）。

監査委員会を構成する監査委員は，その過半数が社外取締役であることを考慮すれば，取締役会が設ける内部統制システムを通じて監査を行う他ない。そのため，監査委員会の監査業務に内部統制システムは必須であるので，「業務の適正を確保するために必要なも

のとして法務省令で定める体制の整備」は重要な意義を持つ。

### ③　報酬委員会

　報酬委員会は，執行役等の個人別の報酬等の内容を決定する（会404条 3 項）。また，執行役が指名委員会等設置会社の支配人その他の使用人を兼ねているときは，当該支配人その他の使用人の報酬等の内容についても，決定する（同項）。指名委員会等設置会社では，報酬について，総会決議や定款の定めは不要である（同項参照）。

　報酬委員会は，執行役等の個人別の報酬等の内容に係る決定に関する方針を定めなければならない（会409条 1 項）。報酬委員会は，報酬に係る決定（会404条 3 項）をするには，上記の方針に従わなければならない（会409条 2 項）。公開会社においては，上記の方針は事業報告によって開示される（施規119条 2 号・121条 5 号）。

　報酬委員会は，執行役等の個人別の報酬等が，（ⅰ）額が確定しているものであれば個人別の額，（ⅱ）額が確定していないものであれば個人別の具体的な算定方法，（ⅲ）金銭でないものであれば個人別の具体的な内容を，決定する必要がある（会409条 3 項本文）。なお，会計参与の個人別の報酬等は個人別の確定額でなければならない（同項但書）。

## 6　執行役と代表執行役
### （1）執行役の地位と権限

　指名委員会等設置会社には，1 人または 2 人以上の執行役を置かなければならない（会402条 1 項）。会社と執行役の関係は，委任に関する規定に従う（同条 3 項）。執行役は，会社法上，役員（会329条 1 項）には含まれないが，役員等（会423条 1 項）に含まれる。

　執行役は，①取締役会の決議（会416条 4 項）によって委任を受けた指名委員会等設置会社の業務の執行の決定と，②指名委員会等設置会社の業務の執行という職務を行う（会418条）。

### （2）執行役の選任・解任

　執行役の選任および解任を通じて，取締役会は執行役に対するコントロールを行う。

　まず，執行役は，取締役会の決議によって選任する（会402条 2 項）。執行役の欠格事由は，取締役の欠格事由（会331条 1 項）と同じである（会402条 4 項）。公開会社では，株式会社は，執行役が株主でなければならない旨を定款で定めるこ

とができない（同条5項）。なお，執行役は，取締役を兼ねることができる（同条6項）。

　次に，執行役は，いつでも，取締役会の決議によって解任することができる（会403条1項）。解任された執行役は，その解任について正当な理由がある場合を除き，指名委員会等設置会社に対し，解任によって生じた損害の賠償を請求することができる（同条2項。なお，執行役が欠けた場合または定款で定めた執行役の員数が欠けた場合については，委員の欠員の場合と同様である。同条3項）。

　執行役の任期は，選任後1年以内に終了する事業年度のうち最終のものに関する定時株主総会の終結後最初に招集される取締役会の終結のときまでである（同条7項）。ただし定款によってその任期を短縮することができる（同項但書）。もっとも，指名委員会等設置会社が委員会を置く旨の定款の定めを廃止する定款の変更をした場合には，執行役の任期は，当該定款の変更の効力が生じたときに満了する（同条8項）。

　執行役の選任および解任を通じて，取締役会が業務執行への監督機能を発揮することが期待されているわけである。

### （3）執行役の報告義務等

　執行役は，3ヶ月に1回以上，自己の職務の執行の状況を取締役会に報告しなければならない（会417条4項前段）。この場合において，執行役は，代理人（他の執行役に限る）により当該報告をすることができる（同項後段）。執行役は，取締役会の要求があったときは，取締役会に出席し，取締役会が求めた事項について説明をしなければならない（同条5項）。執行役は，指名委員会等設置会社に著しい損害を及ぼすおそれのある事実を発見したときは，ただちに，当該事実を監査委員に報告しなければならない（会419条1項）。なお，指名委員会等設置会社の業務執行機関である執行役は，指名委員会等設置会社以外の株式会社の業務を執行する取締役と類似の義務（例：355条）を有する（会419条2項）。

### （4）代表執行役

　取締役会は，執行役の中から代表執行役を選定しなければならない（会420条1項前段）。この場合において，執行役が1人のときは，その者が代表執行役に選定されたものとする（同項後段）。代表執行役は，いつでも，取締役会の決議によって解職することができる（同条2項）。つまり，代表取締役と異なり，代表執行役は執行役の多数で代表者を決定するわけではない。

　代表執行役は，代表取締役の場合と同様に，株式会社の業務に関する一切の裁判上または裁判外の行為をする権限を有し（会420条3項・349条4項），この権限に加えた制限は，善意の第三者に対抗することができない（会420条3項・349条

5 項。なお，表見代表執行役について，会421条を参照）。

# Ⅷ　役員等の責任

〈本節のポイント〉

> 　役員等（取締役・会計参与・監査役・執行役・会計監査人）の任務懈怠により，会社に損害が生じた場合，役員等は賠償責任を負うと会社法423条 1 項は定める。役員等と会社との法律関係は委任の規定が適用されるため（会330条），役員等は職務を行うに際しては，会社に対し，注意義務を負う（民644条）。
> 　役員等の責任は，役員等が会社に対して負っている義務に違反して責任を負う場合（会423条）と第三者に対して責任を負う場合（会429条）がある。役員等がその任務に違反した場合，本来，会社に対する関係で責任を負うにすぎないが，株主や会社債権者が損害を受ける場合も予定され，会社法は，役員等に会社以外の第三者に対する特別の責任を認める。

## 1　取締役の責任
### （1）会社に対する責任

　取締役と会社との関係は委任に関する規定に従う（会330条）。そのため，取締役は会社に対して善良なる管理者としての注意義務を負う（民644条）。注意義務は，取締役各人が有しているスキルや注意力とは関係なく，取締役の地位にある者が通常要求される程度の注意をもって職務を執行する義務である。そして，会社法は，取締役に対して，法令・定款・株主総会決議を遵守し，会社のため忠実にその職務を執行する義務である忠実義務も規定している（会355条）。

　取締役が具体的な法律・定款に違反した場合は当然，注意義務・忠実義務に違反が認められる場合，取締役の行為は事前に差し止められることもあり（会360条・385条），事後には，取締役は会社に対して損害賠償責任を負うこともある（会423条・847条）。損害賠償責任を負う者は，任務懈怠行為を行った取締役自身の他，任務懈怠行為が取締役会の決議に基づいている場合，その決議の賛成者も，賛成したことが任務懈怠に当たるとされるときは，同一の責任を負う（過失責任）。利益相反取引の場合，決議に賛成した取締役は任務懈怠が推定される（会423条 3 項 3 号）。決議に参加した取締役は議事録に異議をとどめておかないと賛成したものと推定される（会369条 5 項）。損害賠償責任を負う取締役が複数いる場合，連帯責任となる（会430条）。

### ①　注意義務と忠実義務

　最高裁の大法廷判決は，忠実義務は注意義務を明確にしただけであり，注意義務と異なる高度な義務を定めているわけではない，と解している（最大判昭和45・6・24民集24巻6号25頁）。学説上の多数説も，義務違反に関する要件・効果が両者で異ならない等の理由から，最高裁の立場を支持している。もっとも，注意義務と忠実義務の各違反が問題となる状況において考慮すべき問題は大きく異なる。

　注意義務違反が問題となる状況では，取締役が十分な注意を尽くして職務を執行したかどうかが問題となる。他方，忠実義務違反が問題となる状況では，利害対立が生じていることを前提として，取締役が会社の利益より自己（第三者）の利益を優先していないかどうかが問題となる。それゆえ，会社と取締役（第三者）との利益が衝突しない経営判断の状況では注意義務のテリトリー，会社と取締役（第三者）との利益が衝突する状況では忠実義務のテリトリー，と整理することも可能である。

　取締役が忠実義務を負うのは，その職務行為とそれに関連した行為に限られないが，取締役を退任して会社を辞めた後は，取締役の義務は負わない。ただし，取締役の影響力を行使して従業員の引抜きをした場合，忠実義務違反として損害賠償責任が認められている（東京高判平成元・10・26金判835号23頁）。

　＊経営判断原則：会社がビジネスを通じて利益をあげる上で，失敗の可能性もあるが高収益が期待されるよう実行する価値がある事業を行うこと，すなわち，適切なリスクをとることも必要な場合がある。しかしながら，経営判断が誤っていたことが事後に判明したときに，その当否を評価しようとすると，取締役に不利な評価が想定される。裁判所が後知恵的に取締役の経営判断を安易に不適切なものと評価し責任を認めるとなると，取締役の経営判断は萎縮し，会社の利益を損なう結果ともなり得る。そこで，取締役の経営判断当時の状況において，経営判断の前提となった事実の認識（情報収集・調査・分析）に不注意な誤りの有無，事実の認識に基づく意思決定のプロセス・内容に取締役として著しく不合理な点の有無を審査し，誤りや不合理性がなければ，取締役の注意義務違反は認められないとされる（最判平成22・7・15判時2091号90頁）。こうした考え方を経営判断原則と呼ぶ。経営判断原則は取締役の義務を免除するルールではないが，裁判所が取締役の義務違反を認定する際，一定の条件下では認定に慎重であるべきといった方向に作用している。

### ②　監視義務

　取締役会設置会社では，業務執行の決定を行うのは取締役会であり，会社の業務を執行する権限を有している代表取締役（業務執行取締役）の選定・解職権を有しているのも取締役会である（会362条2項3号・363条1項2号）。それゆえ，取締役会の構成メンバーである各取締役は代表取締役（業務執行取締役）の職務執行を監視する義務がある（会362条2項2号）。

取締役が代表取締役（業務執行取締役）の法令・定款に違反する行為や不合理な職務執行を是正できなかった場合，監視義務違反となり，当該取締役にも忠実義務違反が認められる余地がある。取締役の監視義務は，代表取締役（業務執行取締役）の職務執行一般に及び，各取締役は取締役会に上程された事項のみを監視するだけでは不十分であると解されている（最判昭和48・5・22民集27巻5号655頁）。ただ，取締役会が定期的に開催され，内部統制システム*が構築・運用されている等により取締役会による監督機能が一定程度機能している場合には，非業務執行取締役の監視義務は限定される（東京地判平成28・7・14金判1596号2頁）。

　＊内部統制システム：取締役会の監督機能が十分に機能せず，違法な業務執行を見逃した場合，当該業務に直接関与しなかった取締役は監視義務違反の責任が追及され得る。しかしながら，取締役が各従業員等の行為を直接監督するには限界もある。内部統制システムの構築は，「見えない敵との戦い」でもある。

　　健全な会社経営を行う上で，会社が営む事業の規模・特性等に応じたリスク管理体制，すなわち，内部統制システムを構築・運用する責任がある。内部統制システムが適切に機能していたと裁判所が判断した場合，結論として，違法な業務に関与していない取締役の責任は否定されている（東京地判平成26・9・25資料版商事369号72頁）。内部統制システムは，単に違法・不当な業務執行を防止するためのものではなく，業務執行の効率性（パフォーマンス）を追求するものでもある。

### ③　会社と取締役との利益相反取引の規制

　取締役の忠実義務は，会社と取締役との間の利益が相反する場合，取締役は会社の利益を優先させなければならないというものである。もっとも，会社との利益相反が生じる場合であっても，一定の手続を経ることで許容される。会社法は，会社と取締役との間の利益が相反する場合につき，個別に規制している。

　（ⅰ）競業取引　　取締役が会社の事業と競合する取引を自由に行えるとすると，会社の利益を害するおそれが大きい。取締役は会社のノウハウや顧客情報などに通じているため，それらを利用して，会社の取引先を奪うなど，会社の利益を害する形で取引を行うリスクが高いからである。こうしたリスクは，取締役が個人として競合する取引を行う場合だけでなく，取締役が他の会社の代表取締役となり，他の会社を代表して競合する取引を行う場合も同様にあてはまる。そこで，取締役会設置会社では，取締役が競業取引を行う場合，取引について重要な事実を開示し，事前に取締役会の承認を得なければならない（競業避止義務。会356条1項1号・365条1項）。したがって，競業取引を全面的に禁止するのではなく，取締役が一定の手続を経る場合，取引自体は認められる。会社の事業規模の大小や競業取引の具体的内容等により大きな問題が生じないと判断されることも想定

され，一定の競業取引は容認されることがある。

(a)　競　業

　会社の事業と競合する取引とは，会社が実際に行っている事業における取引と商品・サービス・市場等が競合する取引である。会社が現時点では行ってはいないが，将来的に行う予定で準備をしている事業において，取締役が取引を行う場合，事前承認が必要な競業取引とされる（東京地判昭和56・3・26判タ441号73頁）。

(b)　競業避止義務違反

　競業取引を行った取締役は，遅滞なく，取引についての重要な事実を取締役会に報告しなければならない（会365条2項）。これは，取締役会が適切な措置をとることを可能にするためであり，取締役会の承認を受けなかった場合でも報告義務を負う（同項）。公開会社においては，取締役の競業の具体的内容が，事業報告の附属明細書に記載され（施規128条2項），株主等に開示される。

　取締役が競業避止義務に違反した場合，取締役は会社に対して損害賠償責任を負い（会423条1項），取締役解任の正当事由になり得る（会339条）。承認を得ないで取締役が競業取引を行った場合，競業取引によって取締役が得た利益の額が損害額と推定される（会423条2項）。

(ⅱ)　利益相反取引　　取締役による利益相反取引とは，取引の相手方が会社であり，会社には不利益であるが，取締役には利益になる取締役と会社との間の取引である。

　利益相反取引をした取締役は，競業取引の場合と同様に，遅滞なく取引についての重要な事実を取締役会に報告しなければならない（会365条2項）。利益相反取引は取締役解任の正当事由になり得る（会339条）。なお，取締役会の承認を受けなければならない取引は，裁量により会社の利益を害するおそれがある行為に限られ，性質上そうしたおそれのない，運送契約・預金契約等の普通取引約款に基づく取引や，取締役が会社に対して無利子・無担保で金銭を貸し付ける行為（最判昭和38・12・6民集17巻12号1664頁）については，取締役会の承認を必要としない。重要事実を開示することで取引の範囲も確定でき，会社の利害損失を取締役会が合理的に判断できる限り，包括的な承認も認められる。ただ，包括的な承認を得ている場合であっても，承認の前提を覆す変更があるときは，改めて承認を得なければならない。

　利益相反取引には直接取引と間接取引がある。

(a)　直接取引

　取締役が自己または第三者のために直接，会社と取引をする場合（たとえば，

会社から財産を譲り受ける場合・会社から金銭の貸付を受ける場合・会社に財産を
譲渡する場合），取締役が自ら会社を代表するときに限らず，他の取締役が会社
を代表するときでも，会社の利益を害するおそれがある。

(b)　間接取引

　直接取引の他，会社が取締役の債務につき，取締役の債権者に対して保証や
債務引受等をする間接取引の場合でも，会社の利益を害するおそれがある。そ
こで，直接取引の場合と同様，間接取引の場合であっても，取締役会に対して
重要な事実を開示し，取締役会の事前の承認を得なければならない（会356条
1 項 3 号・365条 1 項）。

(c)　取引の効力

　取締役会の承認を得ないで利益相反取引が行われた場合の法的効力につき，
会社法上の規定はなく，解釈問題となる。承認を得た利益相反取引は，自己契
約・双方代理の外形を有する場合でも民法108条の適用はなく有効である（会
356条 2 項）。しかしながら，承認を得ていない場合には，無権代理人による行
為として無効となるが，これは会社の利益を保護するためであるため，取締役
サイドからの無効主張はできないと解されている。

　会社から取締役に手形を振り出したときの手形所持人（転得者）からの手形
金請求のような，承認を得ていない利益相反取引に会社外の第三者が登場する
場合，会社が第三者に対して無効を主張するには，その者の悪意（承認を得て
いない取引であることを知っていること）を立証しなければならないとされる
（最判昭和43・12・25民集22巻13号3511頁）。これは，手形の振出しが，原因関係
にある債務とは別の新たな債務を負担し，原因債務よりさらに重い支払義務で
あると考え，手形の流通保護を図るものではあるが，手形以外の財産であって
も，善意の転得者には対抗できないと考えるべきである。

(d)　責　任

　利益相反取引により会社に損害が生じた場合，利益相反取引に関与した取締
役に任務懈怠を推定する一方で（会423条 3 項），自己のためにする直接取引の
場合を除き，取締役は帰責事由がないことを証明すれば責任を免れる（過失責
任，会428条 1 項反対解釈）。取締役が自己のためにする直接取引をした場合は
無過失責任である（会428条 1 項）。

(ⅲ)　取締役の報酬　　取締役の報酬の決定は，会社の業務事項の一つとして，
取締役会が決定しても問題はなさそうとも考えられるが，会社法は，定款で定め
るか株主総会の決議で定めることを求める（会361条 1 項）。これは，取締役が自
らの報酬を決定するとお手盛りの危険（過大な報酬を決定するおそれ）があり，会

社と取締役の利益が衝突するためである。それゆえ，取締役の忠実義務から生じた政策的規定とも位置づけられる。報酬には，明示的に報酬とされるもの以外であっても，職務執行の対価として取締役が受ける一切の財産上の利益が含まれる（会361条1項）。それゆえ，賞与（ボーナス）や退職慰労金等として支払われる金銭や無償の（格安な）社宅の提供等の金銭以外の現物報酬も含まれる。

(a)　報酬の決定手続

　取締役が会社から報酬を受けるには，①確定金額を報酬とする場合にはその金額，②不確定金額を報酬とする場合（たとえば，業績連動報酬）にはその具体的な算定方法（たとえば，一定期間の売上・利益，一定時点の株価等を変数とした数式），③金銭以外を報酬とする（たとえば，社宅の提供）場合にはその具体的内容を定款または株主総会決議で定めなければならない（会361条1項各号）。②・③の場合，議案を提出した取締役は株主総会で議案内容が相当である理由を示さなければならない（同条1項・4項）。

　委任契約の受任者は無報酬が原則であるため（民648条1項），取締役の任用契約で報酬額を定めなければ報酬を受け取ることはできない。それゆえ，定款規定または株主総会決議がなければ，取締役の具体的な報酬請求権は発生しない（最判平成15・2・21金判1180号29頁）。定款または株主総会決議により報酬が定められた場合，報酬は会社と取締役との間の契約内容となり，その後の株主総会決議で減額や無報酬としても，取締役の同意がない限り，当初の報酬請求権を失わない（最判平成4・12・18民集46巻9号3006頁）。同意の有無の判断は，たとえば，会社の内規や慣行により取締役の報酬が役職に応じて決まり，そのことを取締役が了知した上で取締役に就任した場合には，役職変更に応じた報酬の減額につき，黙示の同意が認められている（東京地判平成2・4・20金判864号20頁）。

　定款規定や株主総会決議のいずれもないにもかかわらず支払われた報酬であっても，事後的に株主総会決議を得ることで有効な報酬の支払となる（最判平成17・2・15判タ1176号135頁）。なお，実際に，無報酬の取締役もいる。これは，名目的な取締役ではなく，取引先の会社の社外取締役に就任したり，親会社の取締役・従業員が子会社の取締役に就任する場合等であり，時折，散見される。

(b)　報酬の決定方針

　令和元年会社法改正により，社外取締役を置かなければならない会社において，定款または株主総会決議により取締役の個人別の報酬内容が具体的に定められていない場合，取締役会が取締役の個人別の報酬の決定方針を取締役会で

定めなければならない（会361条7項）。指名委員会等設置会社では，すでに，会社法409条により報酬委員会が取締役の個人別の報酬内容に関する方針を定めることとされており，新たな規定は，監査役会設置会社・監査等委員会設置会社に適用される。これは，取締役の報酬内容の決定手続における透明性を高めるために導入された制度である。それゆえ，新規定の下では，多くの会社で実際に一般化されているように，株主総会決議で取締役の個人別の報酬内容を定める代わりに，取締役全員に支払われる報酬の総額の上限を株主総会決議で定めた場合，その定めに基づく個人別の報酬内容についての決定方針（施規98条の5）を定めることが必要となる。

　決定方針における決定すべき内容は，取締役の地位ごとに支給する報酬の種類（固定報酬・業績連動報酬等），業績連動報酬に用いられる業績指標等の内容，報酬内容を決定する手続等であり，これらは事業報告書で開示される（施規121条）。報酬内容を決定する手続には代表取締役への「再一任」を行うか否かも含まれる。すなわち，株主総会決議で取締役全員の報酬の総額上限を決定すると，株主総会による委任を受け，取締役会が各取締役への配分を決定することになるが，実際には，報酬の配分を取締役会決議で代表取締役に一任（「再一任」）することが多く（最判昭和60・3・26判時1159号150頁，東京高判平成30・9・26金判1556号59頁），こうした再一任が取締役の報酬決定手続を複雑にし，不透明度を高めているとの議論もある。

＊ストック・オプション：インセンティブ報酬としての新株予約権，すなわち，ストック・オプションは，業績連動型報酬として，取締役に対して付与する会社が増えている。ストック・オプションは，会社の業績向上への努力を促す動機づけ（インセンティブ）として利用される。現在の株価よりも権利行使価額を高額に設定した新株予約権につき払込金額ゼロ円で交付される。取締役の努力で会社の業績が向上し，これにより株価が上昇した場合，将来の権利行使価額と株価との差額が取締役の利益となり，株価が著しく上昇するときは取締役に多額の利益をもたらす。ストック・オプションの付与は，取締役の職務執行の対価として会社から財産上の利益を受けることになるため，会社法361条の報酬規制が適用される。取締役にストック・オプションを付与することは，株価を上昇させるインセンティブを取締役に与えることでもあり，株主と取締役との間の利益衝突を緩和させることにもつながる（前述本編第4章4(3)参照）。
　ストック・オプションは，会社法361条1項1号の「報酬等のうち額が確定しているもの」であり，同条6号の「金銭でないもの」である。こうした報酬の新設・改定に関する議案を提出した取締役は，株主総会において，報酬を相当とする理由を説明しなければならない（同条4項）。

(c)　使用人兼務取締役の報酬

　取締役が使用人（従業員）を兼ねる場合，報酬の大部分を使用人としての給与として支給されている。ただ，使用人分の報酬を増減させることで，取締役

の報酬規制を骨抜きにすることも可能である。使用人としての給与の体系が明確に確立されている場合，使用人分を除いて株主総会決議をすればよいとされるが（最判昭和60・3・26判時1159号150頁），株主総会決議において，決議する総額の上限額には，使用人兼務取締役の使用人の給与部分を含んでいないことを明示することが適切であろう。

(d)　退職慰労金

退任する取締役に支払われる退職慰労金は，在職中の職務執行の対価である限り，取締役の確定額の報酬（会361条1項1号）であるが，株主総会において総額の上限額すら定められることもなく，具体的な金額・支給期日・支給方法等を含めて取締役会に一任する旨の決議がなされることもある。これは，退職者の数が限られ，個別の金額が明らかにされるのを防ぐためでもあり，取締役のプライバシーを守るために，一任決議の実務が広まっていった。完全にフリーハンドな一任で，金額等の決定をすべて無条件で取締役会に委ねることは許されないが，株主総会において，明示または黙示に一定の支給基準を示し，基準に基づいて退職慰労金が支払われるのであれば，株主が支給基準を知り得る限りで，退職慰労金の決定を取締役会に委ねることも可能である（最判昭和39・12・11民集18巻10号2143頁）。支給基準は，取締役の報酬に関する議案を株主総会に提出する際に作成される株主総会参考書類に記載すべきとされているが，それ以外の開示方法も認められ（施規82条2項），本店に備え置くことで黙示に支給基準を示したと解されている。もっとも，本店での備置きでは株主による実際の閲覧へのハードルが高いともいえ，アリバイ的・技巧的である点は否めない。

取締役の仕事の成果を踏まえ，後払いで退職慰労金を支払うのであれば，特段，大きな問題は生じなさそうであるが，近年，退職慰労金に対する株主からの反対等も背景に，退職慰労金の制度自体を廃止する会社が増えており，制度を維持する会社でも，取締役会への一任決議の取りやめがみられる。

④　**取締役の責任制限**

平成5年商法改正の結果，株主代表訴訟が多数提起されるようになるとともに，時折，取締役に対して巨額の損害賠償判決が出されたこと等もあり，株主代表訴訟が会社経営を萎縮させているとの向きも見受けられるようになった。これは，総株主の同意による責任免除しか存在せず，株主の多くが分散している上場会社等では責任免除（全部免除）は事実上不可能であったためでもある。そこで，平成13年商法改正により，株主総会または取締役会の決議による取締役の責任の軽減（一部免除）と責任限定契約が認められるようになった。

　取締役の責任の全部免除および一部免除の規定ならびに責任限定契約の規定は,会計参与・監査役・執行役・会計監査人（取締役等）もその適用対象である。
　（ⅰ）責任免除　　取締役の会社に対する責任は,総株主の同意がなければ免除することができない（会424条）。取締役の責任を強化するために昭和25年商法改正で新設された規定である。本来,取締役に業務執行を委ねているのは会社の実質的所有者である株主であるため,取締役が会社（その背後にいる株主）に負う責任の免除の判断は株主によるべきとの考えに基づく。総株主の同意を必要とすることは,単独株主が株主代表訴訟を提起できることに対応するものでもある。
　（ⅱ）責任軽減
　（a）手　続
　　取締役は職務を行うにつき善意で重大な過失がないときは,一定の手続を経ることで,会社法423条 1 項に基づく取締役の会社に対する責任から,一定額（「最低責任限度額」）を控除した額を限度として免除することができる。
　（ア）株主総会の特別決議　　株主総会の特別決議により一部免除をすることができる（会425条 1 項・309条 2 項 8 号）。責任の一部免除を決議する株主総会では,①責任の原因となった事実と損害賠償責任額,②責任免除をすることができる額の限度と算定根拠,③責任免除理由と免除額を開示しなければならない（会425条 2 項）。会社が株主総会に責任の一部免除を提案するには,各監査役,各監査等委員,または各監査委員（以下,「各監査役等」とする）の同意を得なければならない（同条 3 項）。これは,安易な責任免除を防ぐためである。株主提案による場合は,安易な責任免除のリスクは低いと考えられるので,各監査役等の同意は不要とされる。
　　もっとも,株主が議案を作成する際,最低責任限度額を知る必要があり,取締役の個別報酬額が開示されていない会社では,会社の協力が得られない株主が議案を提出することが非常に難しくなる。株主提案が実質的に会社提案と同視できる場合には,各監査役等の同意が必要とすべきであろう。
　（イ）取締役会決議　　定款の定めを置き,「特に必要」があると認められるときは,取締役会決議で一部免除ができる（会426条 1 項）。「特に必要」な場合とは,株主総会を開催していては取締役の職務執行に支障が生じる場合とされる。取締役会決議による取締役の責任の一部免除を行うには,まず,定款変更につき各監査役等の同意が必要であり,その後,株主総会に議案を提出し,特別決議による承認も必要である（同条 2 項）。取締役会で取締役の責任の一部免除を決議した場合,取締役会決議の内容を通知・公告し（同条 3 項）,総議決権の100分の 3 以上を有する株主から異議があると,一部免除を行うことはでき

ない（同条7項）。

（ウ）責任限定契約　　社外取締役等の人員を確保するために，責任限定契約が認められている（会427条1項）。平成13年（2001年）の制度新設時には，社外取締役のみが適用対象であったが，平成17年（2005年）の会社法制定当時に，社外監査役・会計参与・会計監査人にまで拡がった。その後，平成26年（2014年）の会社法改正において，社外か社内かの区別ではなく，業務執行に関与するか否かにより区別されることになり，監査役・非業務執行取締役（業務執行取締役以外の取締役）も契約適用対象に含まれるようになった。

適用対象である非業務執行取締役等につき，定款に定めた額の範囲内であらかじめ会社が定めた額と，最低責任限度額とのいずれか高い額を限度として契約を締結することができる旨を定款に定めることができる（会427条1項）。定款変更して，責任限定契約を締結する旨の定款を定める議案を株主総会に提出する場合，各監査役等の同意が必要である（会427条3項）。

(b)　最低責任限度額

最低責任限度額は，取締役等が在職中に会社から得た職務執行の対価として会社から受け，または受けるべき財産上の利益の1年間当たりの額に相当する額として法務省令で定める方法により算定される額（施規113条）である。

（ア）代表取締役・代表執行役　6年分

（イ）代表取締役以外の取締役（非業務執行取締役を除く）・代表執行役以外の執行役　4年分

（ウ）上記（ア）（イ）以外の取締役・会計参与・監査役・執行役・会計監査人　2年分

## （2）第三者に対する責任

取締役が任務に違反した場合，本来，会社に対する関係で責任を負うにすぎないが，結果的に，株主や会社債権者が損害を受ける場合も予定され，会社法は，取締役に会社以外の第三者に対する特別の責任を認めている。

取締役の行為により第三者に損害が生じた場合，取締役につき不法行為責任が成立し（民709条），会社は使用者責任を負う（民715条）。取締役に代表権があるときは，会社は会社法350条により不法行為責任を負う。これにプラスして，会社法は悪意・重過失の職務行為があれば第三者に対しても損害賠償責任を負うと定め，不実の情報開示については責任を免れようとする取締役等が無過失を立証すべきとする（会429条）。

## ①　意　義

会社法429条の責任の性質については，民法上の不法行為とは別個の法定責任

とされる（最判昭和44・11・26民集23巻11号2150頁）。これは，株式会社が経済社会において重要な地位を占め，その活動が特に取締役の職務執行に依存するものであるため，第三者保護の立場から，取締役が悪意・重過失により注意義務・忠実義務に違反して第三者に損害を被らせたときは，取締役が直接に責任を負うことを定めたものであると判示したものである。こうした解釈を前提として，本条は，倒産した会社の取引相手（会社債権者）が，債権回収の有力な一方法として取締役の個人責任を追及する上で大きな役割を果たしている。

　取締役の第三者に対する責任を定める会社法429条は，民法における不法行為責任（民709条）と競合するが，不法行為責任を追及する場合とは異なり，第三者は取締役の任務懈怠についての悪意・重過失を立証すればよく，自己に対する加害についての故意・過失の立証は不要である。中小企業においては個人営業の延長上で経営されている場合も多く，その支配株主であるとともに経営者でもある会社トップの放漫経営で会社が倒産したようなケースでは，会社債権者がその者の責任を追及することは当然である，こうしたケースでは，本条が法人格否認の法理に代わる責任追及のシステムを担っているとの位置づけも可能である。法律上は禁止されているわけではないが，日本の大多数を占める小規模閉鎖会社においては，財政基盤が弱く過小な資本ゆえに会社の責任履行はできないため，事業を行った取締役の責任が追及される結果ともなり，所有と経営が一致している会社における株主の有限責任原則の修正ともとらえられる。

### ②　責任の範囲

　取締役の第三者に対する責任を追及できる範囲は，間接損害と直接損害に類型化される。間接損害とは，取締役の悪意・重過失により会社が損害を被り，その結果，第三者に損害が生じる損害をいう。他方，直接損害とは，取締役の悪意・重過失により会社に損害が生じることはなく（会社を通すことなく），直接，第三者に生じる損害である。

　（i）間接損害　　間接損害とは，会社資産の消失や会社の莫大な損害等により会社が資力を失い，その結果，第三者が被る損害である。

　（ii）直接損害　　支払見込みのない手形で商品を仕入れることや弁済見込みのない契約を締結する場合，手形を振り出した会社や契約の当事者である会社には損害は発生しないが，支払見込みのない手形の所持人や弁済見込みのない契約の相手方は，直接，損害を被る。こうした損害を直接損害という。

### ③　虚偽記載による責任

　計算書類だけでなく目論見書等の資金調達に関する各種開示書類の重要事項につき虚偽の情報提供を行う，あるいは，虚偽の登記・公告を行った取締役は，無

過失を立証しない限り，第三者に対して損害賠償責任を負う（会429条2項1号）。重要事項とは，取引の決断を左右すると一般に認められている事項である。本号の責任は，情報開示の重要性・虚偽記載の危険性を理由とする法定責任とされる。

### ④　第三者の範囲

第三者とは会社・取締役以外の者であり，会社の取引相手である会社債権者がその典型例であるが，第三者に株主が含まれるか否かが問題である。

株主の直接損害に対する取締役の責任の典型例は，虚偽記載による責任（会429条2項）であるが，直接損害につき株主が第三者に含まれることに異論はない。他方で，間接損害については議論がある。

取締役の悪意・重過失による任務懈怠により会社が損害を被り，この場合の株主の持分価値の減少分を間接損害と位置づけて取締役の責任を追及することはできない（東京高判平成17・1・18金判1209号10頁）。こうした株主自らに対する賠償を認めてしまうと，会社の損害賠償請求権を株主が独り占めすることとなり，会社債権者を害する結果となる。それゆえ，この場合，特段の事情がない限り，株主は代表訴訟を提起すべきであり，民法709条に基づき，直接，取締役に損害賠償請求することはできないとされ（東京高判平成17・1・18金判1209号10頁），代表訴訟等で会社の損害を回復できる場合，法はそちらを期待している。特段の事情としては，閉鎖会社における少数株主保護が問題となる場合である。これは，取締役が支配株主と結託して会社財産を私物化している局面においては，少数株主が代表訴訟を通じて会社の損害を単発的に回復させたとしても，配当等により株主に分配されなければ株主の利益が回復せず，任務懈怠行為の繰り返しも予想される場合，少数株主にとり実効的な救済とはほど遠いともいえる。こうした場合には，例外的に株主に直接請求を認めるべきである。くわえて，取締役の任務懈怠により下落した株価で株式を処分した株主は，すでに株主ではないため，代表訴訟を提起できず，現株主が代表訴訟を提起することで会社の損害を回復しても，旧株主自らの損害は回復されない。こうした場合も，旧株主は例外的に直接請求できる第三者に含まれると解すべきであろう。

### ⑤　取締役の範囲

第三者に対する責任を負う取締役には，代表取締役・業務執行取締役に悪意・重過失による業務執行の懈怠があった場合だけでなく，取締役の業務執行を監督する取締役に監視義務違反があった場合も含まれる。

（ⅰ）名目的取締役　　名目だけ代表取締役・取締役に就任し，実際の業務執行を他の取締役に委ねている場合，こうした名目的取締役に対して，監視義務違反として第三者に対する損害賠償責任が肯定されている（最判昭和55・3・18判時

971号101頁）。巧妙な粉飾決算等，監視義務を尽くしたとしても発見できない違法行為は存在し得るが，通常の会社における通常の取締役を基準に，相当の注意をしても抑止できなかったかどうかが判断基準としてあげられる。

　（ⅱ）登記簿上の取締役　　登記簿上は取締役であるが正式に取締役に選任されていない者，あるいは，辞任したのにまだ退任の登記がない者の第三者に対する責任が問われることもある。これらの者には，取締役の職務も権限もなく，任務違反の責任を追及すること自体困難であるようにも思える。しかしながら，取締役・代表取締役として登記されるのを承諾した場合，不実の登記に加功した者として会社法908条 2 項を類推適用し，自分は取締役ではないことを善意の第三者に対抗できなくなり，取締役としての責任を免れないとされた（最判昭和47・6・15民集26巻 5 号984頁）。

　退任登記未了の場合も，登記と事実の不一致が生じ，会社法908条 1 項も類推適用される。登記義務者は会社であるが，辞任登記未了の取締役が，自身の退任が未登記であることを知りながら，登記申請を要請せずに放置すると，登記の残存に加功したとされる。なお，登記簿上の取締役が取締役ではないことを知っていた場合には，第三者に対する責任は否定されるべきであるが，退任後も取締役として職務に関与し続けた者は，登記簿上の取締役ですらなかったとしても，第三者に対する責任は肯定される（最判昭和62・4・16判時1248号127頁）。

　（ⅲ）事実上の取締役　　取締役の選任手続も登記もないのに，会社の業務執行を実質的に決定できる者を事実上の取締役といい，その者につき，会社法429条 1 項を類推適用し，第三者に対する責任を認めている（東京地判平成 2・9・3 判時1376号110頁）。会社が事業活動を行う中で第三者に損害を生じさせた場合に，会社としての意思決定プロセスに法律上の取締役ではない者が相当程度関与していたケースや会社のオーナー的地位にあるため事実上会社の経営を支配している者がいるケース等で問題となることが多い。支配株主が会社の業務執行に大きな影響力を行使することで，会社業務を歪めるような不適切な行為をした場合，会社法429条 1 項が類推適用され，第三者に対する責任が認められている（大阪地判平成22・5・14判時2112号66頁）。また，親会社の代表取締役として，また，会社の実質的所有者として，会社の業務執行を継続的に行い，事実上会社を支配していた事実上の取締役に第三者に対する責任を認めた（京都地判平成 4・2・5 判時1436号115頁）。

### （3）取締役の責任の補償と保険

　取締役の会社に対する責任を制限することで取締役の積極的な業務執行へと導くインセンティブとなり，会社の利益を高めることもある。令和元年会社法改正

では，取締役にそうした適切なインセンティブを与える目的で，会社補償（補償契約）とD&O保険（役員等賠償責任保険）の制度を創設した。

取締役には厳格な責任が課されており，株主代表訴訟によって多様な株主からの責任追及も可能となっている。ただ，取締役に就任すると多額の損害賠償責任や防御のための訴訟費用等を負担するとなると，多くの経済的損失のリスクから，優秀な人材が取締役への就任を躊躇することにもなりかねない。こうした懸念に対しては，責任の一部免除制度がすでに用意されていたが，適用範囲が会社に対する損害賠償責任に限られていた。そこで，会社法は会社補償とD&O保険の両制度により，一定の範囲内で，取締役等を保護する規定を令和元年（2019年）に創設した。

### ①　会社補償

（ⅰ）内　容　　取締役が職務の執行につき法令違反を疑われ，または，責任追及の請求を受けたことに対処するための費用（防御費用）や第三者に生じた損害を賠償する責任を負う場合の損失（賠償金・和解金）の全部または一部を会社が補償する契約（補償契約）を会社と取締役との間で締結することができる（会430条の2）。

補償契約によってカバーされる範囲には，会社に対する損害賠償責任や和解金は含まれない（同条2項2号）。こうした補償を行ってしまうと，取締役の会社に対する責任を免除することにもなるため，この場合は，別途，責任免除の手続を選択することになろう。

（ⅱ）手　続　　補償契約は，取締役・会社間の直接の取引であり，取締役に有利に行われる危険があるため，利益相反取引における直接取引（会356条1項2号）に当たりそうである。しかし，利益相反取引と位置づけてしまうと，補償契約の締結・履行により会社に損害が生じた場合，一定の取締役の任務懈怠が推定され（会423条3項），補償による保護を受けた取締役が無過失責任を負うことになり（会428条1項），責任の一部免除も不可能となる（同条2項）。そこで，令和元年会社法改正により，補償契約の内容を会社が決定するには，株主総会（取締役会設置会社の場合には取締役会）の決議を要すると定め（会430条の2第1項），補償契約を利益相反取引規制（会356条）の適用から外した（会430条の2第6項）。民法108条（自己契約・双方代理）も適用されない（同条7項）。補償契約の内容は事業報告で開示される（施規121条3号の2・3号の3・3号の4）。

補償契約に基づき補償を行う際には，重要な業務執行の決定（会362条4項）に当たらない限り，特段の決議等は必要とされないが，取締役会設置会社においては，補償を行った取締役・補償を受けた取締役は，遅滞なく，補償についての重

要な事実を取締役会に報告しなければならない（同条4項）。

② 　D&O 保険

（ⅰ）内 　容　　D&O 保険は，会社が保険者との間で締結する保険契約であり，被保険者である取締役がその職務に関して負う防御費用や賠償金・和解金を保険者が補塡する保険である（会430条の3）。令和元年会社法改正前においては，基本契約（取締役が第三者から訴訟を提起された場合・株主代表訴訟で勝訴した場合を補償範囲とする）と株主代表訴訟特約（株主代表訴訟で敗訴した場合を補償範囲とする）に区分され，前者の保険料は会社が負担し，後者は取締役が負担するという実務上の扱いであった。ただ，取締役の注意義務違反による損害賠償責任は，職務を執行する上で不可避的なリスクも否定できず，犯罪行為や故意の法令違反は保険約款上の免責事由となり保険金の支払は行われない。また，取締役が被る損害を補塡する保険の保険料を会社が負担することで，優秀な人材を取締役としてスカウトし，積極的な経営に導くことにもなり得る。そこで，D&O 保険の特約部分も含めた保険料全額を会社が負担することが望ましいと考えることは合理的ともいえる。

（ⅱ）手 　続　　令和元年会社法改正では，契約手続等の明確化を図り，会社が保険料全額を負担することの法的安全性等も確保するため，D&O 保険の契約手続についての規定を創設した。

会社が D&O 保険を保険会社と締結する場合，会社と取締役との間で利益相反取引における間接取引（会356条1項3号）に当たりそうである。しかし，D&O 保険の内容を会社が決定するには，株主総会（取締役会設置会社の場合には取締役会）の決議を要すると定められているため（会430条の3第1項），利益相反取引規制（会356条）は不要であり，その適用から外された（会430条の3第2項）。民法108条（自己契約・双方代理）も適用されない（会430条の3第3項）。D&O 保険の内容は事業報告で開示される（施規119条2号の2・121条の2）。これらは，会社補償の手続と概ね同様であるが，D&O 保険には取締役会に対する事後報告の規定はない。なお，事業報告では，保険料・保険金額・実際の保険金支払の有無・支払われた保険金額が開示対象から外れており（施規121条の2），議論がある。

③ 　会社補償と D&O 保険との関係

会社補償も D&O 保険もその機能は重複している。ただ，取締役が会社に対して責任を負う場合における損失（賠償金・和解金等）については会社補償はカバーしていない（会430条の2第1項2号参照）。取締役が第三者に対して責任を負う場合における損失についても，悪意・重過失の場合には会社補償のカバー範囲から

外れる（同条2項3号）。会社が倒産状態にあるような場合には，事実上，会社補償は機能しない。

　他方，D&O保険は，会社に対する責任と第三者に対する責任のいずれも，保険金額の範囲内ではあるが，カバーする。くわえて，重過失がある場合でも，保険金支払の対象となる。故意の場合，保険法17条により免責事由となるため，支払対象から外れる。

　会社補償とD&O保険それぞれの特性を活かし，上手く使い分けることが今後期待される。

## 2　会計参与の責任

　会計参与は，会社の役員として会社に対して任務懈怠責任を負い（会423条1項），その責任は株主代表訴訟の対象となる（会847条）。会計参与の会社に対する責任の免除・軽減については，非業務執行取締役・監査役・会計監査人と同一の規律である（会424〜427条）。会計参与が職務を行うにつき悪意・重過失により第三者に損害を与えた場合，損害賠償責任を負う（会429条1項）。計算書類・会計参与報告の虚偽記載については，無過失を証明しない限り，損害を被った者に対して損害賠償責任を負う（同条2項）。

## 3　監査役の責任

　監査役の会社に対する任務懈怠責任（会423条1項），連帯責任（会430条），その責任が株主代表訴訟の対象となること（会847条1項）は，取締役の場合と同様である。ただ，提訴請求の相手は代表取締役である（会349条4項）。監査役の会社に対する責任の免除・軽減については，非業務執行取締役・会計参与・会計監査人と同一の規律である（会424〜427条）。監査役の第三者に対する責任については，監査報告の虚偽記載につき，無過失を証明しない限り，損害を被った者に対して損害賠償責任を負う（会429条2項）。

## 4　執行役の責任

　執行役の会社に対する任務懈怠責任（会423条1〜3項），連帯責任（会430条），その責任が株主代表訴訟の対象となること（会847条1項）は，取締役の場合と同様である。執行役の業務執行については，経営判断原則の適用を受ける。執行役の責任の免除・軽減については，代表取締役以外の業務執行取締役と同一の規律である（会424〜426条）。執行役の第三者に対する責任は，監視義務違反に基づく責任を負わないことを除き，取締役の第三者に対する責任と同様である。

### 5　会計監査人の責任

　会計監査人の会社に対する任務懈怠責任（会423条1項），連帯責任（会430条），その責任が株主代表訴訟の対象となること（会847条1項）は，取締役の場合と同様である。会計監査人の会社に対する責任の免除・軽減については，非業務執行取締役・会計参与・監査役と同一の規律である（会424〜427条）。会計監査人の責任につき，監査対象である代表取締役にも過失があった場合において，会社サイドの過失を認め，損害額から過失相殺（民418条）が行われたことがある（大阪地判平成20・4・18金判1294号10頁）。会計監査人が悪意・重過失の任務懈怠により第三者に損害を与えた場合，第三者に対し損害賠償責任を負う（会429条1項）。会計監査報告の重要事項につき虚偽記載をしたことで第三者に損害を与えた場合，無過失を証明しない限り，損害を被った者に対して損害賠償責任を負う（同条2項）。これは，たとえば，計算書類に会計監査人の無限定適正意見が付されていたため，無限定適正意見を前提とした株価で会社の株式を取得した株主が，計算書類の虚偽記載の表面化により株価下落の損害を受けた場合である＊。

　＊無限定適正意見：監査対象となった計算書類等に記された経営成績や財政状態等が会計基準等に照らして適正かどうかを判断し，すべての重要な点において適正に表示されていると認める場合に，会計監査人から出される意見が「無限定適正意見」である。この他に，一部を除いて概ね正しいとする「限定付適正意見」，正しさを保証できない「不適正意見」，証拠が足りず判断ができない「意見不表明」がある（計規126条1項2号・3号）。上場会社の会計監査人による監査意見としては（お墨付きとしての）「無限定適正意見」が通例であるが，令和3（2021）年11月に2年後を目処に会社の3分割案を発表し，その後令和4（2022）年2月に2分割案へ修正した東芝（昭和24〔1949〕年5月東証一部に新規上場したが，平成29〔2017〕年8月東証一部上場企業から二部に指定替えされた後，2021年1月東証二部上場企業から一部に復帰）では，2017年に「意見不表明」や「不適正意見」という異例の監査意見が相次いだ。

# IX　役員等の責任追及

**〈本節のポイント〉**

　本節においては，役員等の責任追及について扱う。会社の業務が適正に行われることを確保するため，会社法は，役員等に任務懈怠責任を課すとともに，株主が会社に代わり，任務懈怠責任を含む役員等の会社に対する責任を追及する株主代表訴訟や，親会社の株主が子会社の役員等に子会社に対する責任を追及する多重代表訴訟等の，株主が会社の業務の適正化を図るための権利も定めている。他方で，役員等の責任の免除・軽減につき一定の規制を定めている。

## 1　株主代表訴訟
### （1）意　義
　株主代表訴訟とは，取締役会や監査役が取締役に対する監視義務を果たさないときに，株主が会社のために取締役の責任を追及することができる制度である。すなわち，取締役をはじめとする役員等の会社に対する責任は，本来的に会社自身が追及すべきであるが，会社内部において役員同士の仲間意識等から，会社が必要な責任追及を怠ったり，真摯に訴訟追行をしなかったりする，いわゆるなれ合いが生じるおそれがある。そこで，個々の株主が，代表訴訟により，会社に代わって会社のために役員等の責任を追及する制度が認められている。

　昭和25年（1950年）商法改正でアメリカ法にならって導入された制度であり，株主の監督是正権の一つである。同年の改正は主に取締役の責任を強化し，他方で株主の地位を高め保護する目的でなされたものであり，代表訴訟の新設はこの方針に沿ったものであった。

　もっとも，代表訴訟は，かつては活用も濫用もされていなかった。これは，会社の取締役に対する請求金額にスライドして訴訟費用も高額になり，個々の株主では対応できなかったからである。

　平成5年（1993年）商法改正により一部の裁判所がとっていた考えを法定し，代表訴訟は財産権上の請求ではないとみなされるようになり（会847条の4第1項），現在，訴訟費用は請求金額にかかわらず，一律に13,000円となっている（民訴費4条2項）。同改正では，すでに認められていた弁護士報酬の他，勝訴原告が調査費用を会社に請求できることも定めた他（会852条1項），会社の訴訟参加と和解の規定を整備した。これ以後，代表訴訟はコンスタントに提起されるようになり，時折，巨額の損害賠償認容判決が出されている。

　なお，代表訴訟は，株主による経営監督の機能を効かせる有用な制度であるが，持株数を問わない単独株主権であり，株主にとり行使しやすい制度である反面，1人の株主の判断で会社全体を巻き込む結果をもたらすため，その濫用的な提起には十分な配慮が必要である。ほとんどの株主が，取締役に任務懈怠はない，あるいは，任務懈怠があってもあえて責任を問うまでもない軽微なものと考える場合でも，1人の株主が会社を代表して訴えを起こせるからである。

### （2）対　象
　代表訴訟の対象となるのは，①役員等（取締役・会計参与・監査役・執行役・会計監査人）の他，発起人・設立時取締役・設立時監査役・清算人の責任追及，②利益供与を受けた者からの利益の返還（会120条3項参照），③不公正価額での株式・新株予約権引受けの場合の出資者からの差額支払（会212条1項・285条1項参

照）や出資が仮装された場合の引受人等からの支払（会102条の 2 第 1 項・213条の 2 第 1 項・286条の 2 第 1 項参照）である（会847条 1 項本文。①〜③の訴えは責任追及等の訴えと総称される）。なお，濫用的な代表訴訟を防止するため，責任追及等の訴えが当該株主もしくは第三者の不正な利益を図りまたは当該会社に損害を加えることを目的とする場合には，このような請求はできないとされている（同項但書）。

②や③は役員等に対する訴えではないが，これらが問題となる場合には役員等が自ら違法行為に関与し役員等の責任も問題となることが多く，会社自身による訴訟提起をためらう可能性（提訴懈怠可能性）も高いため，特別に株主による会社の請求権の代位行使が認められ，①と共通の規律の下に置かれている。

①の「責任」につき，会社法847条 1 項は特定の条文が明記されていない。任務懈怠責任（会423条 1 項），利益供与についての責任（会120条 4 項），剰余金の配当に関する責任（会462条 1 項・465条 1 項）等が「責任」に含まれることは明らかであるが，他にどのようなものが含まれるのかは見解に相違がある。会社法に規定された役員等の責任に限定されるとする見解に対し，判例（最判平成21・3・10民集63巻 3 号361頁）は，概ね，取締役の地位に基づく責任の他，取締役が会社との取引により負担した債務についての責任も含まれるとした。

役員等が任務懈怠責任（会423条 1 項）を負った後に退任しても，当該役員等に対して代表訴訟を提起できるが（東京地判平成 6・12・22金判968号40頁），退任後に会社に負担することになった責任については，役員等の「責任」ではないため，代表訴訟の提起はできない（東京高判平成26・4・24金判1451号 8 頁）。

### （3）原告適格
#### ①　原告適格
6 ヶ月前から引き続き株式を有する株主である（会847条 1 項本文）。6 ヶ月要件は定款で短縮でき（同），単元未満株式の株主については定款で権利行使できないと定めることができる（会189条 2 項）。公開会社でない株式会社においては，6 ヶ月要件は課されない（会847条 2 項）。

原告適格を有する者は，会社に対して，書面その他法務省令（施規217条）で定める方法により，「責任追及等の訴え」の提起を請求できる（会847条 1 項本文）。

#### ②　原告適格の継続
代表訴訟を提起した株主（または，共同訴訟に参加した株主）は，訴訟係属中に株主でなくなったとしても，（ i ）その者が株式交換・株式移転によりその会社の完全親会社の株式を取得したとき，（ ii ）その者が会社が消滅会社となる合併により設立会社・存続会社の株式を取得したときは，引き続き訴訟を追行するこ

とができる（会851条1項1号・2号）。（ⅰ）につき，その者が完全親会社の株式交換・株式移転によりその会社の完全親会社の株式を取得した場合，（ⅱ）につき，その者が設立会社・存続会社が消滅会社となる合併により，その合併による設立会社・存続会社の株式を取得した場合でも，訴訟追行は認められる（同条2項・3項）。

　上記の会社法の規定は，平成17年（2005年）改正前商法の下での判例の立場，すなわち，株式移転等により原告が株主の資格を喪失した場合には株主代表訴訟の当事者適格を失うとする立場（東京地判平成13・3・29判時1748号171頁）を立法により変更したものである。

### ③　旧株主

　平成26年（2014年）会社法改正により，提訴より先に株式交換等があった場合につき，「旧株主」（株式交換等により完全親会社等の株主となった者）が提訴できるよう原告適格が認められた（会847条の2・施規218条の2～218条の4）。したがって，株主が代表訴訟を提起しない間に，株式移転等によりその会社の完全親会社の株主になった場合でも，株主はその会社の取締役の責任を追及する代表訴訟が提起可能である。

### （4）請求できない場合

　代表訴訟は，嫌がらせの目的で提起されるおそれも大きい。そのため，株主や第三者の不正な利益を図り，または，会社に損害を加えることを目的とする代表訴訟は，提起できない（会847条1項但書）。

### （5）手　続

### ①　提訴請求

　株主は，まず，会社（監査役設置会社の場合には会386条2項1号により監査役が会社を代表する）に対して書面その他法務省令で定める方法により，取締役等の責任を追及する訴えを提起すべきことを請求しなければならない（会847条1項）。これは取締役等の会社に対する責任を追及する訴訟は本来会社が提起すべきものだからである。株主は，被告となるべき者や請求の趣旨および請求を特定するのに必要な事実を書面の提出により明らかにしなければならない（施規217条）。

### ②　訴えの提起

　会社が株主からの請求の日から60日以内に，責任追及等の訴えを提起しない場合，請求をした株主は，会社のために，責任追及等の訴えを自ら提起することができる（会847条3項）。この場合の責任追及等の訴えは，株式会社の本店の所在地を管轄する地方裁判所の管轄に専属する（会848条）。

　株主から請求を受けた場合，会社（監査役等）は，訴えを提起すべきかどうか

を調査して判断することになる。監査役等が裁判所により取締役の責任が認められるであろう明確な事実を知りながら，あえて責任追及等の訴えを提起しない場合には，監査役等の任務懈怠となる可能性が高い。もっとも，監査役等は法律の専門家ではないから，あとから株主が代表訴訟で勝訴したとしても，訴えを起こさなかった監査役等が必ず義務違反となるわけでもない。ただ，仲間意識等から，株主の請求を否定する可能性もゼロではない。そこで，会社法では，適正な判断を期待し，不提訴理由（書）制度が用意されている。これは，会社が請求後60日以内に訴えを提起しない場合，その請求をした株主または被告と名指しされた取締役等から請求を受けたときは，その者に対して，遅滞なく，責任追及等の訴えを提起しない理由を書面その他法務省令（施規218条）で定める方法により通知しなければならない（会847条4項）とするものである。

　株主が，代表訴訟を提起したときは，遅滞なく，会社に対し，訴訟告知をしなければならない（会849条4項）。なお，会社が責任追及等の訴えを提起したときは，遅滞なく，訴えの提起をした旨を公告し，または株主に通知しなければならず，会社が株主代表訴訟の告知を受けた場合も同様である（同条5～11項）。

### ③　担保提供命令

　代表訴訟は，株主が不正な利益を得ることを意図したり，取締役等への嫌がらせ目的で提起するなど，濫訴も心配される。そこで，裁判所は，被告取締役等が原告株主の「悪意」による提訴であることを疎明すれば，原告株主に担保の提供を命じることができる（会847条の4第2項・3項）＊。ここにいう「担保」とは，原告株主による不当訴訟が被告取締役等に対する不法行為となり，被告取締役等が原告株主に対して有するかもしれない損害賠償請求権の担保である。提供すべき担保の額は不当訴訟に巻き込まれることに対する精神的苦痛・逸失利益・弁護士費用等を考慮して判断される。

＊悪意による提訴：「悪意」による提訴とは，原告株主が請求に理由がないと認識していた場合（不当訴訟），または，原告株主が代表訴訟を手段として不法・不当な利益を得ようとする場合（不法・不当目的）であるとされる（東京高決平成7・2・20判タ895号252頁〔蛇の目ミシン事件〕）。
　　「請求原因の重要な部分に主張自体失当の点があり，主張を大幅に補充あるいは変更しない限り請求が認容される可能性がない場合，請求原因事実の立証の見込みが低いと予測すべき顕著な事由がある場合，あるいは被告の抗弁が成立して請求が棄却される蓋然性が高い場合等に，そうした事情を認識しつつあえて訴えを提起したものと認められるとき」（東京地決平成6・7・22判時1504号121頁）は，「不当訴訟」における悪意に該当するものと考えられる。
　　ただ，この裁判例では，「不当訴訟」につき，原告株主が，たんに，主観的に請求に理由があると思っているだけで悪意を否定すべきではないとの理由から，過失によって「不当訴訟」であると認識していなかった場合も悪意に含まれるとした。しかしながら，悪意

は過失を含まないとされており，また，代表訴訟の提訴を過度に抑えるのは代表訴訟制度の趣旨に合わないといえ，「不当訴訟」に該当するのは，原告株主が認識していたときに限られるべきであろう。

担保提供が認められる事例においては本案訴訟の行く末も推測され，結果として安易な訴訟提起を未然に防止する効果が期待できる。担保提供命令の申立てが認められた被告取締役等は，原告株主が裁判所の命じた担保を立てるまで応訴を拒むことができ，担保提供がなされなければ訴えは却下される（民訴81条・75条4項・78条）。

### （6）補助参加・共同訴訟参加

会社が被告取締役等の側に補助参加することは，従来できなかった。しかしながら，取締役の個人的な権限逸脱行為の責任が問われる場合と異なり，取締役会の意思決定が違法であるとして責任が追及される場合，それが認容されると，取締役会決議を前提に築かれた会社の法的利益に影響し，会社は取締役の敗訴を防ぐことに法律上の利害関係があるため，参加が認められるべきであろう（最決平成13・1・30民集55巻1号30頁）。平成13年12月改正商法は，会社が参加できることを明文で認め，会社法はこれを引き継いでいる（会849条3項）。会社が被告取締役等の側に補助参加するには，監査役（または監査等委員・監査委員）の全員の同意が必要である（同条1～3項）。

原告株主が取締役等のためにわざと負けてあげるような訴訟を，なれ合い訴訟という。そうした事態を未然に防止するため，他の株主や会社は，原告株主側に共同訴訟参加することができる（同条1項）。なれ合い訴訟により不当な判決が下された場合には，再審の訴えが可能である（会853条）。

### （7）判決の効力

株主は会社のために訴えを提起するので，判決の効力は，勝訴・敗訴いずれも，会社に及ぶ（民訴115条1項2号）。代表訴訟の結果，勝訴した場合でも，原告株主は会社への給付を要求できるだけであり，自分には1円も要求できない。もっとも，勝訴株主には訴訟に関して支出した必要費用と弁護士報酬のうち相当と認められる額の支払を会社に請求することができる（会852条1項・3項）。株主が敗訴した場合でも，なれ合い訴訟のように悪意で行った場合を除き，会社は株主に損害賠償を請求できない（同条2項）。

### （8）和　解

通常の訴訟と同様に，代表訴訟も訴訟上の和解により終了することがあり，そのために総株主の同意は不要である（会850条4項）。会社が和解の当事者でないときは，会社の承認が不要である（同条1項）。裁判所は，会社に対し，和解の

内容を通知し，和解に異議があれば2週間以内に述べるべき旨を催告し（同条2項），会社がその期間内に書面で異議を述べなかった場合には，通知の内容で和解することを承認したものとみなされる（同条3項）。なお，令和元年（2019年）改正会社法により，会社が取締役（監査等委員・監査委員を除く），執行役および清算人ならびにこれらの者であった者の責任を追及する訴えに係る訴訟における和解をするには，監査役（または監査等委員・監査委員）の全員の同意が必要である（会849条の2）。

　会社が和解を承認すれば，会社が和解の当事者でなくとも，和解は確定判決と同一の効力を有する（会850条1項，民訴267条）＊。

＊和解：裁判上の和解は，他の株主も拘束し，他の株主は同じ訴訟原因に基づく代表訴訟を提起できなくなる。和解に不満のある他の株主は，訴訟に参加するしかない。和解の決定に株主総会決議等は要求されておらず，和解に際しても他の株主に対して，その旨を告知する制度は会社法上，予定されていない。こうした告知制度は検討に値するものと考えられる。
　　原告株主が裁判外で和解をし，原告株主が訴訟を取り下げることにつき，特別な手続は定められていない。裁判外の和解の効果は会社が当事者になっている場合には会社を拘束するものの，和解内容が厳格な責任免除規定のある役員等の会社に対する責任に関する限り，当該和解は責任免除規定に反し，認められるべきではない。


## 2　多重代表訴訟
### （1）意　義
　代表訴訟を提起できるのは株主だけである。日本では，親子会社による企業集団経営（グループ経営）が進んでいる。そこでは，業務の中心が子会社により行われていることも少なくない。親会社は子会社の議決権の過半数を保有する等，子会社の経営を支配している。それゆえ，子会社の経営につき子会社取締役等に任務懈怠があり，親会社に損害が発生したときには，親会社がその責任追及をすることは可能である。しかしながら，親会社取締役等と子会社取締役等との緊密な人的関係から，親会社による子会社取締役等の責任追及がされない可能性が高い。この場合，親会社株主は，子会社取締役等の責任追及をしないことが親会社取締役等の任務懈怠であるとし，親会社取締役等の責任を代表訴訟で追及可能であるが，直接に違法行為等をした子会社取締役等と比べ，親会社取締役等の任務懈怠を親会社株主が立証することは難しい。

　そこで，平成26年（2014年）改正会社法では，非常に限定された範囲であるが，一定の場合に親会社株主に子会社取締役等の責任を直接に追及できる制度である「最終完全親会社等の株主による特定責任追及の訴え（特定責任追及訴訟）」（会

847条の3）が創設された。一般には「多重代表訴訟」と呼ばれている。なお，「多重」とは，親子関係が多重になっている，すなわち，子会社の子会社である孫会社，または，それより下の会社の取締役等の責任追及の可能性がある，という理由からである。

## （2）対　象（特定責任）

多重代表訴訟の対象となるのは，重要な子会社の取締役等の責任であり，具体的には，取締役等の責任の原因となった事実が生じた日において最終完全親会社等およびその完全子会社等における対象会社の株式の帳簿価額が当該最終完全親会社等の総資産額として法務省令（施規218条の6）で定める方法により算定される額の5分の1を超える場合の当該取締役等の責任（特定責任）が対象となる（会847条の3第1項・4項）。重要でない子会社であれば，その事業のあり方が親会社株主に与える影響は重大でなく，株式の保有が間接的となる親会社株主に監督是正の権利を与える必要性は認められないとされる。

「完全親会社等」とは，①完全親会社と，②株式会社の発行済株式の全部を他の株式会社およびその完全子会社等（株式会社がその株式または持分の全部を有する法人）または他の株式会社の完全子会社等が有する場合における当該他の株式会社をいう。「最終完全親会社等」とは，対象子会社の完全親会社等であって，完全親会社等がないものをいう。これは，親子会社関係の頂点に位置する親会社のことである。

特定責任の原因となった事実により最終完全親会社等に損害が生じている場合に限り，多重代表訴訟の対象となる（会847条の3第1項2号参照）。

## （3）原告適格

株主代表訴訟を提起できる権利は単独株主権であるが，多重代表訴訟では，被告が取締役等である株式会社（以下，「対象会社」とする」）の最終完全親会社等の株主であり，総議決権数または発行済株式総数の100分の1以上の株式を6ヶ月前から引き続き有する者である（会847条の3第1項）。対象会社の株式を100%保有する完全親会社等の株主でなければ訴訟を提起できないとしたのは，少数株主が存在する場合，その者に代表訴訟の提起が期待できるためであるとされるが，説得的な理由ではない。濫用防止のために原告適格を限定したと考えるべきである。

原告適格を1%以上の株主に限定したのは，権利が最終完全親会社等を通じた間接的なものであるため，最終完全親会社等と原告株主との間に強い利害関係を求めるのが適切であるとされたためである。

## （4）請求できない場合

特定責任の原因となった事実により最終完全親会社等に損害が生じていない場

合は多重代表訴訟は認められない（会847条の３第１項２号参照）。このため，当該行為により子会社に損害が生じていても，最終完全親会社等に逆に利益が生じているときは請求できないこととなる。例としては，親子会社間の取引が親会社に有利な条件，子会社には不利な条件で行われた場合等である。また，通常の代表訴訟と同様に，多重代表訴訟が原告株主または第三者の不正な利益を図り，あるいは対象会社または最終完全親会社等に損害を加えることを目的とする場合にも，請求できない。

### （5）手　続

最終完全親会社等の株主は，対象会社に対して提訴請求を行い，対象会社が60日以内に訴えを提起しない場合，多重代表訴訟を提起できる（会847条の３第７項）。多重代表訴訟において株主が勝訴した場合には，対象会社の取締役等は対象会社に対して損害賠償の支払義務を負う。勝訴した株主が弁護士費用の償還を請求する相手方は，最終完全親会社等ではなく対象会社である（会852条）。訴訟上の和解は可能であり，その効力は対象会社が異議を述べなかった場合には，当該会社に及ぶ（会850条１〜３項）。

### （6）特定責任の免除・軽減等

多重代表訴訟が可能な対象会社において完全親会社等が株主として同意を与え，対象会社の取締役等の責任を免除してしまうと，完全親会社等の株主による多重代表訴訟の維持ができなくなる。そこで，平成26年（2014年）改正会社法は，取締役等の特定責任を免除するには，対象会社の総株主の同意の他，最終完全親会社等の総株主の同意を要することとした（会847条の３第10項）。この結果，完全親会社が完全子会社の株式全部を売却する場合，子会社取締役の責任を免除することはできなくなった。くわえて，株主総会の特別決議による取締役等責任の軽減（一部免除）も，特定責任に該当し，対象会社に最終完全親会社等がある場合には，最終完全親会社等の株主総会の特別決議も要するように改正された（会425条１項）。

対象会社が定款に規定を置き，取締役会決議により取締役等の特定責任を軽減する場合，決議内容を公告し，最終完全親会社等の３％以上の株主が異議を述べた場合には，責任の軽減ができない（会426条５項・７項）。

対象会社とその取締役等との間で責任限定契約が定款に基づき結ばれている場合において，特定責任の責任限定が行われたときは，対象会社の株主総会の他，最終完全親会社等の株主総会においても責任限定の内容につき，開示が行われる（会427条４項）。この開示により，最終完全親会社等の株主が責任限定を阻止することはできないが，対象会社の定款規定を見直す機会を提供することにはなろう。

　さらに，株主の権利行使に関する利益供与の禁止の適用範囲が，最終完全親会社等の株主の権利行使に関するものに拡張された（会120条1項）。これは，最終完全親会社等の株主が多重代表訴訟を提起しないように対象会社が財産権上の利益を提供する行為等を禁止するためである。

# 第6章

# 会社の計算

〈本章のポイント〉

　株式会社の会計情報は，会社の現在の株主にとってだけでなく，当該会社に対して投資をしようとする者および会社と取引をしようとする者（会社債権者）にとっても，会社の財務状況に関する評価の重要な材料としての意味を有する。公正な計算手続に基づいてまとめられた正確な会計情報が適時に提供されることは，会社の資金調達，株主間の利害の調節，会社と債権者との間の利害の調節にとり極めて重要なシステムであり，株式会社制度の基盤をなしている。また，株式会社の株主にとり会社の稼得する利益の分配を受けられることは基本的な権利の一つであるが，会社の株主だけでなく，資金供給者，取引先である会社債権者にとっても，会社の剰余金の分配が公正に行われることは大きな利害関係を有する事柄である。

## 1　会社会計規制の目的

　株式会社の計算には，会社法第2編第5章および会社計算規則が適用される。計算に関する法規制の目的は，会計情報の提供と剰余金の規制にある。すなわち，①株主および会社債権者に対して的確な会計情報の提供を行うこと，および，②株主に対して分配可能な額の限度額を定め，剰余金の分配について規制を行うことである。①は，株主および今後会社に投資しようとする投資家にとって会社の評価と投資判断の重要な手段である。また，会社と取引を行おうとする者（会社債権者）にとって，当該会社の評価にとり重要な材料である。②の剰余金分配規制は，株主と会社債権者との間の利害調整にとって重要なファクターである。

　会社法と同様に，金融商品取引法も，上場会社等を適用対象とする会計規制を定める。その規制目的は，もっぱら投資家への適時的確な会計情報の提供にある。これにより金融商品に係る取引の公正を確保し，投資家は保護される。上場会社等の金融商品取引法の適用対象会社には，企業会計について，会社法とともに金融商品取引法の適用がある＊。

　＊金融商品取引法の会計規制：金融商品取引法における会計規制としては，財務諸表等規則および連結財務諸表規則等がある。近時は，会社法会計と金融商品取引法会計との接近が

著しく，また会計情報に関する開示内容の共通化が進められている。


## 2　会計の原則と会計帳簿
### （1）会計の原則

企業会計における具体的な処理，規定の解釈および具体的適用にとって，会社法の計算規定と会社計算規則だけでは十分ではない。会社法431条は，株式会社の会計は，「一般に公正妥当と認められる企業会計の慣行に従うものとする。」とする。さらに，会社計算規則3条は，「この省令の用語の解釈及び規定の適用に関しては，一般に公正妥当と認められる企業会計の基準その他の企業会計の慣行をしん酌しなければならない。」としている。「一般に公正妥当と認められる企業会計の基準・慣行」には，金融庁の企業会計審議会の定めた会計基準などが該当する。

### （2）会計帳簿の作成と株主の閲覧請求権
#### ①　会計帳簿の作成

株式会社はその成立の日における貸借対照表の作成および各事業年度に係る計算書類（貸借対照表，損益計算書他）等を作成しなければならず（会435条1項・2項），さらに，適時に，正確な会計帳簿を作成しなければならない（会432条1項）。会計帳簿とは，計算書類およびその附属明細書の作成の基礎となる帳簿を指し（計規59条3項），日記帳，仕訳帳，元帳，および現金出納帳，商品仕入帳，商品売上帳などの各種補助簿とこれらに代わる伝票を意味する。書面または電磁的記録をもって作成されるが（計規4条2項），今日では，電磁的記録によって作成されることが多い。

#### ②　株主の会計帳簿閲覧請求権

株主への的確な会計情報の提供のため，すべての株主には，計算書類・附属明細書等の閲覧権が与えられている（会442条1項・3項）。さらに，株主が株主権の行使により会社経営の監督是正権を有効に行使するためには，株主が会社の財務状況等の詳細を正確に知ることが必要な場合もあるので，少数株主権として会社の会計帳簿の閲覧・謄写の権利が認められている（会433条1項）。

総株主の議決権の100分の3（これを下回る割合を定款で定める場合にあっては，その割合）以上の議決権を有する株主または発行済株式の100分の3（定款により要件緩和可）以上の株式を有する株主は，株式会社の営業時間内は，いつでも，会計帳簿またはこれに関する資料の閲覧・謄写を請求できる（会433条1項前段）。この場合に，請求株主は，閲覧請求の理由を明らかにしなければならず（同項後

段），閲覧請求の理由は具体的に記載する必要がある（最判平成 2・11・8 判時1372号131頁）。

　株主の会計帳簿閲覧請求権の行使は，会計帳簿の内容がしばしば企業の機密にかかわるとともに，場合により濫用的に行使されるおそれがある。そこで，株主の閲覧権行使の濫用を防止するとともに，会社側の恣意的判断による閲覧拒否を回避するため，会社法433条 2 項 1 ～ 5 号で限定列挙する場合に該当する限り，会社は株主の閲覧請求を拒絶できるものとされている。

## 3　計算書類
### （1）　計算書類等の作成と株主総会における承認
#### ①　計算書類等の作成

　株式会社は，定款所定の事業年度（ほとんどの会社は 1 ヶ年と定めている）の終了後，各事業年度に係る計算書類，事業報告およびこれらの附属明細書を作成しなければならない（会435条 2 項）。計算書類とは，貸借対照表，損益計算書およびその他株式会社の財産・損益の状況を示すために必要かつ適当なものとして法務省令で定めるもの（株主資本等変動計算書および個別注記表）（施規116条 2 号，計規59条 1 項）をいう。会計監査人設置会社においては，これらに加えて連結計算書類を作成することができ，一定の要件に該当する会社は，連結計算書類を作成しなければならない（会444条 1 項・ 3 項）（後述 4 参照）。

#### ②　計算書類等の監査

　計算書類，事業報告およびこれらの附属明細書（計算書類等）は，定時株主総会に提出して承認を求める前に，監査役・会計監査人等の監査を受ける必要がある（会436条）。

　会計監査人設置会社においては，（ⅰ）計算書類およびその附属明細書については，監査役（監査等委員会設置会社にあっては監査等委員会，指名委員会等設置会社にあっては監査委員会）および会計監査人，（ⅱ）事業報告およびその附属明細書については，監査役（監査等委員会，監査委員会）の監査を受けなければならない（同条 2 項）。会計監査人設置会社においては，計算書類およびその附属明細書の監査については，会計監査人を中心に行うことになる。これに加えて，取締役会設置会社においては，計算書類等は，取締役会の承認を受ける必要がある（同条 3 項）。

#### ③　株主総会による計算書類等の承認

　計算書類等は株主総会に先立って株主に対して開示される。取締役会設置会社においては，定時株主総会の招集の通知に際して，株主に対し，取締役会の承認

を受けた計算書類，事業報告と監査報告および会計監査報告を提供しなければならない（会437条）。

　会計監査人設置会社以外の株式会社においては，代表取締役は，計算書類および事業報告を定時株主総会に提出して（会438条1項），計算書類については株主総会の承認を受け（同条2項），事業報告についてはその内容を報告しなければならない（同条3項）。株主総会における承認によって計算書類は確定される。

　会計監査人設置会社においては，取締役会の承認を受けた計算書類が法令および定款に従い当該株式会社の財産および損益の状況を正しく表示しているものとして法務省令で定める要件に該当する場合（会計監査人の会計監査報告に「無限定適正意見」が含まれ，かつ，会計監査報告に係る監査役，監査役会，監査等委員会，監査委員会の監査報告に会計監査人の監査の方法または結果を相当でないと認める意見の付記がない場合などである〔施規116条5号，計規135条〕）には，計算書類の内容を定時株主総会に報告すれば足り，取締役会の承認だけで確定される（会439条。承認特則規定という）。

### ④　決算公告

　すべての株式会社は，株主および会社債権者への情報提供のため，上記定時総会の終結後遅滞なく，貸借対照表（大会社にあっては貸借対照表および損益計算書）を公告しなければならない（会440条1項）。

### （2）貸借対照表および損益計算書

　貸借対照表とは，一定時点（期末）における会社の財政状態（資産，負債および資本等の状態）を明らかにする一覧表である。これにより，会社がどのようにして資産を調達し，それをどのような形で使っているのかが明らかにされる。

　損益計算書とは，企業の経営成績を明らかにするため，1会計期間（1事業年度）に属するすべての収益と費用とを記載して対応させた当期純損益の計算書である。

## 4　連結計算書類

　連結計算書類とは，親会社とその子会社からなる企業集団の財産の状況および損益の状況を示すために作成されるものであり，会計監査人設置会社は，各事業年度に係る連結計算書類を作成することができる（会444条1項）。株式会社が，事業年度の末日において大会社であって，かつ金融商品取引法24条1項の規定により有価証券報告書を提出しなければならない場合には，連結計算書類を作成しなければならない（同条3項）。

## 5　資本金と準備金

### （1）資本金および準備金と剰余金

　株式会社は剰余金の範囲内で配当できる（会453条）。剰余金の額の算定にあたっては，資産の額から負債の額と資本金及び準備金の額の合計額を控除するものとされている（会446条）。株主は有限責任のみを負うとされ，会社債権者にとっては会社の財産だけが債権の唯一の担保であるから，これにより会社債権者と株主の利害の調整が図られている。

　剰余金の額は基本的に，最終の事業年度の末日における貸借対照表上の純資産額から資本金と準備金の額を差し引いた額である。しかし，剰余金の分配の関係では，決算日以後の剰余金の変動も考慮されている（会446条）。会社法446条にあてはめて計算すれば，剰余金は，基本的にはその他資本剰余金とその他利益剰余金の合計額ということになる。

　株主が会社に払い込んだ資本（払込資本）のうち，資本金以外の部分を資本剰余金といい，会社がその企業活動により稼得して留保した額を利益剰余金または留保利益という*。資本準備金と利益準備金とをあわせて準備金という。資本準備金以外の資本剰余金をその他資本剰余金といい（計規76条4項），利益準備金以外の利益剰余金をその他利益剰余金という（同条5項）。

> ＊資本剰余金と利益剰余金：企業会計原則は，資本取引と損益取引とを明瞭に区別すべきとする（同原則第一の三）。剰余金のうち，資本取引によって生じる剰余金を資本剰余金といい，損益取引によって生じる剰余金を利益剰余金という。

### （2）　資本金および準備金

#### ①　資本金

　資本金の額は，原則として，設立または株式の発行に際して，株主となる者が払込みまたは給付をした財産の全額である（会445条1項）。ただし，払込みまたは給付に係る額の2分の1を超えない額は，資本金として計上しないことができる。この場合にはその額を資本準備金として計上することを要する（同条2項・3項，払込剰余金）。

#### ②　準備金

　資本準備金は資本取引から生じるものであり，株主に配当されるのに本来適さない性質を有している。資本準備金となるものは，上記の払込剰余金（会445条2項・3項），およびその他資本剰余金を原資として剰余金の配当を行うにあたり，資本準備金として積み立てることを要する額（同条4項）等である。

　利益準備金は，会社が稼得した利益の留保額であり，会社は，将来経営が悪化

した場合にこれを取り崩して欠損（分配可能額のマイナス分）の塡補に充てることができる（会449条1項但書）。会社は，その他利益剰余金を原資として剰余金の配当を行うにあたり，準備金の積立義務を負う場合には，資本準備金と利益準備金の額をあわせた額が資本金額の4分の1に達するまで，その他利益剰余金を原資とする配当額の10分の1を利益準備金として積み立てなければならない（会445条4項，施規116条9号，計規22条）。

### （3）資本金および準備金の減少と増加

　株式会社は，資本金または準備金を減少させることができる。資本金および準備金の額の減少は，債権者にとって債権の担保となる会社財産が減少するため，会社債権者の利害に大きくかかわる。

　株式会社が資本金の額を減少させる場合には，原則的に株主総会の特別決議が必要である（会447条1項・309条2項9号）。会社は，資本金を減額してこれを資本準備金または配当原資に充てられるその他資本剰余金に転換することができるためである。

　準備金の額の減少（会448条1項）についても，資本金の額の減少と同様に，株主総会における普通決議（会309条1項）が必要である。減少された準備金の額は，それが資本準備金であれば「その他資本剰余金」へ，それが利益準備金であれば，「その他利益剰余金」へ計上される（計規27条1項2号・29条1項1号）。

　会社が資本金または準備金の額を減少する場合には，原則として，会社債権者は会社に対して資本金等の額の減少について異議を述べることができ（会449条1項本文），会社はそのための手続をとらなければならない。これを会社債権者異議手続という。

　株式会社は，準備金（資本準備金か利益準備金かを問わない）の額を減少させて，資本金に組み入れることができる（会448条1項2号）。また，株主総会の普通決議によって，剰余金の額を減少して組み入れることにより，資本金の額および準備金の額を増加させることができる（会450条1項・2項・451条1項・2項）。資本金には，その他資本剰余金だけでなく，その他利益剰余金からも組入れが可能であるが（計規25条1項），準備金については，その他資本剰余金は資本準備金に（計規26条1項2号），その他利益剰余金は利益準備金に組み入れられる（計規28条1項）。

## 6　剰余金の分配
### （1）剰余金の分配の意味

　会社が企業活動から得た利益（会社財産）を剰余金の配当，またはそれに代わ

る会社による自己株式の有償取得という方法で株主に分配することは，株式会社においては中核的な事柄である（参照，会453条）。剰余金の配当を受ける権利は基本的な株主権の一つである（会105条1項1号）。

　しかし，株式会社が株主への分配によって会社財産を無制限に会社外に流出させることは，会社債権者の利益を害することになる。そこで，会社法は，株主と会社債権者の利害を調整するために，剰余金の処分のうち，会社が会社財産を株主への分配等によって会社外に流出させる場合に関する横断的な規制を置いている。

### （2）剰余金の配当

　剰余金の配当とは，株主に現金や現物資産を配当として交付することを意味し，会社の株式，社債，新株予約権を交付することは意味していない（会454条1項1号参照）。なお，会社は当該会社の保有する自己株式に対しては配当できない（会453条）。配当財産が金銭以外の財産である場合を現物配当という。会社は，事業年度中のいつでも，何回でも剰余金の配当をすることができる。実際には，事業年度の末日（決算期）に決算をして，これに基づいて定時株主総会で決議をし，配当を行うケースが多い。ただし，配当により純資産額が300万円を下回ることになる場合には，配当をすることができない（会458条）。

### （3）分配可能額

　会社法461条1項は，剰余金の配当，自己株式の有償取得等，同項各号に掲げる行為により株主に対して交付する金銭等（「金銭等」とは金銭その他の財産をいう〔会151条1項〕が，ここでは当該会社の株式を除く）の帳簿価格の総額は，当該行為の効力が生じる日における分配可能額を超えてはならないとする（前述本編**第2章3(3)②（ⅲ）**参照）。

　分配可能額は，最終事業年度の末日における剰余金の額（計算の基点は，その他資本剰余金とその他利益剰余金の合計額である〔会446条1号，計規149条〕）から出発して，会社法461条2項に従って算出される*。

　　＊連結配当：会社法の剰余金分配規制は単体ベースの個別会社単位を原則としているが，連結配当規制適用会社（施規2条3項21号，計規2条3項55号）に該当するときには，単体ベースで算出した剰余金の額が連結ベースで算出した額を上回る場合には，分配可能額からその差額を控除する（会461条2項6号，施規116条14号，計規158条4号）。逆に，単体ベースで算出した剰余金の額が連結ベースで算出した額を下回る場合には，分配可能額を増加させることはない。

## （4）違法な剰余金の配当等に関する責任

### ①　株主および業務執行役員等の責任

　会社法461条1項の分配可能額規制に違反して会社が剰余金の配当等をした場合には，これにより金銭等の交付を受けた者（株主）およびそれに関する職務を行った業務執行者（業務執行取締役等をいう〔施規116条15号，計規159条〕）等は，会社に対し，連帯して，株主が交付を受けた金銭等を支払う義務を負う（会462条1項柱書）。さらに，会社債権者は，会社法462条1項により返済の義務を負う株主に対して，株主の善意・悪意を問わずに，その交付を受けた金銭等を，直接自らに支払わせることができる（会463条2項）。

### ②　期末における欠損塡補責任

　株式会社が，自己株式を有償取得した場合等および剰余金の配当をした場合において，それを行った日の属する事業年度に係る計算書類が定時株主総会において承認等を受けたときに欠損が生じているとき（分配可能額がマイナスであるとき）は，これらの行為を行った業務執行者は，会社に対し，連帯して，その欠損の額（欠損額と各行為により社外に払い出された額のいずれか少ない額）を支払う義務を負う（会465条1項）。

# 第7章

# 社　　債

〈本章のポイント〉

　　社債は，民間事業会社が広く投資家から長期の金銭の貸付を受けるために発行する債券である。社債には新株予約権付社債を含めて，多様な種類が存する。社債を購入する者は，社債発行会社の倒産により社債の償還を受けられないというリスク，すなわちデフォルト・リスクを負担するため，これに対応するための社債権者保護の仕組みの整備が課題となる。会社法は，社債権者保護のために社債管理システムを設けている。

## 1　社債の意義

### （1）社　債

　社債は，民間事業会社が発行する債券である。会社法において，社債とは，「この法律の規定により会社が行う割当てにより発生する当該会社を債務者とする金銭債権であって，第676条各号に掲げる事項についての定めに従い償還されるものをいう。」とされている（会2条23号）。したがって，この定義に該当しないのであれば，会社法上の社債には該当しない。本条では社債の発行主体は「会社」とされており，株式会社だけでなく，持分会社も社債を発行できる。他方，外国会社は除外されており，日本国内で会社法上の社債を発行できない。

　社債の中には，新株予約権付社債，交換社債，他社株転換権付社債，転換社債型新株予約権付社債のように，何らかの形で特定の会社の株式と関連づけられている社債がある。これらをエクイティ・リンク債といい，そうでない社債を普通社債という。また，会社が物上担保付の社債（担保付社債）を発行する場合には，担保付社債信託法（担信法）が適用される

### （2）社債による企業の資金調達

　会社の資金調達の手段としては，銀行等の金融機関から借り入れる方法と社債の発行による方法，および株式の発行による方法とがある。社債は，発行会社に対する巨額かつ長期の金銭貸付という性質を有し，一般大衆から巨額な長期の借入れを行うものとして，大量性，集団性および公衆性を有している。

　株式発行による場合とは異なって，社債発行による場合には，償還期限が到来すると，発行会社は原則的に元本を返済すべき義務を負う。また，発行会社は，償還までの期間，あらかじめ定められた利率の利息を支払うことになる。社債については格付機関が付与する信用格付けが普及しており，高い格付けを受けた発行会社ほど有利な条件で発行できる。流通市場においても，高い格付けの債券はより高い価格で取引されうる。

## 2　社債の発行
### （1）募集社債の発行手続

　取締役会設置会社においては，取締役会が，会社法676条に掲げる事項その他の社債を引き受ける者の募集に関する重要な事項を決定する（会362条4項5号，施規99条）。指名委員会等設置会社においては，取締役会はこの決定を執行役に委任することができる（会416条4項本文）。

　募集に応じて当該社債の引受けの申込みをした者に対して割り当てられる社債を募集社債という（会676条本文）。会社は，募集社債を発行するときは，その都度，当該募集社債について，募集社債の総額，各募集社債の金額，募集社債の利率，募集社債の償還の方法および期限などの事項を定める必要がある。

### （2）社債発行の成立

　募集社債の申込みの勧誘が不特定・多数の者に対してなされ，金融商品取引法上の「有価証券の募集」（金商2条3項）に該当して，発行開示規制の対象となるときは，金融庁への有価証券届出書等の提出（金商4条・5条）や，取得を勧誘するにあたり法定事項を記載した目論見書を作成し取得しようとする者に交付する（金商13条・15条）ことが必要である。このような社債を公募債という。金融商品取引法上の発行開示規制の適用がないものを私募債という。公募債の発行は，通常は，元引受証券会社が募集社債のすべてを引き受けて（これを総額引受けという〔会679条〕），社債の総額を払い込んだ上で，その後これを一般投資家に売り捌く方法（金商2条6項1号。これを買取引受けという）がとられる。

　募集社債の発行にあたっては，引受けの申込みのあった金額が，募集社債の予定総額に満たなくとも，原則として実際の応募額を総額として社債は成立する（会676条11号参照）。打切り発行が原則である。社債の払込みは，通常，発行会社の定めた払込みを取り扱う金融機関に対して行われる。

　募集社債の発行会社は，社債発行日以後遅滞なく，社債原簿を作成しなければならない（会681条）。社債原簿には，社債の種類，種類ごとの社債の総額と各社債の金額，各社債と引換えに払い込まれた金銭の額と払込日，社債権者の氏名・

名称・住所等の事項が記載または記録される（同条）。

　株式および新株予約権については，発行無効の訴えの制度が設けられているが，社債発行に関しては，新株予約権付社債を除き（新株予約権の違法な発行が問題になる），無効の訴えに関する定めはない。そこで，取締役会の決議を欠いた社債発行や，必要な重要事項の定めを欠く社債発行は無効事由に当たらないのか否かが問題になる。しかし，社債の流通性を考慮して，公開会社においては，新株発行についてと同様に，原則的に社債発行自体は有効であって，無効事由には当たらないと解される（有効な取締役会の決議を欠く新株発行に関する，最判昭和36・3・31民集15巻3号645頁，最判平成6・7・14判時1512号178頁参照）。他方，違法な社債発行については，取締役・執行役の損害賠償責任（会423条・429条）が問題になる。

## 3　社債権者の権利
### （1）社債の償還

　社債権者は，約定に従って，募集社債の償還を開始する時期が到来したときに，元本の償還（返済）を受けるとともに，それまでの間は募集社債の約定に従い（会676条3号・5号），所定の時期に所定の利率の利息の支払を受ける権利を有している。

　募集社債の償還の期限としては，通常は事前に定められた確定期限のときである。償還期限が定められていないものを永久債という。償還金額は，社債金額（会676条2号）が通常であるが，社債契約に従った割増償還も可能である。

### （2）社債の流通

　社債の譲渡は，当事者間では意思表示のみにより効力を生じる。しかし，社債の譲渡は，当該社債を取得した者の氏名・住所を社債原簿に記載しまたは記録しなければ，社債発行会社その他の第三者に対抗することができない（会688条1項）。社債の譲受人は，社債発行会社に対して，社債原簿の名義書換えを請求できる（会691条1項）。

　募集社債の発行にあたって，社債券を発行する旨を定めた場合には（会676条6号），社債発行会社は，社債発行後遅滞なく社債券を発行しなければならない（会696条）。社債券には記名式と無記名式とがあるが，無記名社債券がもっぱら利用されている。社債券を発行する場合には，社債の譲渡は社債券を交付しなければ効力を生じない（会687条）*。

　　＊社債のペーパーレス化：「社債，株式等の振替に関する法律」に基づいて，株券，社債等のペーパーレス化が進んでいる。同法においては，株式，社債等の発行にあたり，発行会

社が同法を適用することを決定した場合には，この法律の適用を受ける株式，社債，短期社債，新株予約権，新株予約権付社債等については，証券を発行することができなくなる。

## 4　社債の管理

### (1)　社債管理者制度

#### ①　社債管理の必要性

社債には発行会社の経営悪化によるデフォルト・リスクがある。社債に多額の投資を行い，デフォルト・リスクにも対応できる機関投資家等を除けば，一般の社債権者が，デフォルト・リスクに対応することは困難である。他方，このような場合には，発行会社が多数の社債権者に個別的に対処することも困難である。そこで，無担保社債について，社債権者の集団的な取扱いと対応を可能にして，社債権者保護を図るため，社債管理者，社債管理補助者の制度と社債権者集会制度が設けられている。

#### ②　社債管理者の設置

募集社債の発行にあたって，社債管理者の設置が原則である（会702条本文）。社債管理者とは，発行会社から，社債権者のため，弁済の受領，債権の保全その他の社債の管理を行うことを委託され，社債権者の利益のためにそれを行う者である（同条本文）。

発行会社は，募集社債発行にあたり社債管理者の設置が必要であるが，しかし，各社債の金額が1億円以上である場合，および，ある種類の社債の総額を社債金額の最低額で除した額が50未満の場合（施規169条）には，社債管理者の設置を免除される（会702条但書）。後者の基準を満たす場合には社債権者数は50人未満となる。したがって，社債権者が大口の投資家である場合および投資者の範囲が狭く限定されている場合には設置が免除される。

社債管理者になれるのは，銀行，信託会社などであるが（会703条），社債発行会社のメインバンクがなるのが一般的である。

#### ③　社債管理者の権限

社債管理者の権限は以下のように定められている。（ⅰ）社債管理者は，社債権者のために社債に係る債権の弁済を受け，または社債に係る債権の実現を保全するために必要な一切の裁判上・裁判外の行為をする権限を有する（会705条1項）。（ⅱ）社債管理者は，社債権者集会の決議を経て，当該社債の全部についてするその支払の猶予，その債務もしくはその債務の不履行によって生じた責任の免除または和解，および当該社債の全部についてする訴訟行為または破産手続，再生手続，更生手続もしくは特別清算に関する手続に属する行為をする権限を有

する（会706条1項）。（ⅲ）社債管理者は，発行会社の合併等の場合における債権者の異議手続にあたって，社債権者のために異議を述べることができる（会740条2項）。（ⅳ）社債管理者は，社債権者集会の招集権限を有し（会717条2項），社債権者集会に出席して意見を述べることができ（会729条1項），社債権者集会の決議を執行する権限を有する（会737条1項）などである。

#### ④　社債管理者の義務と責任

社債管理者は，社債権者のために，公平かつ誠実に社債の管理を行わなければならず（公平誠実義務。会704条1項），また，善良な管理者の注意をもって社債の管理を行わなければならない（同条2項）。

社債管理者は，会社法または社債権者集会の決議に違反する行為をして，社債権者が損害を受けた場合，または発行会社が経営困難な状況に陥ったときに，自己の有する貸付債権を優先的に回収しようとするなどの場合には，社債権者の損害を賠償する責任を負う（会710条1項・2項）。

### （2）社債管理補助者制度

#### ①　社債管理補助者

募集社債発行にあたり社債管理者の設置されていない場合に，社債権者に生じうるデフォルト・リスクに対応するために，令和元年（2019年）改正会社法は，社債管理者の設置を義務づけられていない場合（会702条但書）に，社債発行会社は，社債権者のために，社債管理補助者に社債の管理の補助を行うことを委託できる旨の制度を新設した（会714条の2）。社債管理補助者になれる者には，銀行，信託会社等に加えて，弁護士，弁護士法人も含まれる（会714条の3，施規171条の2）。

社債管理補助者制度では，社債権利者が社債権者集会を通じて自ら社債を管理することが前提となっている。社債管理補助者は，社債権者からの請求により社債権者集会の招集を行うなど，社債権者集会の決議等を通じた社債の管理が円滑に行われるように補助する。社債管理者が社債管理に必要な権限を包括的に有し広い裁量権を有するのに対して，社債管理補助者は，社債管理者よりも裁量の余地の限定された権限のみを有するにとどまる＊。

　＊社債管理補助者の権限：社債管理補助者の権限は社債管理者よりも狭く，裁量の余地の限定された権限のみを有する（会714条の4第1項）。さらに，社債管理補助者が自ら社債権者集会を招集することができるケースは限定されている（会717条3項）。ただし，社債管理補助者の権限は，委託契約の定めにより拡大でき，社債に係る債権の弁済を受けることをはじめとする諸行為（会705条1項・706条1項各号参照）にも広げられる（会714条の4第2項）。しかし，社債に係る債権の弁済を受けることを除き，当該社債全部の支払の請求，当該社債の全部についてするその支払の猶予，その債務もしくはその債務の不履行によって生じた責任の免除等については，社債権者集会の決議を経る必要がある（会714

条の4第3項)。

#### ②　社債管理補助者の義務と責任

　社債管理補助者の役割に照らして，社債権者に対する情報伝達は不可欠なものである。社債管理補助者は，委託契約に従い，社債の管理に関する事項を社債権者に報告する等の措置をとる必要がある（会714条の4第4項)。

　社債管理補助者は，社債管理者と同様に，社債権者のために，公平かつ誠実に社債の管理の補助を行い，善良な管理者の注意をもって社債の管理の補助を行わなりればならない（会714条の7・704条)。

### 5　社債権者集会制度

　社債権者集会とは，会社法に定める事項および社債権者の利害に関する事項について，社債権者全体としての意見を決定するために構成される集会である（会716条)。社債権者集会は，社債の種類ごとに組織される（会715条)。社債権者集会の決議事項は，社債管理者・社債管理補助者が行為するための前提として必要な，当該社債の全部についてするその支払猶予，その債務もしくはその債務の不履行により生じた責任の免除または和解に関する決議等（会706条1項・714条の4第3項）の他，広く社債権者の利害に関する事項に及ぶ（会716条)。

　社債権者は，社債権者集会において，その有する種類の社債の金額の合計額に応じて議決権を有する（会723条1項)。社債権者集会の決議は，裁判所の認可を受けなければ効力を生じない（会732条・733条・734条1項・735条)。

### 6　新株予約権付社債
#### (1)　新株予約権付社債の意義

　新株予約権付社債とは，新株予約権を付した社債をいう（会2条22号)。社債権者は，あらかじめ定められた行使価額を払い込めば，一定数の株式を取得することができる。投資者にとって新株予約権が付されていることにより金融商品としての魅力が増すから，発行会社にはその分利率を低くして社債を発行できるという利点がある。

　新株予約権付社債には，原則として，新株予約権に関する規定と社債に関する規定双方が適用されるが，主に新株予約権に関する規定が適用される。新株予約権付社債に特有の規定も若干設けられている。

　新株予約権付社債は，社債と新株予約権とを分離して，いずれかだけを譲渡することはできない（会254条2項・3項)*。

＊新株予約権付社債の種類：新株予約権付社債の種類の第一は，このような非分離の新株予約権付社債である。これにおいては，社債権者が新株予約権を行使して株式を取得した後も，社債は存続し続けて，満期が到来したときに社債が償還される（社債存続型〔非分離型〕の新株予約権付社債）。第二は，新株予約権を行使すると，満期が繰り上げられて必ず社債が償還されて消滅し，その金額が新株の払込みに充てられるものである。これにおいては，社債を株式に転換することになるので，転換社債型新株予約権付社債と呼ばれる（会280条4項参照）。

## （2）新株予約権付社債の発行と有利発行

　新株予約権付社債の募集は，募集新株予約権の発行手続によることになる。募集事項については，社債に関する事項（会676条各号）を含めて，募集新株予約権の募集事項として定められる（会238条1項6号・7号）。

　新株予約権付社債の募集事項の決定にあたり，募集新株予約権の交付と引換えにする金銭の払込みを要しないとすること（無償）が特に有利な条件に当たる場合，または払込金額が特に有利な金額である場合には，株主総会の特別決議が必要になる（会238条3項・240条1項）。有利発行に該当するか否かは，その新株予約権の実質的な対価＊と理論的に計算された発行時点における公正な価額（公正価値）との比較により，前者が後者を大きく下回るか否かで判断すると解されている。コール・オプション自体には常に一定の価値があると考えられるため，新株予約権の交付が無償であることは，原則的に有利発行に該当するといえそうである。しかし，転換型の新株予約権付社債について，新株予約権の交付は無償であっても，社債部分の利率等で埋め合わせている場合には，有利発行には該当しない。実務では，転換社債型の新株予約権付社債の募集にあたり，新株予約権の払込金額はゼロ，その権利行使価額は社債の金額と定めることが一般的に行われている。

　＊新株予約権付社債に付された新株予約権の実質的な対価：募集新株予約権付社債に付された新株予約権と引換えに金銭の払込みを要しないとして発行される場合には，新株予約権付社債の取得者と既存の株主との間で利害対立が生じる可能性がある。既存株主側から発行会社に対して，株主総会の特別決議の必要な有利発行に該当するとして当該新株予約権付社債の発行差止めを求める事態が生じ得る。これに関する裁判例では，当該新株予約権の実質的な対価は，当該新株予約権付社債について定められた利率と，その会社が普通社債を発行する場合に必要とされる利率との差に相当する経済的価値であるとされている（東京地決平成19・11・12金判1281号52頁，名古屋地決平成20・11・19金判1309号20頁）。

# 第8章

# 組織再編

**〈本章のポイント〉**

　本章では，株式会社を当事会社とする「組織再編」を取り扱う。組織再編には，後述するように，①合併，②会社分割，③株式交換・株式移転，④株式交付がある。いずれも，組織法上の行為であり，債権者異議手続を経れば足り，債権者の個々の同意を不要とする点に特徴がある。また，組織再編の制度とは法的性質が異なるが，効果が類似するものとして，⑤事業譲渡と⑥特別支配株主の株式等売渡請求がある。これらについても，組織再編と比較する観点から，本章で概観することとする。

## 1　総　説
## （1）企業の結合，買収および再編成

　一般的な用語法であるが，企業が事業を拡大するために，他の企業の事業やその支配権を取得することにより，企業を買収することが考えられる。また，事業を取得・統合するため，他の企業と結合することも買収の方法といえる。これらの方法（M&A〔Merger & Acquisition〕と称されることがある）は，事業を統合することにより，コストを削減し，収益性を高め，従前よりも企業価値を増加させること（シナジー）を目的とする。また，企業が事業の構成を変更するために，企業の再編成（本書では，後述する「組織再編」との混同を避けるために，リストラクチャリング〔Restructuring〕の意味で「再編成」という用語を使用する）を行うこともある。この方法は，コストを削減し，経営効率を向上させ，企業の収益を改善することを目的とする。

　以下の説明では，株式会社が当事会社となることを想定して行うこととする。

### ①　企業の買収

　（i）事業の取得　　買収を行う会社（「買収会社」とする）が，買収の対象となる会社（「対象会社」とする）の事業を取得する方法としては，①対象会社を吸収分割株式会社とし，買収会社を吸収分割承継株式会社とする吸収分割を行い，対象会社の事業を承継する方法や，②対象会社を譲渡会社とし，買収会社を譲受会社とする事業譲渡を行い，対象会社の事業を譲り受ける方法がある。

（ⅱ）支配権の取得　　次に，買収会社が対象会社の支配権を取得する方法として，①対象会社が募集株式の発行等を買収会社に対して行う方法，②買収会社が株式交換完全親会社となり，対象会社が株式交換完全子会社となる株式交換を行う方法，③証券市場における対象会社株式の取得，④公開買付けによる対象会社株式の取得，⑤（買収会社が対象会社の特別支配株主であることを前提に）特別支配株主である買収会社が対象会社の株主に対して株式等売渡請求を行う方法，⑥全部取得条項付種類株式の取得を利用した方法などが考えられる。

上記①と②は対象会社の賛同が得られる場合に実施される。他方，上記③と④は対象会社の賛同が得られなくとも，対象会社株主から対象会社株式を売却してもらうことができれば，実施できる点に特徴がある。上記⑤は，対象会社株主の同意は不要である点に特徴がある。上記⑤は，対象会社における（全部取得条項付種類株式に係る株主総会の）特別決議により実施できる点に特徴がある。

なお，上記④に関連する公開買付制度は極めて重要なので，項を改めて，概観することとする。

（ⅲ）企業の結合　　事業を取得・統合するため，他の企業と結合することもあり得る。典型的な方法は，合併である。また，上記（ⅱ）で紹介した株式交換，株式移転や共同株式移転のように，親子関係を創設する方法も，企業の結合方法に分類することができる。

ところで，会社の経営者が当該会社を買収する行為は，MBO〔Management Buyout〕と称される。会社の経営者が当該会社の支配権を取得することによって，所有と経営が一致する。このように一般株主が存在しなくなることにより，長期的思考に基づく経営の実現や，柔軟な経営戦略の実現が容易となる（なお，一般株主の排除のみでは，シナジーの発生は期待できないことに注意）。我が国では，まず公開買付けを行った後に，完全子会社化を実施し，100％株式の取得を行う場合が多いとされている（経済産業省「企業価値の向上および公正な手続確保のための経営者による企業買収〔MBO〕に関する指針」〔平成19年９月４日〕）。このように，支配権の取得（上記（ⅱ））と企業の結合は排他的な関係にあるのではなく，複合的に利用されることがある。

MBO では，会社のために企業価値の向上を目指すべき対象会社の取締役が，対象会社株式の買収者となることから，利益相反のおそれがある。つまり，対象会社の取締役としてはできるだけ高い買収価格を実現すべきである反面，対象会社株式の買収者としてはできるだけ安い買収価格を実現したいと考えるからである。MBO における取引条件の公正さを確保する手段として，①社外役員や独立した第三者委員会等に対する MBO の是非および条件についての諮問や，②

MBO において提示されている価格について，対象会社が独立した第三者評価機関からの算定書等を取得することなどが提言されている（経済産業省「企業価値の向上および公正な手続確保のための経営者による企業買収〔MBO〕に関する指針」〔平成19年9月4日〕）。

### ②　企業の再編成

重複する事業を削減する場合や不採算部門の事業を切り離すために，企業の再編成が行われることがある。その方法として，①特定の事業を会社分割により他の会社に承継する方法や②特定の事業を事業譲渡により他の会社に譲渡する方法がある。

### （2）公開買付けの意義

「公開買付け」とは，不特定かつ多数の者に対し，公告により株券等の買付け等の申込みまたは売付け等の申込みの勧誘を行い，取引所金融商品市場外で株券等の買付け等を行うことをいう（金商27条の2第6項）。公開買付けは，対象会社に対する支配権の獲得または強化の目的で行われる。

公開買付規制の趣旨について見解は分かれるが，規制の趣旨は，①会社支配権に影響を及ぼす市場外取引に関する情報を開示して，株主等の投資者が合理的な投資判断ができる機会を確保すること，②投資者間の売却機会の平等性を確保することと解する。

そもそも，公開買付けは，投資者の立場からみれば，公開買付けを行う者が有価証券を買い付けることにより，投資者を市場から離脱させる行為である。そのため，特殊な販売圧力が生じる募集・売出しの局面とは反対に，公開買付けにおいては，有価証券を売却させようとする圧力が投資者である対象会社の株主に生じる（附合契約性）。そのため，金融商品取引法は，市場における取引に関する開示制度とは別に，公開買付けに関する情報の開示規制と，公開買付けにおける投資者間の公平な取扱いを確保するための実体規制を用意しているのである。

公開買付けの実施主体を基準として，「発行者以外による公開買付け」（金商27条の2以下）と「発行者による公開買付け」（金商27条の22の2以下）がある。発行者以外による公開買付けとは，発行者以外の者が，発行者の株主等に対し，公告により株券等の買付け等の申込みまたは売付け等の申込みの勧誘を行い，取引所金融商品市場外で株券等の買付け等を行うことをいう。「発行者以外による公開買付け」の場合には，①「株券等」を②「買付け等」する行為を公開買付けと位置づけている（金商27条の2第1項本文）。

### （3）組織再編と組織変更

組織再編とは，会社法第5編第2章から第4章の2までに規定されている行為

を指す。他方，組織再編とは異なり，持分会社から株式会社に，あるいは，株式会社から持分会社に会社形態を変更する方法もある。これを組織変更という（後述）。

　なお，以下の記述においては，特に断らない限り，株式会社を当事会社とする組織再編について述べることとする。

## 2　合　併
### （1）合併の意義

　吸収合併とは，会社が他の会社とする合併であって，合併により消滅する会社の権利義務の全部を合併後存続する会社に承継させるものをいう（会2条27号）。また，新設合併とは，2以上の会社がする合併であって，合併により消滅する会社の権利義務の全部を合併により設立する会社に承継させるものをいう（同条28号）。合併は，株式会社と持分会社との間でも可能である。以下，特に断らない限り，株式会社を当事会社とする合併を想定して説明することとする。

　吸収合併の場合，吸収合併存続株式会社（以下，「存続株式会社」とする。）は，効力発生日に，吸収合併消滅株式会社（以下，「消滅株式会社」とする。）の権利義務を承継する（会750条1項）。また，新設合併の場合，新設合併設立株式会社は，その成立の日に，新設合併消滅株式会社の権利義務を承継する（会754条1項）。つまり，吸収合併の場合には，消滅株式会社の権利義務を存続株式会社が包括承継することに，新設合併の場合には，新設合併消滅株式会社の権利義務を新設合併設立株式会社が包括承継することに，それぞれの特徴がある。

### （2）吸収合併

　吸収合併の手続の大まかな流れは，①吸収合併契約を締結した後，②合併当事会社双方の株主総会において吸収合併契約を決議によって承認し，同時に，③会社債権者の異議手続を行うこととなる。以下で，概観する。

#### ①　吸収合併契約

　合併の当事会社（存続株式会社と消滅株式会社）は，各当事会社の株主総会による当該合併契約承認決議の成立を停止条件として，取締役会設置会社の場合は取締役会の決議（取締役会非設置会社の場合は取締役の決定）によって，吸収合併契約を締結する（会748条後段・362条4項）。

　会社が吸収合併をする場合において，吸収合併後存続する会社が株式会社であるときは，吸収合併契約において，以下のことを定めなければならない（会749条1項）。

　具体的には，①存続株式会社および吸収合併により消滅する消滅株式会社の商

号および住所（同項1号），②存続株式会社が吸収合併に際して消滅株式会社の株主に対してその株式に代わる金銭等を交付するときは，交付する合併対価に関する事項（同項2号：合併対価は，ア）株式，イ）社債，ウ）新株予約権，エ）新株予約権付社債，オ）これら以外の財産），③上記②について，消滅株式会社の株主（消滅株式会社および存続株式会社を除く）に対する金銭等の割当てに関する事項（同項3号），④消滅株式会社が新株予約権を発行しているときは，存続株式会社が吸収合併に際して当該新株予約権の新株予約権者に対して交付する当該新株予約権に代わる当該存続株式会社の新株予約権または金銭に関する事項（同項4号），⑤上記④について，割当てに関する事項（同項5号），⑥吸収合併の効力発生日（同項6号）である。上記④については，合併により消滅株式会社が消滅しその新株予約権も消滅する（会750条4項）。そのため，合併契約において，消滅株式会社の新株予約権者に，消滅する新株予約権に代わる存続株式会社の新株予約権または金銭を交付することが定められることになる。

　消滅株式会社は，吸収合併契約等備置開始日（会782条2項）から吸収合併がその効力を生ずる日（効力発生日）までの間，吸収合併契約の内容その他法務省令で定める事項を記載し，または記録した書面または電磁的記録をその本店に備え置かなければならない（会782条）。存続株式会社の場合もほぼ同様である（会794条。なお，この場合には，備置きの期間は吸収合併契約等備置開始日から効力発生日後6ヶ月を経過する日までである）。これは，株主に対しては合併条件の公正さなどの判断材料を，会社債権者に対しては債権者異議手続において異議を述べるか否かの判断材料をそれぞれ提供する趣旨である。

### ②　消滅株式会社の株主に交付される対価

　吸収合併の場合，消滅株式会社の株主に対して，存続株式会社の株式（または持分）を交付せずに，金銭の他の財産を交付することもできる（会749条1項2号・751条1項3号：対価の柔軟化）。留意すべきは，合併対価を割り当てられる「吸収合併消滅株式会社の株主」から「吸収合併消滅株式会社および吸収合併存続株式会社」を除外している（会749条1項3号）点である。そのため，存続株式会社は，消滅株式会社の株主であっても，自らに合併対価を割り当てることができない。

　また，合併の対価は「金銭等」とされていることから（会749条1項2号柱書），消滅株式会社の株主に対し，存続株式会社から，対価として「金銭のみ」を交付する合併も可能である（交付金合併）。また，合併の対価は「金銭等」とされていることから，合併対価に（存続株式会社の）親会社の株式も含まれる。そのため，存続株式会社は，当該存続株式会社の親会社の株式を，消滅株式会社の株主に対

して合併対価として交付することができる（三角合併）。三角合併の場合，存続株式会社である子会社は，対価として交付する「親会社株式」を取得する必要性が生じる。しかし，子会社による親会社株式の取得は禁じられている（会135条1項）。そこで，例外として，「消滅株式会社等の株主等に対して交付する当該親会社株式の総数を超えない範囲」において，①親会社株式を取得し（会800条1項），②効力発生日まで親会社株式を保有することが認められている（同条2項）。

### ③　合併契約の承認決議

合併契約は，原則として，合併の各当事会社において，株主総会決議による承認を得ることが必要である。以下では，吸収合併の場合を例にとって説明することとする（新設合併について，会804条参照）。

（ⅰ）消滅株式会社の場合　　原則として，消滅株式会社は，効力発生日の前日までに，株主総会の決議によって，吸収合併契約等の承認を受けなければならない（会783条1項）。会社の基礎的変更であるから，特別決議が必要である（会309条2項12号）。

合併対価の種類によっては，消滅株式会社の株主が不利益を被ることがある。そのため，株主総会（種類株主総会）の特殊な決議や総株主（種類株主）の同意を求める例外的な措置が用意されている。この例外の類型は，①種類株式発行会社でない消滅株式会社（公開会社）の株主に対して譲渡制限株式を交付する場合（会309条3項2号），②種類株式発行会社である消滅株式会社の株主に対して譲渡制限株式を交付する場合（会783条3項・324条3項2号），③種類株式発行会社でない消滅株式会社の株主に対して持分会社の持分を交付する場合（会783条2項），④種類株式発行会社である消滅株式会社の株主に対して持分会社の持分を交付する場合（会783条4項）がある。

（ⅱ）存続株式会社の場合　　原則として，存続株式会社は，効力発生日の前日までに，株主総会の特別決議によって，吸収合併契約等の承認を受けなければならない（会795条1項）。

存続株式会社が種類株式発行会社であり，合併対価が譲渡制限株式である場合には，存続株式会社の譲渡制限株式を保有する既存株主の持分比率が低下するおそれがある。そこで，上記の例外として，存続株式会社が種類株式発行会社である場合で，かつ，譲渡制限株式が合併対価となる場合，譲渡制限株式の株主を構成員とする種類株主総会の決議が必要となる（会795条4項）。

### ④　吸収合併における反対株主の株式買取請求権

（ⅰ）反対株主の株式買取請求権　　吸収合併をする場合には，反対株主は，消滅株式会社や存続株式会社に対し，自己の有する株式を公正な価格で買い取るこ

とを請求することができる（会785条1項・797条1項）。反対株主の株式買取請求権の趣旨は，①反対株主に会社からの退出の機会を与えるとともに，②退出を選択した株主には，組織再編行為がされなかったとした場合と経済的に同等の状態を確保し，さらに，組織再編による相乗効果その他の企業価値の増加（シナジー）が生ずる場合には，これを適切に分配し得るものとすることにより，反対株主の利益を一定の範囲で保障することにある（最決平成23・4・19民集65巻3号1311頁）＊。

＊反対株主の株式買取請求権が認められない場合：消滅株式会社等の株主について，反対株主の株式買取請求権が認められないのは，①組織再編に総株主の同意を要する場合（会785条1項1号・806条1項1号）と，②簡易分割の場合（会795条1項2号　806条1項2号）である。上記①は総株主の同意があるため，上記②は会社に与える影響が軽微であるため，株式買取請求権は不要とされた。
　存続株式会社等の株主について，反対株主の株式買取請求権が認められないのは，簡易合併や簡易株式交換（会797条1項但書）の場合である。なお，例外について，会社法797条1項但書括弧書参照。

（ⅱ）反対株主が株式買取請求権を行使するための要件　　承認決議を行う株主総会において議決権を行使することができる株主は，①当該株主総会に先立って当該吸収合併等に反対する旨を当事会社に対し通知し，かつ，②当該株主総会において当該吸収合併等に反対することが要件である（会785条2項1号・797条2項1号）。そのため，株主総会の日の前日までに，書面または電磁的方法によって当該議案に反対する議決権の行使をした株主も，反対株主として株式買取請求をすることができる。

他方，当該株主総会において議決権を行使することができない株主は，反対通知をすることなく，株式買取請求できる（会785条2項2号・797条2項2号）。

（ⅲ）買取りの手続　　①吸収合併の当事会社は，効力発生日の20日前までに，その株主に対し，吸収合併等をする旨ならびに当事会社の商号および住所を通知しなければならない（会785条3項・797条3項）。当該通知は公告に代えることができる場合がある（会785条4項・797条4項）。②株式買取りを請求する株主は，効力発生日の20日前の日から効力発生日の前日までの間に，その株式買取請求に係る株式の数（種類株式発行会社にあっては，株式の種類および種類ごとの数）を明らかにして，買取請求をしなければならない（会785条5項・797条5項）。

反対株主が株式買取請求をした場合，株式の価格の決定について，効力発生日から30日以内に協議が調わないときは，株主または吸収合併の当事会社は，その期間の満了の日後30日以内に，裁判所に対し，価格の決定の申立てをすることができる（会786条2項・798条2項）。なお，会社の承諾を得た場合にのみ，株式買取請求をした株主は，株式買取請求を撤回することができる（会785条7項・797

条7項）。株主による撤回が制限されている趣旨は，株主による株式買取請求権の濫用的行使を抑止する点にある。

　株式買取請求に係る株式の買取りは，効力発生日に，その効力が発生する（会786条6項・798条6項）。

　（ⅳ）「公正な価格」の意義　　株式買取請求に係る「公正な価格」は，合併から生じるシナジーも考慮するため，「会社が合併をしなければ当該株式が有したであろう価格」を超過する場合もあり得る。

### ⑤　債権者異議手続

　（ⅰ）債権者異議手続の趣旨　　たとえば，合併の相手方である当事会社の経営状態が悪い場合，当該合併によって，合併の当事会社に債権を有する会社債権者に不利益を与えるおそれがある。このような不利益を防止するために，債権者異議手続が設けられている。

　吸収合併の場合，各当事会社は，吸収合併における効力発生日よりも前に，債権者異議手続を終了しなければ，合併の効力が生じない（会750条6項・752条6項）。

　（ⅱ）債権者異議手続の概要　　吸収合併の場合を例にとる。吸収合併における債権者異議手続は，消滅株式会社の債権者が行うものと存続株式会社の債権者が行うものとがある。

　まず，消滅株式会社の場合である。消滅株式会社は，①吸収合併をする旨，②存続株式会社の商号および住所，③消滅株式会社および存続株式会社（株式会社に限る）の計算書類に関する事項として法務省令で定めるもの，④債権者が一定の期間内に異議を述べることができる旨（この期間は1ヶ月を下ることができない。会789条2項但書）を官報に公告し，かつ，知れている債権者には，各別にこれを催告しなければならない（会789条2項。持分会社について，会793条2項参照）。「知れている債権者」とは，①債権者の氏名・名称と，②債権の原因とその内容の概要を，会社が知っている債権者をいう。なお，消滅株式会社等が同項の規定による公告を，官報の他，定款の定めに従い，時事に関する事項を掲載する日刊新聞紙または電子公告によっても行うときは，各別の催告は，することを要しない（会789条3項）。

　存続株式会社の債権者における債権者異議手続も以上に述べたものと同様である（会799条。持分会社について，会802条2項参照）。

　（ⅲ）債権者による異議の有無とその効果　　債権者が期間（会789条2項4号等）内に異議を述べなかったときは，当該債権者は，当該合併について承認をしたものとみなす（会789条4項・799条4項）。

　他方，債権者が期間（会789条2項4号等）内に異議を述べたときは，当事会社は，当該債権者に対し，弁済し，もしくは相当の担保を提供し，または当該債権者に弁済を受けさせることを目的として信託会社等に相当の財産を信託しなければならない（会789条5項本文・799条5項本文）。ただし，当該吸収合併等をしても当該債権者を害するおそれがないときは，この限りでない（会789条5項但書・799条5項但書）。このように，会社債権者が異議を述べたとしても，当該合併自体の効力発生を阻止するものではない。この点が，組織法上の手続である債権者異議手続の特徴である。

　⑥　合併の効力発生・登記

　（ⅰ）合併の効力発生　　吸収合併の場合，合併契約で定めた効力発生日（会749条1項6号）に効力が発生する（会750条・752条。なお，消滅株式会社は存続株式会社との合意により，効力発生日を変更することができる。会790条）。

　（ⅱ）消滅株式会社の吸収合併による解散の登記の効力（会750条2項）　　存続株式会社は，効力発生日に，消滅株式会社の権利義務を承継する（会750条1項）。消滅株式会社の吸収合併による解散は，吸収合併の登記の後でなければ，これをもって第三者に対抗することができない（同条2項）。本条の趣旨は，吸収合併の場合，効力発生日に消滅株式会社は解散する（会471条4号）が，吸収合併による消滅株式会社に係る解散の登記（会921条）がなされるまで，消滅株式会社が存在するような外観があるため，このような外観を保護する趣旨である。他方，新設合併設立株式会社は，その成立の日に（会49条），新設合併消滅会社の権利義務を承継する。

　（ⅲ）事後の開示　　存続株式会社は，効力発生日後遅滞なく，吸収合併により吸収合併存続株式会社が承継した吸収合併消滅株式会社の権利義務その他の吸収合併に関する事項として法務省令で定める事項を記載し，または記録した書面または電磁的記録を作成しなければならない（会801条1項）。存続株式会社は，効力発生日から6ヶ月間，吸収合併等に関する書面をその本店に備え置かなければならない（同条2項1号）。新設合併の場合にも類似の規定がある（会815条）。この開示の趣旨は，手続が適正に行われたのかを検証する手段を提供するものである。

　⑦　簡易合併・略式合併

　（ⅰ）簡易合併制度の意義　　簡易合併とは，次のような制度である。すなわち，①交付される存続株式会社の株式の数に1株当たり純資産額を乗じて得た額，②交付される存続株式会社等の社債，新株予約権または新株予約権付社債の帳簿価額の合計額および，③交付される存続株式会社の株式等以外の財産の帳簿価額の

合計額を合計した額が，存続株式会社の純資産額として法務省令で定める方法により算定される額（施規196条）の５分の１（これを下回る割合を存続株式会社の定款で定めた場合にあっては，その割合）を超えない場合には，存続株式会社について，合併承認決議なしに合併を行うことができる（会796条２項。なお，例外について，本条２項但書参照）。つまり，簡易合併とは，存続株式会社が交付する合併対価の総額が存続株式会社の純資産額の５分の１以下であれば，存続株式会社における合併承認決議を不要とする制度である。合併承認決議を不要とする趣旨は，存続株式会社に対して消滅株式会社の規模が小さい場合には，存続株式会社の株主に与える影響が軽微であるためである。重要な点は，簡易合併が行われる場合であっても，存続株式会社の株主総会決議が省略される以外は通常の合併と同様の手続が必要であることである。消滅株式会社の株主や会社債権者の保護が必要だからである。

　もっとも，法務省令で定める数の株式（株主総会において議決権を行使することができるものに限る。施規197条）を有する株主が，株式買取請求に係る通知・公告の日から２週間以内に吸収合併に反対する旨を存続株式会社に対し通知したときは，当該存続株式会社は，効力発生日の前日までに，株主総会の決議によって，吸収合併契約の承認を受けなければならない（会796条３項）。つまり，この場合も，存続株式会社は簡易合併を行うことができない。本条３項の「法務省令で定める数の株式」は，①合併承認決議に係る特別決議を阻止できる数（施規197条１号ないし３号），または，②定款で定めた数（施規197条４号）に分類できる。いずれの場合も，一定数の議決権を有する株主が当該合併に対して反対するため，存続株式会社における当該吸収合併を承認する特別決議が成立しない可能性があることから，簡易合併を認めず，当該吸収合併について存続株式会社の株主の意思を確認する機会を確保する趣旨である。

　（ⅱ）略式合併制度の意義　　略式合併とは，次のような制度である。すなわち，①存続株式会社が消滅株式会社の特別支配会社である場合には，特別支配会社に従属する会社（「従属会社」とする）である消滅株式会社における株主総会の承認決議は不要となる（会784条１項。なお，例外について，本条１項但書参照）。また，②消滅株式会社が存続株式会社の特別支配会社である場合には，従属会社である存続株式会社における株主総会の承認決議は不要となる（会796条１項。なお，例外について，本条１項但書参照）。これらの場合には，実質的に９割の議決権を有する特別支配会社の意向に沿って，従属会社において合併契約が承認されることが明らかであるので，従属会社の株主総会において承認を求める意味がないからである。このように，略式合併制度は，従属会社における株主総会による吸収合

併契約の承認決議を不要とするものである。なお，上記②の場合，存続株式会社における株主総会決議が不要となるため，総会での説明（会795条2項・3項）も不要となる（会796条1項本文）。

　特別支配会社とは，ある株式会社の総株主の議決権の10分の9（これを上回る割合を当該株式会社の定款で定めた場合にあっては，その割合）以上を他の会社および当該他の会社が発行済株式の全部を有する株式会社その他これに準ずるものとして法務省令で定める法人が有している場合における当該他の会社をいう（468条1項）。

### （3）新設合併

#### ①　意義と概要

　新設合併とは，2以上の会社がする合併であって，合併により消滅する会社の権利義務の全部を合併により設立する会社に承継させるものをいう（会2条28号）。

　新設合併の場合も，手続の大まかな流れは，①新設合併契約を締結し，事前の開示を行い，②合併当事会社双方の株主総会において新設合併契約を決議によって承認し，同時に，③会社債権者の異議手続を行うこととなる。手続の内容も吸収合併に類似する。また，反対株主の株式買取請求権もある（会806条）。

　なお，新設合併において，簡易合併・略式合併は認められていない。

#### ②　債権者異議手続

　新設合併消滅株式会社の債権者も，吸収合併の場合と同様に，新設合併により債権回収が困難になるリスクがあるので，新設合併の当事会社である各消滅株式会社において債権者異議手続を行う必要がある（会810条）。

　債権者が異議を述べなかった場合には，債権者が期間（同条2項4号）内に異議を述べなかったときは，当該債権者は，当該合併について承認をしたものとみなす（同条4項）。他方，債権者が異議を述べた場合には，債権者が期間内に異議を述べたときは，当事会社は，当該債権者に対し，弁済し，もしくは相当の担保を提供し，または当該債権者に弁済を受けさせることを目的として信託会社等に相当の財産を信託しなければならない（同条5項本文）。ただし，当該新設合併をしても当該債権者を害するおそれがないときは，この限りでない（同条5項但書）。このように，会社債権者が異議を述べたとしても，当該新設合併自体の効力発生を阻止するものではない。

　新設合併の場合，新設合併設立株式会社成立の日より前に，債権者異議手続を終了しなければ，新設合併に係る登記をすることができない（会922条1項1号ホ）。そのため，新設合併設立株式会社の成立の日より前に，債権者異議手続を終了する必要がある。

### ③　新設合併の効力発生日

　新設合併の効力は，吸収合併の場合と異なり，新設合併設立株式会社の成立の日（設立登記の日となる。会49条）に効力が発生する（会754条1項）。新設合併が新たな会社を設立する点に特徴があるためである。

### ④　新設合併設立株式会社における手続

　新設合併設立株式会社は，その成立の日後遅滞なく，新設合併により新設合併設立株式会社が承継した新設合併消滅株式会社の権利義務その他の新設合併に関する事項として法務省令で定める事項（施規211条）を記載し，または記録した書面または電磁的記録を作成しなければならない（会815条1項）。新設合併設立株式会社は，上記の書面または電磁的記録および新設合併契約の内容その他法務省令で定める事項（施規213条）を記載し，または記録した書面または電磁的記録を，その成立の日から6ヶ月間，新設合併設立株式会社の本店に備え置かなければならない（会815条3項1号）。新設合併設立株式会社の株主および債権者は，新設合併設立株式会社に対して，その営業時間内は，いつでも，上記書面等の閲覧等の請求をすることができる（同条4項）。

　本条は，新設合併設立株式会社による新設合併契約に関する書類の事後開示制度を定めている。これは，新設合併の適法性を事後的に確認する機会を与え，新設合併契約などに不実記載があった場合には，新設合併の無効の訴えを提起するための資料とする趣旨である。

### （4）合併をやめることの請求

　合併の手続に法令違反などがある場合には，合併の効力が発生する前に，株主が合併をやめることを請求することができる。吸収合併の場合，①消滅株式会社の株主が消滅株式会社に対して合併をやめることを請求する類型（会784条の2）と，②存続株式会社の株主が存続株式会社に対して合併をやめることを請求する類型（会796条の2）という類型がある。また，新設合併の場合，新設合併消滅株式会社の株主が新設合併消滅株式会社に対して合併をやめることを請求する類型（会805条の2）がある。なお，簡易合併を行う場合，存続株式会社の株主は，当該簡易合併をやめることを請求できない（会796条の2但書）。簡易合併は，存続株式会社に与える影響が軽微だからである。

　略式合併以外の合併の場合，当該合併をやめることを請求できる事由は，「法令又は定款に違反する場合」のみである（会784条の2第1号・796条の2第2号・805条の2。なお，新設合併において略式合併は観念できない）。この場合の「法令」は，会社による法令違反に限られる（つまり，取締役の善管注意義務違反を含まない）。また，条文の構造上，略式合併以外の合併において，対価の不当性は，当

該合併をやめることを請求できる事由にはならない。つまり，対価の不当性は，法令・定款違反（会784条の2第1号・796条の2第1号）とは別の差止事由として構成されており，かつ，略式合併の場合の差止事由に限定されているからである（会784条の2第2号・796条の2第2号）。対価の不当性について不満を持つ株主は，株式買取請求権を行使することにより，合併当事会社から離脱するほかない＊。

＊株主総会決議の取消しの訴えと差止請求権：存続株式会社である大株主の議決権行使によって，存続株式会社に著しく有利な合併対価が株主総会で承認された場合，特別利害関係人による著しく不当な決議（会831条1項3号）に該当するとして，①当該株主総会決議の取消しの訴えを提起すること，また，②当該株主総会決議の取消しの訴えの提訴権を被保全権利として，当該合併承認決議の執行停止の仮処分（民保23条2項）を申し立てることはできるのであろうか。上記①は，会社法によって認められた提訴権であるから，当然認められる。また，上記②も，上記①の実効性を確保する観点から，認められると解する。そして，上記②の仮処分に違反して，合併が行われた場合には，当該仮処分違反は合併無効の訴えにおける合併無効原因に該当すると解される。


いずれの類型も「株主が不利益を受けるおそれがある」ことも，請求の要件となる。もっとも，各条文には「よって」という文言がないことから，各違反行為と不利益との因果関係は不要であると解されている。

　合併をやめることの請求の主張方法は，法文上，訴訟に限定されていない。もっとも，合併をやめることの請求を認容する判決が確定する前に，合併の効力が発生した場合には，当該合併をやめることを求めることができなくなるから，当該請求を求める訴訟は，実質的に無意味となる。そのため，当該合併をやめることの請求権を被保全権利として，合併の執行停止の仮処分（民保23条2項）を申し立てることが一般的であろう。この仮処分に違反して，合併が行われた場合には，当該仮処分違反は合併無効の訴えにおける合併無効原因に該当すると解される。

### （5）合併の無効

#### ①　合併無効の訴えの意義

　会社の吸収合併および新設合併の無効は，吸収合併・新設合併の効力が生じた日から6ヶ月以内に，訴えをもってのみ主張することができる（会828条1項7号・8号）。合併の手続に瑕疵があれば本来は無効であるが，法的安定性を確保する観点から合併無効の訴えという制度（形成の訴え）を定めることにより，（i）合併無効の主張を訴えのみに限定し，（ii）無効の効果を画一的に確定し，（iii）判決の遡及効を否定するものである。

#### ②　合併無効の訴えの要件

　合併無効の訴えを提起できる者は，当該行為の効力が生じた日において，①吸

収合併（または新設合併）をする会社の株主等（会828条 2 項 1 号）・社員等（会828条 2 項 1 号）であった者，②吸収合併後存続する会社（または新設合併により設立する会社）の株主等・社員等，③破産管財人，④吸収合併（新設合併）について承認をしなかった債権者に限定されている（会828条 2 項 7 号・ 8 号）。他方，被告は，存続株式会社・設立株式会社である（会834条 7 号・ 8 号）。

　提訴期間は，合併の効力が生じた日から 6 ヶ月以内である（会828条 1 項 7 号・ 8 号）。

　無効原因は，合併手続の瑕疵である。合併手続の瑕疵の例として，合併の承認決議を行った株主総会において，招集手続や決議方法に法令違反があった場合などがあげられる。なお，合併条件の不公正が無効原因となるかについては，争いがある。合併条件が不公正であると考える株主については株式買取請求権を行使すれば足りるとすれば，合併条件の不公正は無効原因にならないと解すべきであろう。

　合併の承認決議について取消事由があることを理由に，当該株主総会決議取消しの訴えを提起した場合，合併の効力発生後も当該訴えは存続するのか，という問題がある。多数説（吸収説）は，合併の効力発生後は合併無効の訴えによらなければならないので，株主総会決議取消しの訴えは合併無効の訴えに吸収されると解されている。

### ③　合併無効判決の効力

　合併無効判決の効力は，①対世的効力があるが（会838条），②遡及効は否定される（会839条）。このため，合併によって消滅した会社が復活し，新設合併の場合は設立された会社は消滅する（なお，吸収合併後存続する会社や新設合併により設立する会社が合併後に取得した財産については，会843条参照）。

## 3　会社分割
### (1) 総　説
### ①　意　義

　吸収分割とは，株式会社または合同会社がその事業に関して有する権利義務の全部または一部を分割後他の会社に承継させることをいう（会 2 条29号）。他方，新設分割とは， 1 または 2 以上の株式会社または合同会社がその事業に関して有する権利義務の全部または一部を分割により設立する会社に承継させることをいう（同条30号）。

　吸収分割や新設分割をする分割会社となり得るのは，株式会社と合同会社に限られる（同条29号・30号参照）。他方，吸収分割により権利義務を承継する承継会

社や，新設分割により設立される設立会社については，会社の種類は限定されていない（合名会社・合資会社が承継会社・設立会社となり得ることについて，会760条4号イ・ロおよび会765条1項1号）。以下，特に断らない限り，株式会社を当事会社とする会社分割を想定して説明することとする。

①分割会社（例：吸収分割株式会社や新設分割株式会社）が，分割の対象となる事業に関する権利義務の全部または一部を，承継会社（例：吸収分割承継株式会社）または設立会社（例：新設分割設立株式会社）に承継させ，②その対価を分割会社が承継会社または設立会社から取得することとなる。上記のように会社分割の場合，合併と異なり，分割会社が会社の分割後も存続する点に特徴がある（この意味で，会社の分割の場合，「包括承継」という概念を使用するのは適切ではない）。このことから，吸収合併のように登記を対抗要件と定める規定（会750条2項）はない。そのため，資産の移転について，第三者への対抗要件を具備する必要がある。

### ②　吸収分割と新設分割の異同

吸収分割の場合，分割会社・承継会社間で，吸収分割契約（会758条）を締結しなければならない（会757条）。他方，新設分割の場合，新設分割を開始する時点で，設立会社は存在しない。このため，新設分割の場合，（契約ではなく）新設分割計画（会763条）を作成しなければならない（会762条1項）。

### ③　いわゆる物的（分社型）分割と人的（分割型）分割の異同

物的分割とは，会社分割の対価が，吸収分割株式会社・新設分割株式会社自体に交付される類型をいう。他方，人的分割とは，会社分割の対価が，吸収分割株式会社・新設分割株式会社の株主に交付される類型をいう。会社法の下では，「会社分割」とは，物的分割を意味する。人的分割は，まず，①物的分割を実施し，次に，②吸収分割株式会社・新設分割株式会社の株主に対して，剰余金の配当という形式で，会社分割の対価を交付することにより実施できる。

### ④　手続の概要

会社分割の当事会社の株主は，会社の資産状態と分割の条件に利害関係を有する。また，債務は原則として債権者の同意なく承継会社または設立会社に移転する。そこで，（ⅰ）分割契約（吸収分割の場合）・分割計画（新設分割）の作成・事前開示，（ⅱ）分割契約・分割計画の株主総会での承認，（ⅲ）債権者異議手続（なお，株主総会決議の後である必要はないことに注意），（ⅳ）登記，（ⅴ）事後の開示，という手続を踏む。

## （2）吸収分割

### ① 意義と概要

　株式会社を当事会社とする吸収分割は，ある株式会社がその事業に関して有する権利義務の全部または一部を分割後他の株式会社に承継させる。吸収分割において，当事会社の株主は，会社の資産状態と分割の条件について利害関係を有する。また，債務は免責的に吸収分割承継株式会社に移転することから，当事会社の債権者は，その会社債権の回収について利害関係を有する。このような利害関係者の利益を調整するため，吸収分割の手続が定められている。その概要は，（ⅰ）吸収分割契約の作成・事前開示，（ⅱ）吸収分割契約の株主総会での承認，（ⅲ）債権者異議手続（なお，株主総会決議の後である必要はないことに注意），（ⅳ）登記，（ⅴ）事後の開示である。以下で，概観することとする。

### ② 吸収分割契約

　（ⅰ）意　義　　吸収分割は当事会社間の契約であるため，吸収分割契約を締結しなければならない。株主等の保護のため，吸収分割契約の内容については法定記載事項が定められている。

　（ⅱ）吸収分割契約の内容　　吸収分割契約には，①吸収分割株式会社および吸収分割承継株式会社の商号および住所，②吸収分割承継株式会社が吸収分割により吸収分割株式会社から承継する資産，債務，雇用契約その他の権利義務（吸収分割株式会社および吸収分割承継株式会社の株式ならびに吸収分割株式会社の新株予約権に係る義務を除く）に関する事項，③吸収分割により吸収分割株式会社または吸収分割承継株式会社の株式を吸収分割承継株式会社に承継させるときは，当該株式に関する事項などを定める（会758条）。

　（ⅲ）「事業に関して有する権利義務の全部又は一部」の意義　　会社分割の対象は，「事業に関して有する権利義務の全部又は一部」である（会2条29号・30号）。これは，「事業の全部又は一部」より広い概念であり，事業に該当しない権利関係でも会社分割の対象となる（「事業」概念については，事業譲渡における「事業」概念を参照）。このため，一般論としては，会社分割の当事会社以外の会社が発行する株式も，会社分割の対象となる（会社法758条2号は「雇用契約その他の権利義務」として，雇用契約を例示する）。

### ③ 吸収分割契約に関する書面等の備置きおよび閲覧等（事前の開示）

　吸収分割株式会社は，「吸収合併契約等備置開始日」（会782条2項）から吸収分割がその効力を生ずる日（効力発生日）後6ヶ月を経過する日までの間，吸収分割契約の内容その他法務省令（施規183条）で定める事項を記載し，または記録した書面または電磁的記録をその本店に備え置かなければならない（会782条1項）。

また，吸収分割承継株式会社は，「吸収合併契約等備置開始日」（会794条2項）から効力発生日後6ヶ月を経過する日までの間，吸収分割契約の内容その他法務省令（施規192条）で定める事項を記載し，または記録した書面または電磁的記録をその本店に備え置かなければならない（会794条1項）。

　吸収分割株式会社の株主および債権者は，吸収分割株式会社に対して，その営業時間内は，いつでも，吸収分割契約の内容その他法務省令で定める事項を記載した書面（会782条1項）の閲覧の請求等をすることができる（施規782条3項）。また，吸収分割承継株式会社の株主および債権者は，吸収分割承継株式会社に対して，その営業時間内は，いつでも，吸収合併契約等の内容その他法務省令で定める事項を記載した書面（会794条1項）の閲覧の請求をすることができる（同条3項）。

#### ④　吸収分割契約の承認決議

　会社分割の効力発生日の前日までに，各当事会社において，株主総会の特別決議（会309条2項12号）によって，吸収分割契約の承認を得なければならない。つまり，吸収分割株式会社の承認決議（会783条）と吸収分割承継株式会社の承認決議（会795条）の双方が必要となる。

　なお，略式手続（会784条1項・796条1項）や簡易手続（会784条3項・796条3項・805条）の場合は，上記承認決議が不要な場合がある。

#### ⑤　反対株主の株式買取請求権・新株予約権買取請求権

　（ⅰ）反対株主の株式買取請求権　　吸収合併における「反対株主の株式買取請求権」の個所を参照。

　（ⅱ）新株予約権買取請求権の意義　　新株予約権が，従前の立場より不利益な内容に変更された場合に，新株予約権買取請求権が発生する。吸収分割については，以下のようになる（新設分割について，会808条1項2号を参照）。まず，①吸収分割契約新株予約権の場合は，分割会社の新株予約権に代わり交付される承継会社の新株予約権が，㋐承継される旨が定められていないとき（会236条1項8号参照），または，㋑承継条件（会236条1項8号ロの条件）に合致しないときに，新株予約権買取請求権が発生する（会787条1項2号イ）。すなわち，吸収分割の際に承継されないはずであったにもかかわらず，承継される不利益を被る新株予約権者（上記㋐）と，吸収分割の際に承継されたが，承継条件が異なる新株予約権者（上記㋑）に，新株予約権買取請求権が発生する。

　次に，②吸収分割契約新株予約権以外の新株予約権であって，吸収分割をする場合において当該新株予約権の新株予約権者に吸収分割承継株式会社の新株予約権を交付することとする旨の定めがあるものは，分割会社の新株予約権の権利内

容として，吸収分割の際に承継会社の新株予約権が交付される旨（会236条1項）が定められていたにもかかわらず，その取扱いがなされていないときに，新株予約権買取請求権が発生する（会787条1項2号ロ）。すなわち，吸収分割の際に承継されるはずであったにもかかわらず，承継されない不利益を被る新株予約権者に新株予約権買取請求権が発生する。

### ⑥　債権者異議手続

（ⅰ）**吸収分割株式会社の債権者**における**債権者異議手続の意義**　　原則として，吸収分割の場合，吸収分割株式会社の総資産額に変動がないので，分割後も吸収分割株式会社に全額を請求できる債権者は，吸収分割によって不利益を受ける余地はない。したがって，債権者異議手続は不要とされている（会789条1項2号参照）。

　例外として，債権者異議手続の対象となるのは，①吸収分割後，吸収分割株式会社に対して債務の履行（当該債務の保証人として吸収分割承継株式会社と連帯して負担する保証債務の履行を含む）を請求することができない吸収分割株式会社の債権者（会789条1項2号），②吸収分割株式会社が分割対価である株式等を吸収分割株式会社の株主に配分する場合の吸収分割株式会社の債権者である（会789条1項2号括弧書）。上記②は，人的分割（すなわち，物的分割＋分割対価である株式の配当）が行われる場合，吸収分割株式会社において分配可能額による制約を受けない（会792条）ため，吸収分割株式会社の債権者も債権者異議手続の対象となるのである。なお，労働契約の特殊性に鑑み，「会社分割に伴う労働契約の承継等に関する法律」による特則がある。

（ⅱ）**吸収分割承継株式会社の債権者**における**債権者異議手続**　　債権者異議手続が必要となるのは，吸収分割承継株式会社の債権者（会799条1項2号）である。なぜなら，吸収分割の対象によっては，債権の回収が困難となるおそれがあるからである。

（ⅲ）**異議に係る公告・催告**　　吸収分割株式会社・吸収分割承継株式会社の債権者の全部または一部が異議を述べることができる場合には，吸収分割株式会社・吸収分割承継株式会社は，吸収分割をする旨等の事項を官報に公告し，かつ，知れている債権者（異議を述べることができるものに限る）には，各別にこれを催告しなければならない（会789条2項・799条2項）。

　会社分割における特徴は，吸収分割株式会社（吸収分割承継株式会社は含まれないことに注意）は，官報公告に加えて，定款で定めた時事に関する事項を掲載する日刊新聞紙・電子公告により公告した場合でも，不法行為によって生じた分割会社の債務の債権者に対しては，各別の催告を省略することができないことであ

る（会789条3項括弧書）。

　（ⅳ）吸収分割の効力　　吸収分割の効力発生時期は，吸収分割契約で定めた日である（会758条7号・760条6号）。吸収分割承継株式会社は，効力発生日に，吸収分割契約の定めに従い，吸収分割株式会社の権利義務を承継する（会759条1項）。これには，以下のような例外がある。

　①吸収分割株式会社に異議を述べることができる吸収分割株式会社の債権者（会789条1項2号）で，各別の催告（会789条2項）を受けなかった（吸収分割株式会社に対して）不法行為債権を有するもの（同条3項）は，吸収分割契約において吸収分割後に吸収分割株式会社に対して債務の履行を請求することができないものとされているときであっても，吸収分割株式会社に対して，吸収分割株式会社が効力発生日に有していた財産の価額を限度として，当該債務の履行を請求することができる（会759条2項）。つまり，不法行為債権を有する者に関する特則である。この趣旨は，吸収分割株式会社が，不法行為による被害が顕在化する前に吸収分割を行い，不法行為責任を免れることを防止する点にある。

　②吸収分割株式会社に異議を述べることができる吸収分割株式会社の債権者（会789条1項2号）であって，各別の催告を受けなかったものは，吸収分割契約において吸収分割後に吸収分割承継株式会社に対して債務の履行を請求することができないものとされているときであっても，吸収分割承継株式会社に対して，承継した財産の価額を限度として，当該債務の履行を請求することができる（会759条3項）。

　本条は，吸収分割効力発生日に，吸収分割株式会社が，その株主に，全部取得条項付種類株式の取得対価または剰余金の配当として吸収分割承継株式会社の株式のみを交付する場合（会789条1項2号括弧書：人的分割）を想定している。人的分割の場合，吸収分割株式会社の債権者が害されるおそれがあるからである。

　③吸収分割株式会社が吸収分割承継株式会社に承継されない債務の債権者（残存債権者）を害することを知って吸収分割をした場合には，残存債権者は，吸収分割承継株式会社に対して，承継した財産の価額を限度として，当該債務の履行を請求することができる（会759条4項本文）。詐害的な吸収分割から，残存債権者を保護する趣旨である。ただし，「吸収分割承継株式会社が吸収分割の効力が生じた時において残存債権者を害すべき事実を知らなかったとき」は，上記の履行請求はできない（同項但書）。

### ⑦　吸収分割に関する書面等の備置きおよび閲覧等（事後の開示）

　吸収分割株式会社は，効力発生日後遅滞なく，吸収分割承継株式会社と共同して，吸収分割により吸収分割承継株式会社が承継した吸収分割株式会社の権利義

務その他の吸収分割に関する事項として法務省令（施規189条）で定める事項を記載した書面等を作成し（会791条1項），効力発生日から6ヶ月間，当該書面等をその本店に備え置かなければならない（会791条2項）。また吸収分割承継株式会社も，吸収分割に関する書面（同条1項）等を効力発生日から6ヶ月間，当該各号に定めるものをその本店に備え置かなければならない（会801条3項）。

吸収分割株式会社の株主，債権者その他の利害関係人は，吸収分割株式会社に対して，その営業時間内は，いつでも，上記書面の閲覧等の請求をすることができる（会791条3項）。また，吸収分割承継株式会社の株主，債権者その他の利害関係人は，吸収分割承継株式会社に対して，その営業時間内は，いつでも，上記書面の閲覧等の請求をすることができる（会801条5項）。この制度の趣旨は，吸収分割の無効の訴えを提起するか否かを判断するための資料を提供するものである。

### （3）新設分割

#### ① 意義と概要

新設分割は，1または2以上の新設分割株式会社の事業に関して有する権利義務の全部または一部を分割により設立する会社に承継させる。基本的な手続は，吸収分割に類似する。すなわち，（ⅰ）分割計画の作成・事前開示，（ⅱ）分割計画の株主総会での承認，（ⅲ）債権者異議手続，（ⅳ）登記，（ⅴ）事後の開示，という手続である。また，簡易新設分割の場合（会805条）を除き，反対株主の株式買取請求権もある（会806条）。

#### ② 新設分割計画に関する書面等の備置きおよび閲覧等（事前の開示）

新設分割の当事会社は，新設分割計画を作成しなければならない（会762条）。新設分割株式会社の株主や会社債権者に対して新設分割に関する判断材料を提供する制度として新設分割計画に関する書面等の備置きおよび閲覧等がある（会803条参照）。基本的枠組みは，吸収分割の場合に類似する。

#### ③ 債権者異議手続

新設分割における債権者異議手続は，吸収分割における吸収分割株式会社の債権者の場合と同様である（会810条1項2号）。

#### ④ 新設分割の効力発生日

新設分割設立株式会社は，その成立の日に，新設分割計画の定めに従い，新設分割株式会社の権利義務を承継する（会764条1項）。なお，債権者による債務の履行請求については，吸収分割の場合と基本的には同様である（会764条2項ないし5項参照）。

#### ⑤　新設分割設立株式会社における手続

　新設分割設立株式会社は書面（会811条1項1号）等をその成立の日から6ヶ月間，当該各号に定めるものをその本店に備え置かなければならない（会815条3項）。そして，新設分割設立株式会社の株主，債権者その他の利害関係人は，新設分割設立株式会社に対して，その営業時間内は，いつでも，当該書面の閲覧等の請求をすることができる（同条5項）。この制度の趣旨は，吸収分割の無効の訴えを提起するか否かを判断するための資料を提供するものである。

### （4）簡易分割・略式分割

#### ①　簡易分割制度の意義

　（ⅰ）吸収分割契約の承認を要しない場合　　①吸収分割により吸収分割承継株式会社に承継させる資産の帳簿価額の合計額が吸収分割株式会社の総資産額として法務省令（施規187条）で定める方法により算定される額の5分の1（これを下回る割合を吸収分割株式会社の定款で定めた場合にあっては，その割合）を超えない場合には，会社法783条は適用されない（会784条2項。吸収分割株式会社における簡易分割）。このため，吸収分割承継株式会社における簡易分割の場合，吸収分割株式会社における株主総会の吸収分割契約を承認する決議は不要となる。当該吸収分割が吸収分割株式会社に与える影響が軽微であるため，吸収分割株式会社における株主総会決議等を不要とする趣旨である。このように，吸収分割株式会社に与える影響が軽微であるため，吸収分割株式会社の株主について，株式買取請求権が認められていない（会785条1項2号）。

　また，吸収分割承継株式会社が交付する分割対価の総額が吸収分割承継株式会社の純資産額の5分の1以下であれば，吸収分割承継株式会社における株主総会決議による承認は不要である（会796条2項。吸収分割承継株式会社における簡易分割。なお，例外について，796条2項但書参照）。これは，吸収分割承継株式会社に対して吸収分割株式会社の規模が小さい場合は，吸収分割承継株式会社に与える影響が軽微であるため，総会決議を不要としたものである。もっとも，法務省令で定める数の株式（株主総会において議決権を行使することができるものに限る。施規197条）を有する株主が，株式買取請求に係る通知・公告の日から2週間以内に吸収分割に反対する旨を吸収分割承継株式会社に対し通知したときは，当該吸収分割承継株式会社は，効力発生日の前日までに，株主総会の決議によって，吸収分割契約の承認を受けなければならない（会796条3項）。趣旨は，簡易合併の場合と同様である。

　（ⅱ）新設分割計画の承認を要しない場合　　新設分割により新設分割設立株式会社に承継させる資産の帳簿価額の合計額が新設分割株式会社の総資産額として法

務省令で定める方法（施規207条）により算定される額の5分の1（これを下回る
割合を新設分割株式会社の定款で定めた場合にあっては，その割合）を超えない場合
には，適用しない（会805条）。

　本条は，上記（ⅰ）と異なり，新設分割にも簡易分割を認めたものである。す
なわち，新設分割株式会社から分割される資産が，新設分割株式会社に比して小
規模であるため，新設分割株式会社に与える影響が軽微であることから，株主総
会での新設分割計画の承認を要しないとしたのである。この理由から，新設分割
株式会社の株主に，株式買取請求権は認められない（会806条1項2号）。

### ②　略式分割制度の意義

　（ⅰ）吸収分割承継株式会社が吸収分割株式会社の特別支配会社である場合に
は，特別支配会社に従属する会社（「従属会社」とする）である吸収分割株式会社
における株主総会の承認決議は不要となる（会784条1項）。また，（ⅱ）吸収分割
株式会社が吸収分割承継株式会社の特別支配会社である場合には，従属会社であ
る吸収分割承継株式会社における株主総会の承認決議は不要となる（会796条1
項）。これらの場合には，略式合併制度と同様に，実質的に9割の議決権を有す
る特別支配会社の意向に沿って，従属会社において吸収分割契約が承認されるこ
とが明らかであるので，従属会社の株主総会において承認を求める意味がないか
らである。このように，略式分割制度は，従属会社における株主総会による吸収
分割契約の承認決議を不要とするものである。なお，上記（ⅱ）の場合，吸収分
割承継株式会社における株主総会決議が不要となるため，総会での説明（会795
条2項・3項）も不要となる（会796条1項。例外について，同項但書参照）。

## （5）会社分割の瑕疵

### ①　会社分割をやめることの請求

　会社分割の手続に法令違反などがある場合には，会社分割の効力が発生する前
に，株主が会社分割をやめることを請求することができる。吸収分割の場合，①
吸収分割株式会社の株主が吸収分割株式会社に対して吸収分割をやめることを請
求する類型（会784条の2）と②吸収分割承継株式会社の株主が吸収分割承継株式
会社に対して吸収分割をやめることを請求する類型（会796条の2）がある。また，
新設分割の場合，新設分割株式会社の株主が新設分割株式会社に対して合併をや
めることを請求する類型（会805条の2）がある。詳細は，合併の箇所を参照され
たい。

### ②　会社分割の無効の訴え

　（ⅰ）意義　　法的安定性を確保するために，会社分割の無効主張は，制限さ
れている。すなわち，①会社の吸収分割の無効及び会社の新設分割の無効は，訴

えによってのみ主張できる（会828条1項9号・10号）。また，②会社分割を無効とする確定判決は，第三者に対してもその効力を有する（対世的効力：会838条）。そして，③会社分割を無効とする判決が確定したときは，当該判決において無効とされた会社分割は，将来に向かってその効力を失う（会839条）。つまり，会社分割の無効の遡及効を否定するのである。

提訴期間は，会社の分割の効力が生じた日から6カ月以内である（会828条1項9号・10号）。また，提訴権者も，会社の株主等に限定されている（同条2項9号・10号）。

なお，会社分割の場合，分割会社に対して分割後も請求できる債権者は債権者異議手続の対象者ではないため，異議を述べることができない。そのため，「分割について承認をしなかった債権者」に該当しないことから，会社分割の無効の訴えに係る提訴権者ではない（同条2項9号・10号）。

(ii) 無効原因　　無効原因は法定されていない。そのため，解釈によることとなる。会社分割の無効原因は，分割手続の瑕疵である。具体的には，吸収分割契約・新設分割計画の内容が違法であることや吸収分割契約・新設分割計画に関する書面等の不備置・不実記載などである。

## 4　株式交換
### （1）意義と概要
株式交換とは，株式会社がその発行済株式（株式会社が発行している株式をいう）の全部を他の株式会社または合同会社に取得させることをいう（会2条31号）。株式会社を当事会社とする株式交換の場合，株式交換は，既存の株式会社（完全子会社となる会社）の株主の有する全株式が一定の日に既存の他の株式会社（完全親会社となる会社）に移転し，完全子会社となる会社の株主には同じ日に完全親会社から金銭等が交付される（会769条）。つまり，株式交換は，完全親子会社の関係を創出することを目的とする手法である。

基本的な手続は，①株式交換契約の作成と締結（会767条・768条），②事前開示（会782条・794条），③株式交換契約の株主総会での承認，④債権者異議手続（会789条・799条），⑤事後の開示（会791条・801条）という手続である。
### （2）株式交換契約
株式交換も，合併の場合と同様に，当事会社間の契約である。そのため，株式交換契約を締結する必要がある。株式会社に発行済株式を取得させる株式交換契約を前提に議論を進める。

株式交換契約の内容として，①株式交換をする株式会社（株式交換完全子会社）

および株式会社である株式交換完全親会社（株式交換完全親株式会社）の商号および住所，②株式交換完全親株式会社が株式交換に際して株式交換完全子会社の株主に対してその株式に代わる金銭等を交付するときは，当該金銭等についての事項（例として，当該金銭等が株式交換完全親株式会社の株式であるときは，当該株式の数〔種類株式発行会社にあっては，株式の種類および種類ごとの数〕またはその数の算定方法ならびに当該株式交換完全親株式会社の資本金および準備金の額に関する事項。会768条1項2号イ），③上記②の割当てに関する事項，④株式交換完全親株式会社が株式交換に際して株式交換完全子会社の新株予約権の新株予約権者に対して当該新株予約権に代わる当該株式交換完全親株式会社の新株予約権を交付するときは，当該新株予約権についての事項などである。

## （3）株主総会による承認

株式交換を行うためには，その効力発生日の前日までに，株式交換完全子会社の株主総会および株式交換完全親株式会社の株主総会において，特別決議により，株式交換契約の承認を受けなければならない（会783条1項・795条1項，309条2項12号）。なお，例外として，①株式交換完全子会社となる会社の株主（譲渡制限株式でない株式の株主）に対して譲渡制限株式等（会783条3項・施規186条）を交付する場合（会309条3項2号・783条3項），②持分会社の持分等（施規185条）が交付される場合（会783条2項・783条4項），③株式交換完全親株式会社が譲渡制限株式である種類株式を交付する場合（会795条4項3号）がある。

## （4）反対株主の株式買取請求権・新株予約権買取請求権

株式交換においては，株式交換完全子会社・株式交換完全親株式会社の反対株主も，会社法が定めた手続に従って，自己が株主である会社に対し，自己の有する株式を公正な価格で買い取ることを請求することができる（株式交換完全子会社について会785条・786条，株式交換完全親株式会社について会797条・798条）。なお，新株予約権買取請求権については，787条1項3号と808条1項3号を参照。

## （5）債権者異議手続
### ①　株式交換完全子会社となる会社の債権者における債権者異議手続

株式交換完全子会社となる会社の債権者は，後述の株式交換契約新株予約権者を除き，地位の変動はない。そのため，原則として，債権者異議手続は不要である。

株式交換完全子会社となる会社に要求される債権者異議手続は，株式交換契約新株予約権が新株予約権付社債に付されたものである場合において，当該社債権者を対象とするものである（会789条1項3号）。理由は，社債権者にとって，実質的に債務者が変更することになり，不利益になるおそれがあるからである。

**②　株式交換により株式交換完全親株式会社になる会社の債権者における債権者異議手続**

株式交換完全親株式会社となる会社も，株式交換完全子会社となる会社の株主に対して株式交換完全親株式会社の株式を交付する場合であれば，財産状態に変動は生じない。そのため，原則として，債権者異議手続は不要である。

例外は，（ⅰ）株式交換完全親株式会社の株式以外を交付する場合（会799条1項3号：株式以外の資産を交付すれば資産状態の悪化が生じる），（ⅱ）新株予約権付社債を承継する場合（会799条1項3号：株式交換契約新株予約権として新株予約権付社債を承継すると，完全親会社の金銭債務が増加するからである）があげられる。

## （6）株式交換の効力発生時期

株式交換の効力は，株式交換契約の「効力発生日」（会768条1項6号）に生じる（会769条1項）。なお，債権者異議手続が終了していない場合または株式交換を中止した場合には，株式交換の効力は発生しない（会769条6項）。

## （7）簡易株式交換・略式株式交換

### ①　簡易株式交換制度

株式交換完全親株式会社が交付する交換対価の総額が株式交換完全親株式会社の純資産額の5分の1以下であれば，株式交換完全親株式会社における株主総会による株式交換の承認決議は不要となる（会796条2項。なお，例外について，同項但書および同条3項参照）。これは，株式交換完全親株式会社に対して株式交換完全子会社の規模が小さい場合は，株式交換完全親株式会社の株主に与える影響が軽微であるため，総会決議を不要としたものである。

### ②　略式株式交換制度

（ⅰ）株式交換完全親株式会社が株式交換完全子会社の特別支配会社である場合には，特別支配会社に従属する会社（「従属会社」とする）である株式交換完全子会社における株主総会の承認決議は不要となる（会784条1項。なお，例外について，本条1項但書参照）。また，（ⅱ）株式交換完全子会社が株式交換完全親株式会社の特別支配会社である場合には，従属会社である株式交換完全親株式会社における株主総会の承認決議は不要となる（会796条1項。なお，例外について，本条1項但書参照）。これらの場合には，略式合併制度と同様に，実質的に9割の議決権を有する特別支配会社の意向に沿って，従属会社において株式交換契約が承認されることが明らかであるので，従属会社の株主総会において承認を求める意味がないからである。このように，略式株式交換制度は，従属会社における株主総会による株式交換契約の承認決議を不要とするものである。

**（8）株式交換に関する書面等の備置きおよび閲覧等（事後の開示）**

　株式交換完全子会社は，株式交換により株式交換完全親株式会社が取得した株式交換完全子会社の株式の数その他の株式交換に関する事項として法務省令（施規190条）で定める事項を記載し，または記録した書面等を作成しなければならない（会791条1項）。株式交換完全子会社は，効力発生日から6ヶ月間，当該書面等をその本店に備え置かなければならない（会791条2項）。効力発生日に株式交換完全子会社の株主または新株予約権者であった者は，株式交換完全子会社に対して，その営業時間内は，いつでも，当該書面の閲覧等の請求をすることができる（同条4項）。

　また，株式交換完全親株式会社は，効力発生日から6ヶ月間，書面（会791条1項2号）等をその本店に備え置かなければならない（会801条3項）。株主および債権者は，株式交換完全親株式会社に対して，その営業時間内は，いつでも，当該書面の閲覧等の請求をすることができる（同条6項）。この制度の趣旨は，株式交換の無効の訴えにおける無効原因の有無を確認する機会を与えるものである。

**（9）株式交換の瑕疵**

**①　株式交換をやめることの請求**

　株式交換の手続に法令違反などがある場合には，株式交換の効力が発生する前に，株主が株主交換をやめることを請求することができる（会784条の2・796条の2）。詳細は，合併の該当箇所を参照されたい。

**②　株式交換の無効の訴え**

　株式交換の無効の訴えという形成訴訟が設けられている（会828条1項11号）。無効原因は，合併などと同様，株式交換・株式移転の手続的瑕疵である（例：株式交換契約や株式移転計画の内容が違法であるなど）。

　（i）株式交換の無効に係る確定判決には対世的効力がある（会838条）。（ii）遡及効がないので，将来に向かって無効となる（会839条）。

**5　株式移転**

**（1）意義と概要**

　株式移転とは，1または2以上の株式会社がその発行済株式の全部を新たに設立する株式会社に取得させることをいう（会2条32号）。換言すれば，株式移転は，既存の株式会社（完全子会社となる会社）の株主の有する全株式が，株式移転の手続により設立される他の株式会社（完全親会社となる会社）に移転し，完全子会社となる会社の株主は，完全親会社となるべく設立された会社の株主となる

（会774条）。株式移転も，株式交換と同様，完全親子会社の関係を創出すること
を目的とする手法である。

　株式移転の基本的な手続は，株式交換に類似する。すなわち，①株式移転計画
の作成・事前開示，②株式移転計画の株主総会での承認，③債権者異議手続，④
登記，⑤事後の開示，という手続である。また，反対株主の株式買取請求権もあ
る（会806条）。

### （2）株式移転計画に関する書面等の備置きおよび閲覧等（事前開示）

　株式移転の当事会社は，株式移転計画を作成しなければならない（会772条）。
株式移転完全子会社は，新設合併契約等備置開始日（会803条2項）から株式移転
設立完全親会社の成立の日後6ヶ月を経過する日までの間，株式移転計画の内容
その他法務省令（施規206条）で定める事項を記載し，または記録した書面または
電磁的記録をその本店に備え置かなければならない（会803条1項）。株式移転完
全子会社にあっては，株主および新株予約権者は，株式移転完全子会社に対して，
その営業時間内は，いつでも，当該書面の閲覧の請求をすることができる（同条
3項）。

### （3）債権者異議手続

　株式移転計画新株予約権が新株予約権付社債に付された新株予約権である場合
には，当該新株予約権付社債についての社債権者について，債権者異議手続が必
要である（会810条1項1号）。株式移転が行われることは，株式移転完全子会社
の社債権者にとって，債務者が株式移転設立完全親会社に変更されることを意味
するからである。

### （4）効力発生日

　株式移転の効力発生時期は，株式移転設立完全親会社が設立の登記により成立
した日（会49条）に生じる（会774条）。

### （5）株式移転に関する書面等の備置きおよび閲覧等（事後の開示）

　株式移転設立完全親会社は，その成立の日から6ヶ月間，書面（会811条1項2
号）等をその本店に備え置かなければならない（会815条3項）。

　株式移転設立完全親会社の株主および新株予約権者は，株式移転設立完全親会
社に対して，その営業時間内は，いつでも，当該書面の閲覧等の請求をすること
ができる（会815条6項）。

### （6）株式移転の瑕疵

#### ①　株式移転をやめることの請求

　株式移転が法令または定款に違反する場合において，株式移転完全子会社の株
主が不利益を受けるおそれがあるときは，株式移転完全子会社の株主は，株式移

転完全子会社に対し，当該新設合併等をやめることを請求することができる（会805条の2）。

### ②　株式移転の無効の訴え

株式移転の無効の訴えという形成訴訟が設けられている（会828条1項12号）。無効原因は，合併などと同様，株式移転の手続的瑕疵である（例：株式移転計画の内容が違法であるなど）。

（ⅰ）株式移転無効に係る確定判決には対世的効力がある（会838条）。（ⅱ）遡及効がないので，将来に向かって無効となる（会839条）。

## 6　株式交付
### （1）意　義

株式交付とは，「株式会社が他の株式会社をその子会社（法務省令で定めるものに限る。施規4条の2）とするために当該他の株式会社の株式を譲り受け，当該株式の譲渡人に対して当該株式の対価として当該株式会社の株式を交付すること」をいう（会2条32号の2）。つまり，親子関係にないX株式会社（以下，「X社」とする）とY株式会社（以下，「Y社」とする）において，X社がY社を子会社とするために，X社がY社の株主に対して，X社がY社株式を取得する代わりに，X社株式を交付するものである。完全親子関係を作り出すためにY社の株主全員を対象とする株式交換とは異なり，株式交付はY社の株主全員を対象とするものではない。

株式交付をする株式会社を「株式交付親会社」という（会774条の3第1項1号）。また，株式交付親会社株式交付に際して譲り受ける株式を発行する株式会社を「株式交付子会社」という（同号）。株式交付親会社は，株式交付計画を定めた上で，株式交付子会社の株主との合意に基づいて，個別に株式交付子会社株式を取得する。株式交付は，株式交付親会社（上記の例ではX社）が募集株式の発行等の手続をとることなく，株式交付子会社（上記の例ではY社）の株主に株式交付親会社株式を交付するものである。言い換えれば，株式交付に応じる株式交付子会社の株主は，株式交付に対して，株式交付子会社株式を現物出資するわけではない。このように，株式交付において，株式交付親会社と株式交付子会社とは，直接の関係に立たないことに留意が必要である。

### （2）手　続
#### ①　株式交付計画

株式交付親会社となる会社は，株式交付計画を作成しなければならない（会774条の2）。

　株式交付計画には，①株式交付親会社の商号および住所（会774条の3第1項1号），②株式交付親会社が株式交付に際して譲り受ける株式交付子会社の株式の数の下限（同項2号），③株式交付親会社が株式交付に際して株式交付子会社の株式の譲渡人に対して当該株式の対価として交付する株式交付親会社の株式の数（同項3号），④株式交付子会社の株式および新株予約権等の譲渡しの申込みの期日（同項10号），⑤株式交付がその効力を生ずる日（同項11号）などを定めなければならない。

　また，株式交付親会社が株式交付に際して株式交付子会社の株式の譲渡人に対して当該株式の対価として，株式交付親会社の株式の金銭等を交付することができるので，この場合には交付される財産とその額等を定めなければならない（同項5号）。

### ②　株式交付計画に関する書面等の備置きおよび閲覧等

　株式交付親会社は，株式交付計画備置開始日から株式交付がその効力を生ずる日（効力発生日）後6ヶ月を経過する日までの間，株式交付計画の内容その他法務省令で定める事項を記載し，または記録した書面または電磁的記録をその本店に備え置かなければならない（会816条の2第1項）。株式交付親会社の株主は，株式交付親会社に対して，その営業時間内は，いつでも，書面の閲覧の請求等をすることができる（会816条の2第2項）。いずれも，株式交付計画の内容を精査し，今後の対応（例：株式買取請求権の行使）を準備する機会を与える趣旨である。

### ③　株主総会による株式交付計画の承認

　株式交付親会社は，効力発生日の前日までに，株主総会の特別決議（会309条2項12号）によって，株式交付計画の承認を受けなければならない（会816条の3第1項）。株式交付親会社が種類株式発行会社である場合には，種類株主総会の決議が必要なときがある（同条2項）。

　株式交付親会社が公開会社の場合，株式交付親会社が交付する株式等の財産的価値が純資産額の5分の1未満であれば，株主総会決議は不要である（会816条の4第1項。簡易株式交付）。株式交付親会社に与える経済的影響が小さいからである。株式交付親会社が非公開会社の場合には，簡易株式交付は認められない。なぜなら，株式交付親会社の株主は持分比率の変化に重大な利益を有するからである。

　株式交付親会社が公開会社の場合であっても，株式交付親会社に対してなされた株式交付に反対する旨の通知が法務省令で定める一定数に達したときは，当該株式交付親会社は，効力発生日の前日までに，株主総会の決議によって，株式交付計画の承認を受けなければならない（同条2項）。

#### ④　株式買取請求権

　株式交付に反対する株主は，株式買取請求権を行使することができる（会816条の 6 ・816条の 7 ）。ただし，簡易株式交付の場合には，株式交付親会社に与える経済的影響が小さいから，株式買取請求権も認められない（会816条の 6 第 1 項但書）。

#### ⑤　債権者異議手続

　株式交付は株式交換と同じように株式交付親会社の財産状態に変動はないことから，債権者を保護する必要はない。そのため，原則として，債権者異議手続は不要である。例外として，株式交付に際して金銭を交付する場合には，株式交付親会社の財産状態に変動が生じるため，株式交付親会社の債権者は，株式交付親会社に対し，株式交付について異議を述べることができる（会816条の 8 ）。

#### ⑥　株式交付子会社の株式の譲渡しの申込み等

　株式交付親会社は，株式交付子会社の株式の譲渡しの申込みをしようとする者に対し，株式交付親会社の商号や株式交付計画の内容を通知しなければならない（会774条の 4 第 1 項）。これに対して，株式交付子会社の株式の譲渡しの申込みをする者は，申込期日までに，申込みをする者の氏名または名称および住所等を記載した書面を株式交付親会社に交付しなければならない（会774条の 4 第 2 項）。

　株式交付親会社は，申込者の中から当該株式交付親会社が株式交付子会社の株式を譲り受ける者を定め，かつ，その者に割り当てる当該株式交付親会社が譲り受ける株式交付子会社の株式の数を定めなければならない（会774条の 5 第 1 項）。株式交付親会社は，効力発生日の前日までに，申込者に対し，当該申込者から当該株式交付親会社が譲り受ける株式交付子会社の株式の数を通知しなければならない（同条 2 項）。なお，株式交付子会社の株式の譲渡しの申込みおよび株式交付親会社が譲り受ける株式交付子会社の株式の割当てに関する特則については，会社法774条の 6 を参照。

　申込者は，株式交付親会社から通知を受けた株式交付子会社の株式の数について，株式交付における株式交付子会社の株式の譲渡人となる（会774条の 7 第 1 項）。株式交付子会社の株式の譲渡人となった者は，効力発生日に，通知を受けた数の株式交付子会社の株式を株式交付親会社に給付しなければならない（同条 2 項）。なお，株式交付子会社の株式の譲渡しの無効または取消しは制限される（会774条の 8 ）。

　申込みがあった株式交付子会社の株式の数が下限の数に満たない場合，株式交付親会社は，申込者に対し，遅滞なく，株式交付をしない旨を通知しなければならない（会774条の10）。

#### ⑦　効力の発生

　株式交付の効力は，法定の手続が完了した場合には，株式交付計画において定められた効力発生日に生じる（会774条の11）。株式交付親会社は，効力発生日に，株式交付子会社の株式および新株予約権等を譲り受け（同条1項），株式交付親会社の株式を交付対価とする場合には，株式交付子会社の株式の譲渡人は，効力発生日に，株式交付親会社の株式の株主となる（同条2項）。

#### ⑧　株式交付に関する書面等の備置きおよび閲覧等

　株式交付親会社は，効力発生日後遅滞なく，株式交付に際して株式交付親会社が譲り受けた株式交付子会社の株式の数その他の株式交付に関する事項として法務省令で定める事項を記載し，または記録した書面または電磁的記録を作成しなければならない（会816条の10第1項）。株式交付親会社は，効力発生日から6ヶ月間，前項の書面または電磁的記録をその本店に備え置かなければならない（会816条の10第2項）。これは，株式交付の関係者に，株式交付の手続を確認する機会を与える趣旨である。株式交付の効力発生後に株式交付の手続に瑕疵があることが判明した場合には，株式交付の無効の訴えにより無効を主張することができる。

### （3）株式交付の瑕疵

#### ①　株式交付をやめることの請求

　株式交付が法令または定款に違反する場合において，株式交付親会社の株主が不利益を受けるおそれがあるときは，株式交付親会社の株主は，株式交付親会社に対し，株式交付をやめることを請求することができる（会816条の5本文）。ただし，簡易株式交付の場合には，株式交付の差止請求はできない（同条但書）。

#### ②　株式交付の無効の訴え

　株式交付の無効の訴え（会828条1項13号）は，効力が生じた日において株式交付親会社の株主等であった者などの提訴権者（同条2項13号）が，株式交付の効力が生じた日から6ヶ月以内に提起しなければならない（同条1項13号）。

　無効原因は法定されていない。合併などの場合と同様に，法的安定性を確保する観点から，無効原因は手続的瑕疵（例：（ⅰ）株主総会において株式交付の承認決議を欠いている場合，（ⅱ）債権者異議手続が完了していなかった場合等）に限定されると解される。

　株式交付の無効に関する認容判決の効力は，対世的効力を有する（会838条）。また，株式交付の無効の確定判決により，当該株式交付は，将来に向かってその効力を失う（会839条）。

## 7　組織変更

　組織変更とは，①株式会社がその組織を変更することにより持分会社（合名会社，合資会社または合同会社）となること，あるいは，②持分会社がその組織を変更することにより株式会社となることをいう（会2条26号）。たとえば，組織変更により，合同会社は，法人格の同一性を維持したまま，株式会社に組織を変更することができる。組織変更の特徴は，合併などの組織再編の方法により合同会社を株式会社にするよりも手続が簡便な点にある。

　組織変更を行う場合には，まず，会社は，組織変更計画（株式会社について会744条，持分会社について会746条）を作成する（会743条）。そして，組織変更の効力発生日（株式会社について会744条1項9号，持分会社について会746条1項9号）の前日までに，組織変更計画について，株式会社は総株主の同意（会776条1項）を，持分会社は，原則として，総社員の同意（会781条1項本文）を得る必要がある。また，組織変更において，債権者異議手続を経なければならない（株式会社について会779条，持分会社について会781条2項）。債権者異議手続などの手続が完了すれば，組織変更をする株式会社は，効力発生日に，持分会社となり（会745条1項），組織変更をする持分会社は，効力発生日に，株式会社となる（会747条1項）。

　組織変更の無効を主張する方法は，組織変更の無効の訴えに限定されている（会828条1項6号）。組織変更の無効は，将来に向かって無効となるだけで，遡及しない（会839条）。また，組織変更を無効とする確定判決は，第三者に対してもその効力が及ぶ（会838条）。

　なお，持分会社の種類の変更（例：合名会社を合資会社にする場合）は，定款変更によって行う（会638条）。

## 8　事業譲渡－組織再編との比較という視点から－
### （1）概　要
　組織再編という組織法上の行為とは異なり，取引行為により，事業を取得する方法がある。これが事業譲渡である。
### （2）営業譲渡と事業譲渡
#### ①　営業譲渡の意義
　商法が定める「営業譲渡」は，特約で排除しない限り，当然に，営業を譲渡した商人に競業避止義務が発生する（商16条）。営業を譲渡した商人は，同一の市町村の区域内およびこれに隣接する市町村の区域内においては，その営業を譲渡した日から20年間は，同一の営業を行ってはならない（同条1項）。そして，営

業を譲渡した商人が同一の営業を行わない旨の特約をした場合には，その特約は，その営業を譲渡した日から30年の期間内に限り，その効力を有する（同条2項）。

　そして，現在の会社法467条に当たる旧商法254条1項1号の営業譲渡について，判例（最判昭和40・9・22民集19巻6号1600頁）は，「一定の営業目的のため組織化され，有機的一体として機能する財産（得意先関係等の経済的価値のある事実関係を含む）の全部または重要な一部を譲渡し，これによつて，譲渡会社がその財産によつて営んでいた営業的活動の全部または重要な一部を譲受人に受け継がせ，譲渡会社がその譲渡の限度に応じ法律上当然に同法25条（筆者注：現行会社法21条）に定める競業避止義務を負う結果を伴うものをいう」とする。

### ②　事業譲渡

　（ⅰ）判例法理との関係　　会社は，1個の商号しか持ち得ない（会6条1項）。会社が1個の商号の下に営むべきものの総体が「事業」であると理解されている。このことから，会社法における「事業」と商法における「営業」は，実質的に同義であると理解されている。これを前提にするならば，会社法21条から24条までの「事業譲渡」概念と商法上の「営業譲渡」概念は実質的に同一であると解される。そうすると，会社法467条の「事業譲渡」概念も，判例の「営業譲渡」概念と実質的に同一と解する余地がある。すなわち，「営業譲渡」概念に関する判例理論（上記最判昭和40・9・22）を「事業譲渡」にあてはめると，事業譲渡とは，①一定の事業目的のため組織化され，有機的一体として機能する財産（得意先関係等の経済的価値のある事実関係を含む）の全部または重要な一部を譲渡し，②これによって，譲渡会社がその財産によって営んでいた事業活動の全部または重要な一部を譲受人に受け継がせ，③譲渡会社がその譲渡の限度に応じ法律上当然に会社法21条に定める競業避止義務を負う結果を伴うもの，となる。

　(a)　有機的一体として機能する財産の意義

　　一定の事業目的のため組織化され，有機的一体として機能する財産とは，会社が営む特定の事業目的に基づいて結合し，機能する財産であり，得意先関係やノウハウなどの経済的価値のある事実関係も含まれる。そのため，事業のために利用される個々の財産である「事業用財産」の一括譲渡とは異なる。

　(b)　事業活動の譲受人への承継の意義

　　事業活動の承継があると，譲渡人は譲受人に対して，事業に属する財産の移転はもちろん，得意先関係や製造技術のようなノウハウ等の伝達を行う必要がある。そのため，譲受人は，本取引が営業譲渡（事業譲渡）だと識別することができる。このことから，ある事業の譲渡が譲渡会社にとって特別決議を必要とする事業譲渡であるか否かは，事業活動の承継の有無で判断することが可能

となり，譲受会社の取引の安全を害するおそれがないことになる。

(c) 事業譲渡と競業避止義務

　事業活動の承継があると，常に，競業避止義務が発生するのか，という問題がある。確かに，事業譲渡は，得意先関係等を含む事業を移転して譲受人に得意先関係等を利用して事業を承継させるものであるから，譲渡人が同種の事業を行えば得意先関係等の暖簾の利用が妨げられるおそれがあるため，競業避止義務を課すことが可能である。しかし，競業避止義務は特約により排除できる（会21条1項）。そのため，事業活動の承継があれば，常に，競業避止義務が発生するわけではない。

(ⅱ) 事業譲渡の概念が問題となる背景　そもそも，なぜ，会社法467条1項の「事業譲渡」の概念が問題となるのか。それは，会社法467条1項の「事業譲渡」の概念に該当すれば，事業の譲渡会社（事業の全部の譲受けの場合には，譲受会社も含む）の株主総会の特別決議が必要となる。事業譲渡概念が広がれば，事業譲渡に関係する会社の株主が保護される範囲も広がる関係にある。

　仮に，事業譲渡概念に競業避止義務を必須の要素とすれば，競業避止義務が事業譲渡のメルクマールになり，譲受人の保護に資することになる。しかし，事業譲渡概念が狭くなるので，事業譲渡に関係する会社の株主が保護される範囲も狭くなる関係にある（取締役会の決議限りで，譲渡できる財産の範囲が拡張する）。

　会社法467条1項の趣旨が株主保護であれば，本条の事業譲渡概念は，①一定の事業目的のため組織化され，有機的一体として機能する財産（得意先関係等の経済的価値のある事実関係を含む）の全部または重要な一部を譲渡し，②これによって，譲渡会社がその財産によって営んでいた事業活動の全部または重要な一部を譲受人に受け継がせれば足り，競業避止義務を伴わないものを含むと解すべきであろう。

（3）事業譲渡の承認等

① 承認の対象行為

　株主総会の承認が必要な行為は，(a)事業の全部の譲渡，(b)事業の重要な一部の譲渡（当該譲渡により譲り渡す資産の帳簿価額が当該株式会社の総資産額として法務省令〔施規134条〕で定める方法により算定される額の5分の1〔これを下回る割合を定款で定めた場合にあっては，その割合〕を超えないものを除く），(c)その子会社の株式または持分の全部または一部の譲渡で，当該譲渡により譲り渡す株式または持分の帳簿価額が当該株式会社の総資産額として法務省令（施規134条）で定める方法により算定される額の5分の1（これを下回る割合を定款で定めた場合にあっては，その割合）を超え，かつ，当該株式会社が，効力発生日において当該子会

社の議決権の総数の過半数の議決権を有しないもの，(d)他の会社（外国会社その他の法人を含む）の事業の全部の譲受け，(e)事業の全部の賃貸，事業の全部の経営の委任，他人と事業上の損益の全部を共通にする契約その他これらに準ずる契約の締結，変更または解約，(f)当該株式会社（会25条1項各号に掲げる方法により設立したものに限る）の成立後2年以内におけるその成立前から存在する財産であってその事業のために継続して使用するものの取得（ただし，当該財産の対価として交付する財産の帳簿価額の合計額の当該株式会社の純資産額として法務省令〔施規135条〕で定める方法により算定される額に対する割合が5分の1〔これを下回る割合を当該株式会社の定款で定めた場合にあっては，その割合〕を超えない場合を除く）である（会467条1項各号）。

　上記(b)の「事業の重要な一部」か否かの判断の基準は，量的基準と質的基準とで判断される。量的基準については，譲渡資産の帳簿価額という要素は，簡易事業譲渡に係る形式的基準があるので，これを参照することになる。他に，売上高，利益，従業員数などの要素を総合的に判断する。質的基準は，当該事業譲渡が会社の対外的イメージなどを変質させるか否かで判断することになる。

　上記(d)については，事業譲渡の譲受会社においても，当該契約について株主総会の特別決議による承認が必要である（会467条1項3号・309条2項11号）。譲受会社にとって，他の会社の事業全部を譲り受けることは，実質的に譲渡会社を包括承継するのと変わりがなく，吸収合併の存続会社と同様の保護手続が必要となるからである。

　② **手　続**

　（ⅰ）**原　則**　　上記の行為（会467条1項各号）については，原則として，株主総会の特別決議が必要である（同条1項1号・2号・309条2項11号）。他の会社（外国会社その他の法人を含む）の事業の全部の譲受けをする場合において，当該行為をする株式会社が譲り受ける資産に当該株式会社の株式が含まれるときは，取締役は，株主総会において，当該株式に関する事項を説明しなければならない（会467条2項）。

　（ⅱ）**略式事業譲渡の意義**　　略式事業譲渡とは，事業譲渡等に係る契約の相手方が当該事業譲渡等をする株式会社の特別支配会社（ある株式会社の総株主の議決権の10分の9〔これを上回る割合を当該株式会社の定款で定めた場合にあっては，その割合〕以上を他の会社および当該他の会社が発行済株式の全部を有する株式会社その他これに準ずるものとして法務省令〔施規136条〕で定める法人が有している場合における当該他の会社をいう）である場合には，特別支配会社の支配を受ける会社（「従属会社」とする）において，総会の承認決議は不要となる制度である（会468条1

項）。特別支配会社が存在する場合は，従属会社における株主総会の結論は明らかである。また，迅速な事業譲渡も必要である。そのため，手続の簡素化のために認められた制度である。

（ⅲ）**簡易事業譲渡**　　簡易事業譲渡とは，事業の全部を譲り受ける場合に，対価として交付される財産の帳簿価額の合計額が，当該譲受会社の純資産（施規137条）に対する割合の5分の1（定款による引下げが可能）を超えない場合，譲受会社における株主総会の承認決議を不要とする制度である（会468条2項）。譲受会社にとって，事業全部の譲受けが及ぼす影響が軽微なため，譲受会社の株主にとっても，その影響が軽微であると考えられたからである。

もっとも，法務省令で定める数の株式（施規138条）を有する株主が，株式買取請求権の通知または公告の日から2週間以内に簡易事業譲渡行為に反対する旨を株式会社に対し通知したときは，本則に戻り，効力発生日の前日までに総会の承認決議が必要となる（会486条3項）。特別決議を阻止できる数の議決権を有する株主の反対や定款で定めた数の議決権を有する株主の反対があれば，当該株主の意思を確認する必要があるため，当該事業の全部の譲受けについて，株主総会による特別決議が必要であると考えられたからである。

（ⅳ）**必要な株主総会決議を経ない事業譲渡の効力**　　会社法が求めている株主総会の特別決議を経ない事業譲渡の効力が問題となる。譲渡会社における株主総会の特別決議を欠いた営業譲渡について，判例は，「株主総会の特別決議によってこれを承認する手続を経由しているのでなければ，無効であり，しかも，その無効は，原始定款に記載のない財産引受と同様，広く株主・債権者等の会社の利害関係人の保護を目的とするものであるから，本件営業譲渡契約は何人との関係においても常に無効であると解すべきである。」とする（最判昭和61・9・11集民148号445頁）。同様に，株主の利益保護の観点から，株主総会の特別決議を欠く事業譲渡契約は，無効と解される。また，株主等の会社の利害関係人を保護する観点から，この無効は，何人との関係でも無効であり，追認はできないと解される。

③　**株式買取請求権**

（ⅰ）**意　義**　　「事業譲渡等」（会468条1項括弧書）について，反対株主には，原則として，株式買取請求権が認められている（会469条・470条）。その理由は，譲渡会社の株主や事業の全部を譲り受ける譲受会社の株主にとって，「事業譲渡等」に重大な利害があるからである。なお，「事業譲渡等」という類型に事後設立（会467条1項5号）は含まれないから，事後設立の場合，株式買取請求権は生じない。

反対株主による株式買取請求権も，会社からみれば，自己株式の取得である

（会155条13号，施規27条5号）。自己株式の取得であるが，事業譲渡における反対株主による株式買取請求権も分配可能額の制約を受けない（会461条1項・464条参照）。また，期末の塡補責任に関する規制も受けない（会465条1項）。会社が事業譲渡を行う必要性と反対株主の保護を両立するため，やむを得ない措置と考えられているからである。

（ⅱ）株式買取請求権がない類型

（a）事業の全部の譲渡をする場合（会467条1項1号）において，その株主総会の承認決議と同時に解散の決議（会471条3号）の株主総会の決議がされたとき（会469条1項1号）

　事業の全部の譲渡をする場合（会467条1項1号）において，その株主総会の承認決議と同時に解散の決議（会471条3号）の株主総会の決議がされたときは，株式買取請求権は生じない。理由は，株式会社が解散すると，株主には残余財産分配請求権が認められるため株式買取請求権を認める必要がないこと，株式買取請求権の行使を認めると会社債権者を害する危険性があることである。

　なお，特別清算開始命令があった清算会社が裁判所の許可（会536条1項）を受けて，事業譲渡を行う場合は，株式買取請求権も排除される（同条3項）。

（b）譲渡会社にとって簡易事業譲渡（会467条1項2号括弧書）となる場合（会469条1項2号）

　譲渡会社にとって簡易事業譲渡（会467条1項2号括弧書）となる場合，株式買取請求権は生じない。譲渡会社にとって簡易事業譲渡（会467条1項2号括弧書）となる場合は，文理上，「事業譲渡等」（会468条1項）の概念に該当しないから，株式買取請求権の対象行為とはならない。また，実質的にも，譲渡会社への影響が軽微であれば，譲渡会社の株主に株式買取請求権を認める必要性も乏しいからである。

④　事業譲渡の当事会社と債権者との関係

　事業譲渡について特段の定めがない限り，事業譲渡があれば，事業上の債務も，事業譲渡の当事者間では，事業譲渡の譲受会社に移転する。しかし，債権者との関係では，債務引受けなどの手続がとられていなければ，事業譲渡の譲受会社は当然には債務者にはならない。したがって，債務者は，依然として，事業譲渡の譲渡会社のままである。

　商号が続用される場合には，譲渡会社の債権者を保護すべき局面がある。会社法22条1項は，事業を譲り受けた会社（譲受会社）が事業を譲渡した会社（譲渡会社）の商号を引き続き使用する場合には，その譲受会社も，譲渡会社の事業によって生じた債務を弁済する責任を負う，と定める。

　本条の趣旨は，判例（最判平成16・2・20民集58巻2号367頁）の趣旨によれば，外観信頼に求められる。つまり，譲受会社が譲渡会社の商号を続用している場合には，（ⅰ）同一の事業主体による事業が継続しているものと信じたり，（ⅱ）事業主体の変更があったが，譲受会社により譲渡会社の債務の引受けがされたと信じたりすることは，無理からぬものというべきである，と理解されるのである。つまり，事業譲渡によって得意先関係等の経済的価値のある事実関係も移転することから，商号を続用した場合には，譲受会社が引き継いだ事業に債務すべてが含まれているだろうという外観の信頼が生じる。このような信頼が発生することから，詐害行為取消権の行使など債権保全の機会を逸することがあり得る。そこで，本条は，上記の債権者の信頼を保護する規定として位置づけられるのである。

　本条は，商号以外の名称が事業主体を表示するものとして用いられている場合には，類推適用される余地がある。たとえば，預託金会員制のゴルフクラブが設けられているゴルフ場の事業については，当該ゴルフクラブの名称は，そのゴルフクラブはもちろん，ゴルフ場の施設やこれを経営する事業主体をも表示するものとして評価されることがある（最判平成16・2・20民集58巻2号367頁参照。また，会社分割の事例について，最判平成20・6・10集民228号195頁参照）。

### （4）事業譲渡と合併・会社分割の比較

#### ①　当事会社の存否

　事業譲渡（会467条1項1号）は，株式会社が事業を他に譲渡する取引行為である。当然のことながら，譲渡会社は事業譲渡後も存続する。このことは，譲渡会社が事業の全部を譲渡した場合であっても同様である（譲渡会社は定款記載の事業目的を変更することができることに留意）。

　これに対して，合併の場合は，法定の効果として，吸収合併消滅株式会社・新設合併消滅株式会社の権利義務は移転し，吸収合併消滅株式会社・新設合併消滅株式会社は解散する（会471条4号参照）。つまり，合併においては，吸収合併消滅株式会社・新設合併消滅株式会社の権利義務関係はすべて吸収合併存続株式会社・新設合併設立株式会社に包括承継され，吸収合併存続株式会社または新設合併設立株式会社のみが存続することになる。

　他方，会社分割の場合は，会社分割後も，吸収分割株式会社・新設分割株式会社は存続する。会社分割の対象となった「事業に関して有する権利義務の全部又は一部」のみが，吸収分割承継株式会社・新設分割設立株式会社に承継されるからである。

#### ②　債権者異議手続の差異

　まず，事業譲渡は純粋な取引行為であるから，債権者異議手続は不要である。

　次に，合併は，当事会社の一方が消滅するから，吸収合併消滅株式会社・新設合併消滅株式会社について，債権者異議手続が必要となる（会789条1項1号・810条1項1号）。また，吸収合併の存続株式会社についても，吸収合併消滅株式会社の経営状態が悪い場合は債権回収が困難になる不利益があるので，債権者異議手続が必要となる（会799条1項1号）。

　そして，会社分割の場合，吸収分割株式会社・新設分割株式会社は分割後も存続するし，吸収分割株式会社・新設分割株式会社は分割の対価を取得する。そのため，吸収分割株式会社・新設分割株式会社に対して債務の履行を請求できる債権者は，原則として，債権者異議手続の対象とならない（会789条1項2号，810条1項2号）。他方，吸収分割承継株式会社の債権者は，合併における存続株式会社の債権者と同様の立場となるので，異議を述べることができる（会799条1項2号）。

### ③　対価の差異

　事業譲渡は，あくまで取引行為であるから，事業譲渡の対価は現金となるのが通常である。そのため，譲渡される事業の規模に応じて，譲受会社は大量の現金を準備する必要がある。

　他方，会社分割は会社法上の行為であるから，その対価は，吸収分割契約や新設分割計画の定めるところに従う。このため，たとえば，吸収分割の対価は，吸収分割株式会社の株式でも可能となる。

## 9　特別支配株主の株式売渡請求
### （1）意　義

　株式会社の特別支配株主（例：株式会社の総株主の議決権の10分の9以上を保有する当該株式会社以外の者）は，当該株式会社の株主の全員に対し，その有する当該株式会社の株式の全部を当該特別支配株主に売り渡すことを請求することができる（会179条1項本文）。その趣旨は，特別支配株主（例：90%の議決権を保有）が，残り10%の議決権を有する株主からすべて株式を譲り受けて，100%の議決権を保有することにある。したがって，少数派株主を締め出す効果がある。

### （2）手続とその効果
### ①　手　続

　（ⅰ）株式売渡請求に係る株式を発行している対象会社が，株主総会の決議を経ることなく，これを承認し（会179条の3），（ⅱ）当該承認をした旨および対価の額等を売渡株主に対し通知しまたは公告する（会179条の4第1項1号），また，（ⅲ）事前開示手続（会179条の5）もある。

　特別支配株主の株式売渡請求の特徴は，その株式売渡請求に係る株式を発行している対象会社が，株主総会の決議を経ることなく，株式売渡請求を承認して，当該承認をした旨および対価の額等を売渡株主に対し通知しまたは公告することによって，個々の売渡株主の承諾の有無にかかわらず，特別支配株主と売渡株主との間に売渡株式についての売買契約が成立したのと同様の法律関係が生ずることになる点である（最決平成29・8・30民集71巻6号1000頁参照）。そのため，通知・公告の趣旨は，上記のような株主であって対価の額に不服がある者に対し適正な対価を得る機会を与えることにある（上記最決平成29・8・30）。

　したがって，上記の通知または公告により株式を売り渡すことになることが確定した後に売渡株式を譲り受けた者は，保護の対象として想定されていない（上記最決平成29・8・30）。

　なお，特別支配株主は，株式売渡請求をするときは，併せて，その株式売渡請求に係る株式を発行している株式会社（対象会社）の新株予約権の新株予約権者の全員に対し，その有する対象会社の新株予約権の全部を当該特別支配株主に売り渡すことを請求することができる（会179条2項）。また，新株予約権付社債も同様である（同条3項）。新株予約権についても，後述する差止請求権（会179条の7第2項）や売渡株式等の取得の無効の訴え（会846条の2第2項）の適用がある。

### ②　効　果

　個々の売渡株主の承諾を要しないで，法律上当然に，特別支配株主と売渡株主との間に売渡株式についての売買契約が成立したのと同様の法律関係が生じる（会179条の4第3項。なお，上記最決平成29・8・30）。特別支配株主が取得日に売渡株式の全部を取得する（会179条の9第1項）。

### （3）差止請求

　①株式売渡請求が法令に違反する場合，②対象会社が通知・公告の義務や事前開示手続に違反した場合，③対価やその割当てが対象会社の財産の状況その他の事情に照らして著しく不当である場合，売渡株主が不利益を受けるおそれがあるときは，売渡株主は，特別支配株主に対し，株式等売渡請求に係る売渡株式等の全部の取得をやめることを請求することができる（会179条の7）。

　本条の特徴として，①特別支配株主の株式売渡請求が，対象会社の株主総会決議なしに効果が発生することに着目して，対価や割当ての不当性も差止事由に包含されている。また，②差止めの対象が，株主と特別支配株主間の売買取引である。したがって，対象会社に対する差止めではない。このことから，当該株式が振替株式であっても，「少数株主権等」（社債等振替147条4項）に該当しないので，個別株主通知は不要となる，と解されている。

### （4）売渡株式等の取得の無効の訴え

　株式等売渡請求に係る売渡株式等の全部の取得の無効は，取得日から 6 ヶ月以内（対象会社が公開会社でない場合にあっては，当該取得日から 1 年以内）に，訴えをもってのみ主張することができる（会846条の 2 第 1 項：売渡株式等の取得の無効の訴え）。提訴権者も法定されている（同条 2 項）。

　無効原因は法定されていない。無効原因は，取得手続の瑕疵と解されている。

# 事項索引

# 判例索引

●著者紹介

川村　正幸（かわむら　まさゆき）
執筆担当：第1編第1章・第2章，第2編第4章・第6章・第7章
一橋大学大学院法学研究科博士課程単位取得退学
一橋大学名誉教授　法学博士
〔主要著作〕
『金融商品取引法（第5版）』（編著・中央経済社・2014年）
『詳説会社法』（共著・中央経済社・2016年）
『金融商品取引法の基礎』（共著・中央経済社・2018年）
『手形・小切手法（第4版）』（新世社・2018年）
『コア・テキスト会社法』（共著・新世社・2020年）

芳賀　良（はが　りょう）
執筆担当：第2編第5章Ⅰ～Ⅶ・第8章
一橋大学大学院法学研究科博士課程単位取得退学
横浜国立大学大学院国際社会科学研究院教授
〔主要著作〕
『金融商品取引法（第5版）』（共著・中央経済社・2014年）
『金融商品取引法の基礎』（共著・中央経済社・2018年）
『インサイダー取引規制・フェアディスクロージャールール入門』（共著・金融財政事情研究
会・2019年）

吉行　幾真（よしゆき　いくま）
執筆担当：第2編第1章～第3章・第5章Ⅷ・Ⅸ
一橋大学大学院法学研究科博士課程単位取得退学
名城大学法学部教授
〔主要著作〕
「取締役の忠実義務とトラッキング・ストック」一橋法学2巻1号（2003年）
「取締役の選任に関する株主提案権」一橋論叢133巻1号（2005年）
「米国におけるプロキシー・アクセス元年」名城法学66巻3号（2016年）

会社法の基礎

2022年4月20日　第1版第1刷発行

著　者　　川　村　正　幸
　　　　　芳　賀　　　良
　　　　　吉　行　幾　真
発行者　　山　本　　　継
発行所　　㈱中　央　経　済　社
発売元　　㈱中央経済グループ
　　　　　パブリッシング

〒101-0051　東京都千代田区神田神保町1-31-2
　　　　　電　話　03(3293)3371(編集代表)
　　　　　　　　　03(3293)3381(営業代表)
　　　　　https://www.chuokeizai.co.jp
　　　　　印刷／東光整版印刷㈱
　　　　　製本／㈲井上製本所

© 2022
Printed in Japan

# 「会社法」法令集〈第十三版〉

中央経済社 編　ISBN：978-4-502-38661-9
A5判・748頁　定価3,520円(税込)

◆重要条文ミニ解説
◆会社法―省令対応表　付き
◆改正箇所表示

　　令和元年法律第70号による5年ぶりの大きな会社法改正をはじめ，令和2年法務省令第52号による会社法施行規則および会社計算規則の改正を収録した，令和3年3月1日現在の最新内容。改正による条文の変更箇所に色づけをしており，どの条文がどう変わったか，追加や削除された条文は何かなど，一目でわかります！
　　好評の「ミニ解説」も，法令改正を踏まえ加筆・見直しを行いました。

## 本書の特徴

### ◆会社法関連法規を完全収録
平成17年7月に公布された「会社法」から同18年2月に公布された3本の法務省令等，会社法に関連するすべての重要な法令を完全収録したものです。

### ◆好評の「ミニ解説」さらに充実！
重要条文のポイントを簡潔にまとめたミニ解説を大幅に加筆。改正内容を端的に理解することができます！

### ◆改正箇所が一目瞭然！
令和3年3月1日施行の改正箇所とそれ以降に施行される改正箇所で表記方法に変化をつけ，どの条文が，いつ，どう変わった（変わる）のかわかります！

### ◆引用条文の見出しを表示
会社法条文中，引用されている条文番号の下に，その条文の見出し（ない場合は適宜工夫）を色刷りで明記しました。条文の相互関係がすぐわかり，理解を助けます。

### ◆政省令探しは簡単！　条文中に番号を明記
法律条文の該当箇所に，政省令（略称＝目次参照）の条文番号を色刷りで表示しました。意外に手間取る政省令探しも素早く行えます。

## 中央経済社